ACCESS SPANISH 2

María Utrera Cejudo

Series editor: **Jane Wightwick**

Hodder Arnold

A MEMBER OF THE HODDER HEADLINE GROUP

Orders: please contact Bookpoint Ltd, 130 Milton Park, Abingdon, Oxon OX14 4SB.
Telephone: (44) 01235 827720. Fax: (44) 01235 400454. Lines are open from 9.00–5.00,
Monday to Saturday, with a 24 hour message answering service. You can also order through our
website www.hoddereducation.co.uk

If you have any comments to make about this, or any of our other titles, please send them to educationenquiries@hodder.co.uk

British Library Cataloguing in Publication Data
A catalogue record for this title is available from the British Library

ISBN: 978 0 340 91688 9

First Edition Published 2007
Impression number 10 9 8 7 6 5 4 3 2 1
Year 2010 2009 2008 2007

Cover photo: arches in Mezquita © Alexander Van Deursen – Fotolia.com; Guggenheim Museum © Pixtal/Superstock; Pizarro coat of arms © Mark Eveleigh/Alamy.
Illustrations by Jon Davis/Linden Artists, Oxford Designers & Illustrations, Tony Jones.
Typeset by Pantek Arts Ltd, Maidstone, Kent.
Printed in Italy for Hodder Arnold, an imprint of Hodder Education, a member of the Hodder Headline Group, an Hachette Livre UK Company, 338 Euston Road, London NW1 3BH.

ACKNOWLEDGEMENTS

The authors and publishers would like to thank the following for use of their material in this volume:

p34 Café de Colombia logo courtesy of Federación Nacional de Cafeteros de Colombia; p45 Pirámide de Oldways from web page aceitesborges.es; p54 web page 'Plantas Medicinales' from Vision Chamanica; p77 Datos Básicos: Paraguay from Secretaría Nacional de Turismo, Paraguay; p100 Datos generales – Panamá from destinia.com; p113 web page 'Encuesta' from www.facilisimo.com; p120 article and web page 'Deportes – Deportes en Cuba' from paseosporlahabana.com / Hoteles Habana; p138 Vocabulario muy básico from website sgci.mec.es; p139 web page from internet123.hn; p141 Tecnet Servicios de Internet from internet.com.uy; p146 web page Economia: Telecomunicaciones from El Heraldo.hn; p151 song lyrics 'Un Ramito de Violetas' by Evangelina Sobredo Galanes; p181 web page 'Atractivos turísticos de Quito' from in-quito.com; p182 web page from vivecuador.com.

Every effort has been made to trace and acknowledge ownership of copyright. The publishers will be glad to make suitable arrangements with any copyright holders whom it has not been possible to contact.

Photo acknowledgements

p4 (top) Nancy Brown/Photographer's Choice/Getty Images, (centre left) Greg Ceo/Taxi/Getty Images, (centre right) Catherine Ledner/Stone/Getty Images, (botom left) Tony Anderson/Taxi/ Getty Images, (bottom right) Livia Corona/ Taxi/Getty Images; p34 © Miguel Menéndez V./epa/Corbis; p38 Jupiter Images; p48 PCL / Alamy; p51 Jupiter Images; p52 (top) 'The Sleep' © **Salvador Dali, Gala-Salvador Dali Foundation, DACS, London 2007.** Image © Christie's Images/CORBIS, (bottom) 'Apparition of a Face and Fruit Dish on a Beach' **© Salvador Dali, Gala-Salvador Dali Foundation, DACS, London 2007.** Image © Francis G. Mayer/CORBIS; p53 (top) 'Soft Construction with Boiled Beans: Premonition of Civil War' **© Salvador Dali, Gala-Salvador Dali Foundation, DACS, London 2007.** Image © Philadelphia Museum of Art/CORBIS, (bottom) 'The Persistence of Memory' **© Salvador Dali, Gala-Salvador Dali Foundation, DACS, London 2007.** Image © Bettmann/CORBIS; p60 'Marilyn Monroe (Marilyn)' by Andy Warhol, 1967 © Andy Warhol Foundation/CORBIS; p64 (top) Ken Welsh / Alamy, (bottom) David Anthony / Alamy; pp68, 71, 76 © Ana-Margarida Santos; p78 (Helena Resano) Europa Press; p81 Florida Images / Alamy; p83 © Shirley Baldwin; p91 Christian Lartillot/ Stone+/Getty Images; p92 (bottom) © Shirley Baldwin; p93 Britt Erlanson/The Image Bank/Getty Images; pp97, 106, 111, 113, 115 © Ana-Margarida Santos; p98 © Judy Nash; p99 ©istockphoto.com/Nancy Nehring; p108 © Judy Nash; p141 Joaquín Torres García. *América Invertida, 1943*; tinted drawing on paper © Museo Torres García. www.torresgarcia.org.uy; p149 (top) still from HA LLEGADO UN ANGEL,1961: SUEVIA FILMS/ ALBUM/ AKG, (bottom) still from CAROLA DE DIA, CAROLA DE NOCHE,1969: GUION FILMS/ ALBUM/ AKG; pp150, 175, 177 © Ana-Margarida Santos; p158 LOETSCHER CHLAUS / Alamy; p173 © Shirley Baldwin. Other photos courtesy of the author.

INTRODUCTION

Access Spanish is a refreshing, modern two-level introduction to the Spanish language, culture and people. It is specially designed for adults of all ages who are just starting out learning Spanish or who are returning after a long gap. The course is ideal for use in classes but will also help develop strategies for independent learning. In the coursebook, teachers and learners will find an extended range of activities covering all four skills as well as ideas for group activities.

A further range of ideas, activities, tips and advice is available on our website, www.accesslanguages.com. You don't have to use the site to benefit from the course but, according to your particular needs or interests, you will find a great deal of extra practice, information and links to useful Spanish and Latin-American sites. For more depth in a particular language structure, for example, we have included additional printable worksheets and we've even included advice and links for the major examinations and qualifications.

Access Spanish 2 consolidates previous language skills using the familiar framework of Language Focus panels, learning tips and assessment checklists. It looks at different topic areas in greater depth, covering practical matters such as dealing with finances, internet orders, moving house, the world of work and the environment. A wide range of activities based on realistic resources and situations affords plenty of opportunities for understanding, speaking, reading and writing authentic Spanish, enabling learners to communicate at a higher level. The course will provide learners with a sound basis of vocabulary and includes all the grammar structures required for GCSE or equivalent. It is also ideal for those who wish to study or to brush up their Spanish for business purposes.

The coursebook is divided into 10 carefully graded units. The units begin with a variety of revision activities and there is frequent consolidation of important grammar points, giving learners the confidence to move forward. An important feature in each unit is the **Descubre el mundo hispano** section exploring the language, customs and traditions of Spanish-speaking countries. Frequent listening exercises are integral to the course and the book ends with a comprehensive two-way wordlist.

Each unit consists of:

- a checklist of topics covered in the unit
- revision activities (*¿Qué recuerdas?*): these give you the chance to revise important points covered in the previous unit
- listening activities: authentic conversations, passages and exercises to increase your listening skills and to help you acquire confidence
- speaking activities: to practise and reinforce speaking in addition to listening skills
- reading activities: authentic documents and exercises to extend your vocabulary and comprehension
- writing activities: practical and authentic forms to complete, grammar activities and letter-writing to consolidate key points and to reinforce confidence when travelling to a Spanish-speaking country
- exercises and games to work on with a partner
- exercises and games to work on with a group in order to practise the language through practical situations
- games to be played with a partner or in a group

- LANGUAGE FOCUS panels offering brief and concise structural and grammatical summaries with related activities
- LEARNING TIP tips containing useful linguistic and cultural information
- hispanic world sections covering individual linguistic differences between Spain and Latin American countries
- READY TO MOVE ON? frequent reviews enabling you to check your progress and to feel confident in what you have learnt
- Descubre el mundo HISPANO special sections at the end of each unit giving general information and related activities on Spanish-speaking countries around the world
- GLOSSARY Spanish-English end glossaries containing vocabulary used in the unit
- LOOKING FORWARD preparation and dictionary skills ready for the next unit
- links to our dedicated website www.accesslanguages.com containing extra activities to practise key points, useful links to Spanish sites and advice on further study and examinations

Answers to the exercises and recording transcripts are available in a separate Support Booklet and we strongly recommend that you obtain the **Access Spanish 2 Support Book and Audio Pack** which will enable you to develop your listening skills and get used to hearing the Spanish language as it is spoken now.

We hope that working through this course will be an enjoyable experience and that you will find this new approach to language learning fun.

CONTENTS

UNIT 1 ¿Cuánto tiempo hace que ...?

By the end of this unit you will be able to:

- Introduce and talk about yourself
- Describe people and talk about personality
- Make comparisons
- Say how long something has been happening
- Ask and understand questions
- Use the present tense of regular and irregular verbs
- Say what you are going to do

1 En la escuela de idiomas

A On the first day, the Language School is organising a small party to welcome the new students. Look at the picture and listen to the dialogue. Can you recognise the people Carmen describes to Lynn (a new student at the school)? Put their names in the boxes. Don't worry about understanding every word; just see if you can get the gist.

B Listen to the dialogue again and tick the statements that you think apply to the relevant person.

LAURA	SEBASTIAN	ALICIA
• Lives in Toledo	• A singer	• Married
• Works in Madrid	• Italian	• Five children
• Is an accountant	• Lives in Modena	• Shop assistant

JACK	WILLIAM	MARIANA
• Photographer	• Retired	• Single
• Nice	• Lives with Alicia	• From Madrid
• Married to Mariana	• Jack's father	• Journalist

LANGUAGE FOCUS

Negation

In simple negation with **no**, **no** is placed in front of the verb:

No soy inglesa, soy estadounidense.

In negation using other negative words, you can either put the negative word before the verb:

Nadie estudia. *Nobody studies.*

or you can put **no** before the verb and the negative word after the verb:

No estudia **nadie**. *Nobody studies.*

In most cases this construction is preferred.

Note that at least one negative word comes before the verb and sometimes there are several negative words in one sentence:

No, **no** habla **nadie**. *No, nobody speaks.*

No dice **nada** a **nadie**. *She/He doesn't say anything to anyone.*

This does not constitute a double negative as it would in English.

We will see more negatives in Unit 2.

Alguien or *nadie*

The indefinite word **alguien** is non-specific and refers to 'someone' or 'anyone':

¿Conoces a alguien? *Do you know anyone?*

When 'anyone' is used negatively, however, you use **nadie**, i.e. 'nobody':

No conozco a nadie. *I don't know anyone.*

C Answer these questions with a negative statement. Some have two possible answers.

Ejemplos:

¿Estudias idiomas? **No** estudio idiomas.

¿Estudia alguien ruso? **No** estudia **nadie** ruso. **Nadie** estudia ruso.

1 ¿Come alguien?

2 ¿Vives aquí?

3 ¿Viene alguien?

4 ¿Trabajas en una oficina?

5 ¿Eres abogado?

6 ¿Alguien tiene que hacerlo?

7 ¿Vas a llamar a alguien?

8 ¿Trabajas con alguien?

2 Más gente

A Study these five people and write four descriptions similar to the first one. Feel free to give further details about them if you like.

	**Susana**, model, 30 years old, from Sevilla, lives in Bilbao, married to a Portuguese, they have a three-year-old child, Carlos. Carlos is like his mother, warm, friendly and funny but a bit shy …	Susana es muy simpática pero un poco tímida, tiene treinta años, y es modelo. Es española de Sevilla pero vive en Bilbao. Está casada con un portugués, tienen un hijo, se llama Carlos y tiene tres años …
	**Maite**, born in Salamanca, lives in Miami, married to a Cuban man, two children (Miguel, five years old, and Alejandra, one). Hard worker, works for a large insurance co.	 **Ramón**, accountant, works in a bank, divorced twice, one child from first wife and three with the second. Never has any money, busy social life.
	**Roberto Carlos**, born in Mexico, 33 years old, unemployed, still lives with his parents, likes to drink a lot and to go out too. Hates to wake up early or go to work, he's lazy …	 **Encarna**, 20 years old, student of English, speaks French, Italian and German. Likes to travel a lot, wants to be an air hostess, is intelligent, responsible and hard-working …

B Now on a card write a similar paragraph in Spanish about yourself, but without putting your name on it. Your teacher will collect the cards, mix them up and give you one card. You need to read it and tell the rest of the class who you think the person is and why.

LEARNING TIP

When writing, try to make more complex sentences by adding linking words such as:

nunca = *never*
pero = *but*
y = *and*
con = *with*

C Work with a partner. Your teacher will place a sticker on your forehead with a name on it. Try to guess who you are by asking questions about your physical appearance and personality. In the same way, your partner will ask you about himself or herself.

Check out our website
www.accesslanguages.com

3 Hace un año que estudio español

A Lee el diálogo y rellena los huecos con la expresión correcta del cuadro.

Read the dialogue and fill in the gaps with suitable expressions from the box.

tan ___ como	más ___ que	más ___
fácil	difícil	difícil
		muy bien

Alicia: Hola, yo soy Alicia. Y tú, ¿cómo te llamas?

Lynn: Hola, me llamo Lynn.

Alicia: ¿Cuánto tiempo hace que estudias español?

Lynn: Hace un año que estudio español.

Alicia: Pues, ¡lo hablas ___ !

Lynn: Gracias, me gustan mucho los idiomas.

Alicia: ¿Qué otros idiomas hablas?

Lynn: Inglés que es mi lengua materna y francés.

Alicia: ¿Cuál es ___ : el español o el francés?

Lynn: No sé, creo que la gramática francesa es ___ la española.

Alicia: Sí, pero la pronunciación francesa es ___ la española.

Lynn: ¿Y tú?, ¿qué lenguas hablas?

Alicia: Yo hablo español, italiano, alemán y un poco de francés.

B Ahora escucha la grabación y comprueba si estas de acuerdo con Alicia y Lynn.

Now listen to the recording and check if you agree with Alicia and Lynn.

C Con la ayuda de estos cuadros, escribe afirmaciones sobre la importancia de distintas lenguas.

With the help of these boxes, write statements about the importance of different languages.

LEARNING TIP

¿Recuerdas los comparativos?
Do you remember how to compare things?

El inglés es **más** útil **que** el esperanto.
El esperanto es **menos** útil **que** el español.
El español es **tan** útil **como** el inglés.
El inglés es **más** difícil **que** el francés.
El mandarin es el idioma **más** difícil **del** mundo.

inglés, chino (mandarín, cantonés), hindi, español, urdu, ruso, francés, alemán, italiano, portugués, vasco

no, el/la más, el/la menos, más ... que, menos ... que, tan ... como

interesante, importante, útil, fácil, difícil, antiguo/a, moderno/a, bonito/a, feo/a

Formad grupos pequeños para debatir qué lenguas son las más importantes, interesantes, difíciles, útiles ...
Form small groups to debate which languages are the most important, interesting, difficult, useful ...

Ejemplo:
El vasco es más antiguo que el español. *or*
El vasco es el idioma más antiguo de Europa. *or*
El vasco es la lengua más antigua de Europa.

LEARNING TIP

En el debate recuerda el uso de estas expresiones:

En mi opinión ...
No estoy de acuerdo con ... porque creo/pienso que ...
¿Y tú? ¿qué piensas?/¿qué crees?
Pues (yo) creo / (yo) pienso que ...
(no) tienes razón porque ...

LANGUAGE FOCUS

To ask how long something has been happening you use the phrase:

¿Cuánto tiempo hace que + present tense:

¿Cuánto tiempo hace que **estudias** español?
How long have you been studying Spanish?

This construction is used to refer to events which began at some point in the past but which are still in progress.

To say how long something has been happening, you use the construction:

Hace + period of time + **que** + present tense:

Hace un año que **estudio** español.
I have been studying Spanish for one year.

D Escribe cinco preguntas y respuestas utilizando estos dos cuadros.
Write five questions and answers using these two boxes.

- no vivir con tus padres
- tener coche
- no ir de vacaciones
- practicar deporte
- no ver un partido de fútbol
- estar a régimen *(diet)*

- cinco años
- seis meses
- muchos años
- una semana
- tres días
- unas horas

Ejemplo:
¿Cuánto tiempo hace que no vives con tus padres?
Hace muchos años que no vivo con mis padres.

E Contesta a estas preguntas.

1 ¿Cuánto tiempo hace que trabajas para tu empresa?
2 ¿Cuánto tiempo hace que vives en tu casa/piso?
3 ¿Cuánto tiempo hace que no lloras (*cry*)?
4 ¿Cuánto tiempo hace que no compras flores?
5 ¿Cuánto tiempo hace que conoces a tu mejor amigo/a?

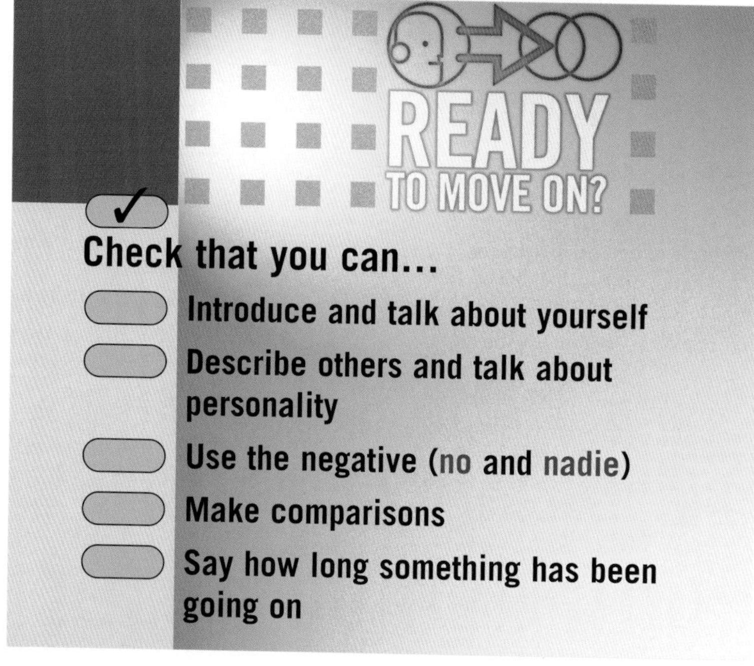

Check that you can...

- Introduce and talk about yourself
- Describe others and talk about personality
- Use the negative (no and nadie)
- Make comparisons
- Say how long something has been going on

4 Demasiadas preguntas

A Une (*Match*) las dos columnas para completar las preguntas.

1	¿Cómo	a	es todo?
2	¿Cuál	b	estudias idiomas?
3	¿Cuándo	c	es tu número de teléfono?
4	¿Cuánto	d	es tu mejor amigo?
5	¿Dónde	e	haces en tu tiempo libre?
6	¿Qué	f	está la plaza?
7	¿Quién	g	se llama tu hermano mayor?
8	¿Por qué	h	es tu cumpleaños?

B Contesta a estas preguntas usando **porque** o **para**.

1 ¿Por qué haces deporte?

2 ¿Por qué estudias español?

3 ¿Por qué vas a clase?

4 ¿Por qué estás a dieta?

5 ¿Por qué vas de vacaciones?

Our website has further activities

LEARNING TIP

Understanding instructions

You may have noticed that in this book we give you instructions in Spanish, such as:

Escucha la grabación = *listen to the recording*
Lee el diálogo = *read the dialogue*
Contesta a estas preguntas = *answer these questions*
Comprueba tu respuesta = *check your answer*
Escribe una carta = *write a letter*

These forms of the verb are known as the informal imperative, formed from the **tú** form of the present tense minus the **s**.

There are also a few irregular imperatives, such as:

Haz una lista = *make a list* (from **hacer**)
Pon en orden = *put in order* (from **poner**)

For the patterns of all forms of the positive imperative, see the Language Summary pp210–11.

LEARNING TIP

Recuerda: Para hacer preguntas el sujeto puede colocarse detrás del verbo.

- Remember that in questions the subject sometimes follows the verb.
  ¿Estudia Alica español? *Does Alicia study Spanish?*
  ¿Habla Alicia otros idiomas? *Does Alicia speak other languages?*
- Fíjate / Notice:
  ¿Por qué comes tanto? Porque quiero engordar. *Because I want to get fat.*
  Para engordar. *In order to get fat.*

5 Este año yo estudio español

LANGUAGE FOCUS

El presente

The present tense is used to talk about what happens generally and in current situations:

Todos los días tomo un autobús.	*Every day I catch a bus.*
Este año yo estudio español.	*I am studying Spanish this year.*

Spanish verbs: a reminder

Every Spanish verb belongs to one of three groups, with infinitives ending in **-ar**, **-er** or **-ir**, e.g. escuch**ar** (*to listen*), l**eer** (*to read*), escrib**ir** (*to write*).

As we saw in *Access Spanish 1*, each group has its own regular pattern of endings. Unfortunately, a number of verbs are irregular and have to be learnt individually. Three very common examples are **ser** (*to be*), **estar** (*to be*) and **ir** (*to go*). If you want to refresh your memory of these you can check the Language Summary on p204.

Some verbs have irregular **yo** forms, although regular in other respects, for example:

hacer (*to do, make*)	hago	saber (*to know*)	sé
salir (*to go out*)	salgo	traer (*to bring*)	traigo
dar (*to give*)	doy	poner (*to put*)	pongo
ver (*to see*)	voy	conocer (*to know*)	conozco

Other verbs have a change to their stem vowel (either **e** to **ie**, **o** to **ue**, **u** to **ue** or **e** to **i**) except in **nosotros/as** and **vosotros/as** forms:

e > ie:	querer (*to love*)	quiero, quieres, quiere, queremos, queréis, quieren
o > ue:	poder (*to be able*)	puedo, puedes, puede, podemos, podéis, pueden
u > ue:	jugar (*to play*)	juego, juegas, juega, jugamos, jugáis, juegan
e > i:	pedir (*to ask*)	pido, pides, pide, pedimos, pedís, piden

And finally there are verbs that have both changes in the **yo** form and also a stem vowel change, for example:

tener (*to have*)	tengo, tienes, tiene, tenemos, tenéis, tienen
venir (*to come*)	vengo, vienes, viene, venimos, venís, vienen
decir (*to say, tell*)	digo, dices, dice, decimos, decís, dicen
oír (*to hear, listen to*)	oigo, oyes, oye, oímos, oís, oyen.

See the Language Summary p204 for the complete patterns of these regular and irregular stem-changing verbs.

Go to our website for further practice

A Lee esta carta y rellena los huecos con la forma correcta de los verbos.

B Escucha la grabación y comprueba tu respuesta.

C Ahora lee la segunda carta y rellena los huecos con los verbos conjugados del cuadro.

entendéis	**eres**	**jugáis**	
apaga	**sales**	**sirves**	**tiene**
tienen	**vas**	**van**	**vuelven**

Alicante, el 14 de septiembre

Querida revista:

Yo **1** ______ (estar) deprimido y **2** ______ (tener) muchos problemas en este momento. Mis amigos **3** ______ (decir) que **4** ______ (ser) muy egoísta porque sólo ______ (pensar) en mí. Cuando **5** ______ (salir) a cenar con ellos siempre me **6** ______ (servir) más verduras que nadie, si **7** ______ (jugar) al fútbol yo **8** ______ (querer) ganar o no **9** ______ (jugar). Cuando mis amigos **10** ______ (venir) a casa, yo **11** ______ (hacer) todo lo que **12** ______ (poder) por ellos, por ejemplo: **13** ______ (poner) la televisión, **14** ______ (ver) el programa que hay en la tele, pero ellos se **15** ______ (ir) y no **16** ______ (volver). No **17** ______ (saber) que hacer, yo **18** ______ (dar) todo lo que **19** ______ (tener) o (Ellos no **20** ______ (tener) una tele tan grande y bonita como la mía.) Pero nadie me **21** ______ (entender). ¿Qué ______ (poder) hacer?

Ayúdame

Madrid, el 23 de septiembre

Querido amigo:

Creo que tus amigos ______ razón, ______ un poco egoísta, pero todo ______ remedio. Si ______ a cenar con tus amigos te ______ el último, si ______ al fútbol no te preocupes (*don't worry*) por ganar. Si ______ a tu casa ______ (*switch off*) la tele y habla con ellos. Y ______ a ver como os ______ mejor y ______ a visitarte.

Un saludo de un amigo.

D Escucha la grabación y comprueba tu respuesta.

6 ¿Qué planes tienes para este año?

LANGUAGE FOCUS

To express intention and talk about actions that are going to happen, use the verb **ir** (*to go*) followed by the preposition **a** and an infinitive:

Este año **voy a leer** literatura española, **voy a escribir** muchos ensayos en español y **voy a viajar** por toda América Latina.

See the Language Summary on p205.

A Lee el diálogo y haz una lista de los planes que tienen Gareth y Pablo para este año y qué van a hacer para conseguirlos.

Gareth: Pablo, ¿qué planes tienes para este año?
Pablo: Voy a trabajar duro, porque quiero ahorrar dinero.
Gareth: ¿Por qué quieres ahorrar dinero?
Pablo: En navidades voy a ir de vacaciones a Centroamérica.
Gareth: Pero allí, no vas a necesitar mucho dinero, la vida es más barata que aquí.
Pablo: Sí, pero voy a viajar por diferentes países durante un mes y tengo que pagar transporte, hotel y alimentación.
Gareth: ¿Por qué países vas a viajar?
Pablo: Voy a hacer 'la ruta Maya' y voy a visitar parte de México, Belice, Guatemala y Honduras. ¿Y tú, qué planes tienes para este año?
Gareth: Yo quiero mejorar mi español. Voy a matricularme (*register*) en la escuela de idiomas para mejorar la gramática y el vocabulario. Y este verano voy a ir a España de vacaciones, voy a escuchar a los nativos y voy a mejorar mi pronunciación.
Pablo: Estoy de acuerdo contigo, creo que para aprender una lengua extranjera, hay que ir al país de su origen.

B Escucha la grabación y comprueba tu respuesta con tu compañero.

C Ahora haz una lista de tus planes para este año y qué vas a hacer para conseguirlos. Luego contrástalos con tus compañeros y haz una lista de los que hay en común.

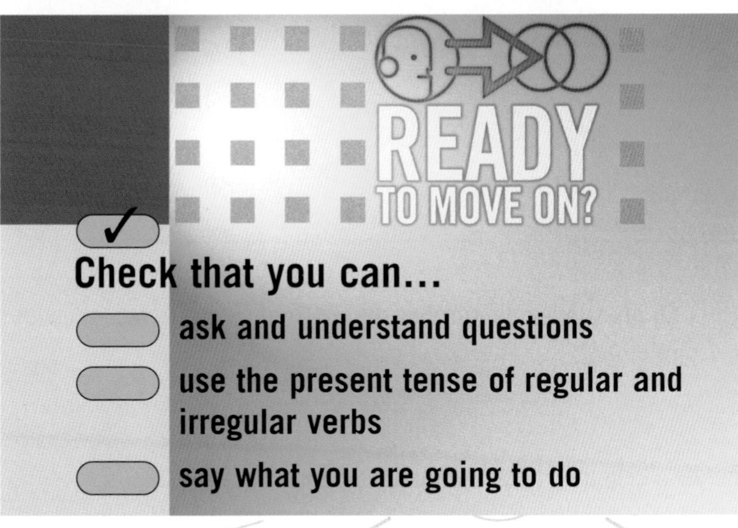

Check that you can...

- ask and understand questions
- use the present tense of regular and irregular verbs
- say what you are going to do

For more activities on this unit, go to our website

Descubre el mundo HISPANO

El español: una lengua difundida en el mundo

A En las siguientes afirmaciones existen cinco errores. ¿Puedes encontrarlos y corregirlos?

Sabías que:

1. El español es el segundo idioma hablado en Estados Unidos.
2. El español es, por número de hablantes, la tercera lengua del mundo tras el chino mandarín (885 millones) y el inglés (440 millones).
3. El español es el idioma oficial de Brasil.
4. El español en tiempos lejanos fue considerado la lengua diplomática, y más tarde fue sustituido por el francés.
5. El español es hoy lengua oficial de la ONU y sus organismos, de la Unión Europea y de otros organismos internacionales.
6. El español todavía sirve de lengua diplomática junto al francés para el pueblo saharaui.

7 El español, el quechua, el guaraní y el náhuatl son lenguas que se hablan en el continente americano.
8 El español y el castellano son lenguas distintas.
9 El español por número de hablantes es la lengua más hablada en el continente americano.
10 El español o, mejor dicho, 'el castellano' es un dialecto románico nacido en el Reino de Castilla durante la Edad Media.
11 El español de América conserva palabras de la lenguas indígenas.
12 El español es la segunda lengua internacional después del inglés.
13 El castellano dominó a las lenguas que había en América.
14 El castellano es un dialecto del español.
15 La expansión del español disminuyó muchísimo tras la colonización americana.

GLOSSARY

Sustantivos

abogado (m)	lawyer
afirmación (f)	statement
alimentación (f)	food
aspiradora (f)	vacuum cleaner
basura (f)	rubbish
césped (m)	lawn
cuadro (m)	picture
cumpleaños (m)	birthday
ensayo (m)	essay
escritor (m)	writer
grabación (f)	recording
hablante (m/f)	speaker
hueco (m)	gap
lengua (f) **materna**	mother tongue
Navidad(es) (f)	Christmas
origen (m)	origin
remedio (m)	remedy, solution, option
verduras (f pl)	vegetables/greens

Verbos

ahorrar	to save
barrer	to sweep
colocar	to position, to place
comprobar (o>ue)	to check
conseguir (e>i)	to achieve, to obtain
difundir	to spread
disminuir	to decrease
engordar	to get fat, to put on weight
fregar (e>ie)	to wash the dishes
llorar	to cry
matricularse	to enrol, sign up
mejorar	to improve
planchar	to iron

GLOSSARY

poner la mesa	to lay the table
practicar un deporte	to do/play a sport
preocuparse	to worry
recordar (o>ue)	to remember
regar (e>ie)	to water (plants etc.)
rellenar	to fill in (gap, form etc.)
tener (e>ie) **razón**	to be correct, to be right

Adjetivos

deprimido	depressed
egoísta	selfish
extranjero	foreign
ficticio	fictitious
lejano	distant, far away
mayor	greater, larger, older
siguiente	next, following

Diversos

alguien	somebody
detrás de	behind
nadie	nobody

LOOKING FORWARD

To prepare for the next unit, look at the picture and study the new vocabulary.

UNIT 2
El día a día

By the end of this unit you will be able to:

- Talk about daily activities, your home and social life
- Understand and use reflexive verbs
- Relate sequences of events
- Use more negative and indefinite words and phrases
- Say what you are doing at the present time (present continuous)
- Make, accept and refuse invitations and suggestions
- Use other verbs in a similar way to **gustar** and **encantar**

1 ¿Qué recuerdas?

A Ordena estas palabras para que las frases tengan sentido.

Ejemplo:
estudia nadie no ruso → No estudia nadie ruso.

1 a nadie conoces no
2 el inglés más que es difícil el japonés
3 la vocabulario fácil tan es como el gramática
4 estudia esta asignaturas (*subjects*) alguien en otras clase ¿?
5 estudio español un año hace que
6 a clase de alguien la español en conoces ¿?
7 las explicaciones del atiende nadie a profesor
8 la compañero es el alto más de mi clase
9 trabajar en español aprendo para IBERIA

B Elige el verbo correcto, conjúgalo, y rellena el hueco.

1 (Yo) ______ los deberes todos los días después de cenar. (hacer, estudiar, leer)

2 Mi hermano ______ hacer los deberes antes de cenar. (estudiar, hacer, preferir)

3 Hoy la gente ______ viajar más. (jugar, conocer, querer)

4 Mis compañeros ______ a clase en autobús. (pedir, venir, poder)

5 (Yo) Normalmente ______ las noticias en el telediario de la noche. (ver, tener, ser)

6 (Yo) ______ muchos países pero no ______ nada sobre ellos. (ver, saber, traer, ir, conocer, estar)

LEARNING TIP

When using two verbs together with no change of subject, the second verb is usually in the infinitive:

Prefiero **estudiar** por la noche porque hay menos ruido.
Lucía necesita **leer** y **escribir** más.

2 Todos los días la misma cosa

A Sopa de letras

Busca 10 verbos que forman parte de la rutina diaria y que solemos usar (*we usually use*) como reflexivos. Haz una lista y añádeles (*add*) el pronombre reflexivo **se**. Marca su(s) irregularidad(es), si la(s) tienen, explicándola(s).

Ejemplo: lavar → lavar**se** (regular)

l	a	v	a	r	u	p	m	i	r	ñ
e	a	r	c	g	t	e	j	c	a	a
v	r	d	o	r	m	i	r	e	t	r
a	a	h	s	a	r	n	i	p	r	r
n	ñ	o	t	d	i	a	t	i	e	e
t	a	l	a	i	ñ	r	s	l	p	g
a	b	a	r	q	u	e	e	l	s	l
r	a	t	i	e	f	a	v	a	e	a
m	a	q	u	i	l	l	a	r	d	r
p	l	s	i	d	u	c	h	a	r	v

LEARNING TIP

Saber and **conocer** both mean 'to know'.

- **saber** = *to know a fact, a piece of information, how to do something*
  Sé español.
- **conocer** = *to know someone, somewhere, something*
  Conozco España.

Note that when **conocer** is followed by a direct object that is a person or animal, the preposition **a** is inserted:
Conozco **a** los españoles.
(You will learn more about this in Unit 7.)

LANGUAGE FOCUS

Reflexive verbs

Many verbs in Spanish are reflexive, or can be used reflexively, when the subject of the verb also receives the action of the verb – i.e. the action reflects back to the subject. When a verb is reflexive it has an additional reflexive pronoun, **se** in the infinitive form:

levantar**se** *(to get up)*, lavar**se** *(to wash oneself)*.

Reflexive pronouns change according to the verb endings:

Yo **me** levanto muy tarde. *I get up very late.*
Bárbara **se** levanta muy temprano. *Barbara gets up very early.*

Here is the pattern of reflexive pronouns with **levantarse**:

	Reflexive pronoun	levantar**se**
yo	**me**	levanto
tú	**te**	levantas
usted, él/ella	**se**	levanta
nosotros/nosotras	**nos**	levantamos
vosotros/vosotras	**os**	levantáis
ustedes, ellos/ellas	**se**	levantan

The most common reflexive verbs are:

acostarse (o>ue)	*to go to bed*
afeitarse	*to shave*
bañarse	*to have a bath/to bathe*
cepillarse	*to brush*
despertarse (e>ie)	*to wake up*
dormirse (o>ue)	*to go to sleep*
ducharse	*to have a shower*
lavarse	*to get washed*
levantarse	*to get up*
maquillarse	*to put on make-up*
peinarse	*to comb (one's hair)*
pintarse	*to put on make-up*
ponerse (la ropa)	*to put on (one's clothes)*
probarse (o>ue)	*to try on*
quitarse (la ropa)	*to take off (one's clothes)*
secarse (el pelo, el cuerpo)	*to dry (one's hair, body)*
vestirse (e>i)	*to get dressed*

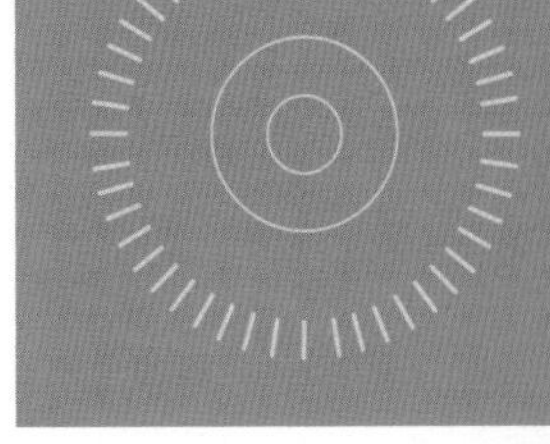

LEARNING TIP

To say how often you do things, you can use words like:

siempre = *always*
suelo = *I usually* ... (from soler)
normalmente = *normally/generally*
a veces = *sometimes*
a menudo = *often*
de vez en cuando = *from time to time*
nunca = *never*

B Haz una lista de cosas que haces todos los días usando el vocabulario en el **Learning tip**. Luego compáralas con tus compañeros y marca las que tenéis en común.

Ejemplo:
Siempre me despierto tarde. Nunca como solo ...

C Lee la lista de actividades y mira los dibujos (*pictures*). ¿Qué actividad corresponde a cada persona?

A

B

C

1 toma demasiado café
2 a veces duerme poco
3 siempre va en bici
4 pasa mucho tiempo sentado/a
5 fuma mucho
6 normalmente se despierta varias veces por la noche
7 come muy poco
8 a veces trabaja toda la noche
9 suele andar bastante
10 de vez en cuando toma una copa con los amigos (si tiene canguro)
11 nunca come comida rápida
12 a menudo va a pasear al parque a mediodía

D **Busca a alguien que …**

Work in groups. Your teacher will give you a card with instructions. You need to find out who in your group is being described on the card by asking other members of your group certain questions.

Ejemplo:

Busca a alguien que nunca se acuesta tarde / que siempre se levanta temprano / que normalmente va al cine los sábados …

E Escucha la grabación, mira las viñetas y ponlas en el orden correcto.

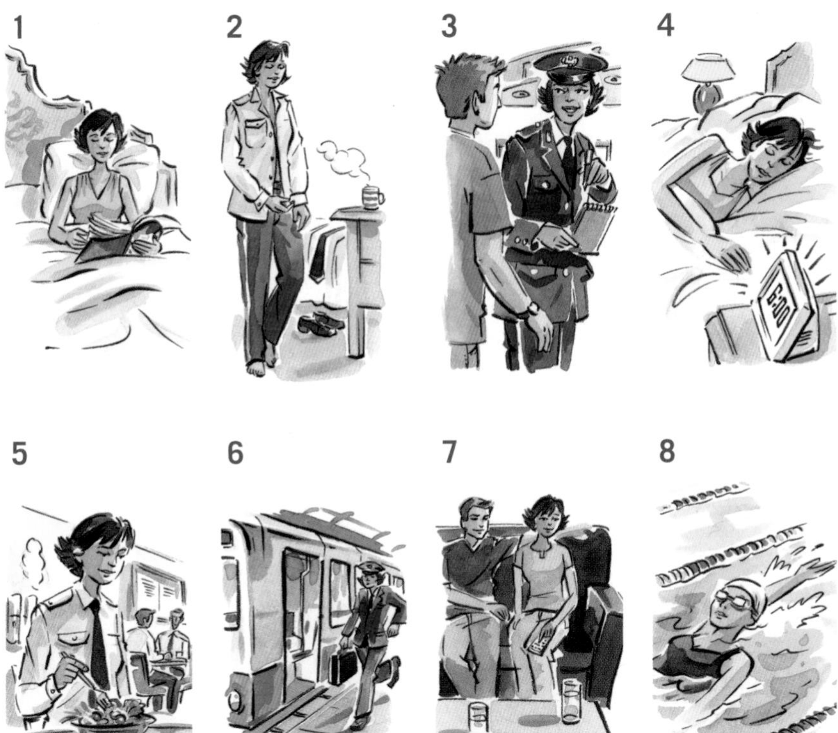

F Mira las viñetas otra vez y escribe un artículo basado en la audición de la actividad E, sobre el día a día de Isabel.

See our website for more ideas

LEARNING TIP

To relate a sequence of events you can use words like:

Primero
Luego
Seguidamente
Después
A continuación
Finalmente
Por último

LEARNING TIP

arreglarse =
to get ready to go out
ganarse el pan =
to earn one's living, to be the bread winner

3 Hay que saber organizarse

A Cada día más gente como David trabaja desde casa. Pero ¿cómo es el día a día de alguien que no tiene que salir de casa, ni cumplir un horario?

Lee el texto y señala todos los verbos reflexivos que encuentres. Luego clasifica los verbos en regulares e irregulares y señala la irregularidad que tienen.

Cómo ganarse el pan desde casa

David es traductor. Vive con su mujer y sus dos hijas. Pasa la mayor parte de su tiempo frente a la pantalla del ordenador, tecleando la traducción de un texto que normalmente le llega por correo electrónico y alguna vez por fax.

Por la mañana David y su mujer se levantan muy temprano y desayunan juntos. Luego mientras su mujer se ducha y se arregla David levanta y viste a sus hijas y su mujer las lleva al colegio. Cuando se queda solo se afeita, se ducha y se sienta enfrente del ordenador. Trabaja sin parar hasta el mediodía. Come algo rápido y continúa hasta que vuelve su mujer con sus hijas del colegio. A veces, si tiene mucho trabajo se queda por la noche a trabajar y se acuesta muy tarde. Su mujer e hijas saben que no le gusta que le interrumpan cuando trabaja y nunca le molestan …

B Lee el artículo otra vez y contesta a estas preguntas.

1 ¿Cómo recibe las traducciones David?
2 ¿Quién se encarga de las niñas por las mañanas?
3 ¿A qué hora almuerza?
4 ¿Cuándo se acuesta tarde David?
5 ¿Qué quiere decir la expresión 'ganarse el pan desde casa'?

C Ahora escucha la entrevista en el programa de radio. Haz una lista de las diferencias que existen entre el artículo y la grabación.

D Con ayuda de la grabación y el artículo, contesta a esta pregunta: ¿Por qué se queda por la noche a trabajar si tiene mucho trabajo?

LANGUAGE FOCUS

Remember that most Spanish verbs can be reflexive. When the verb acts on the subject, you use the reflexive form. But if the verb acts on something else, the non-reflexive form is used. Reflexive verbs often have a meaning that is slightly different from non-reflexive verbs.

Carmen baña al niño. — *Carmen baths the baby.*
Carmen se baña. — *Carmen takes a bath/goes swimming.*

See Language Summary p203 for a list of the most common reflexive verbs.

E Rellena los huecos con el verbo reflexivo correcto.

se acuerdan **se queda** **se ponen**

1 Los alumnos ______ nerviosos cuando tienen exámenes, porque a veces la mente ______ en blanco y no ______ de nada.

se sientan **se aburren** **se van** **se duermen**
se callan **se enoja** **se va** **se levantan**

2 Cuando entra la profesora los alumnos ______, ______ y comienza la clase. Normalmente los alumnos ______ y ______, entonces la profesora ______ y ______. Después de diez minutos los alumnos ______ y ______ también.

LEARNING TIP

la mente se queda en blanco = *the mind goes blank*

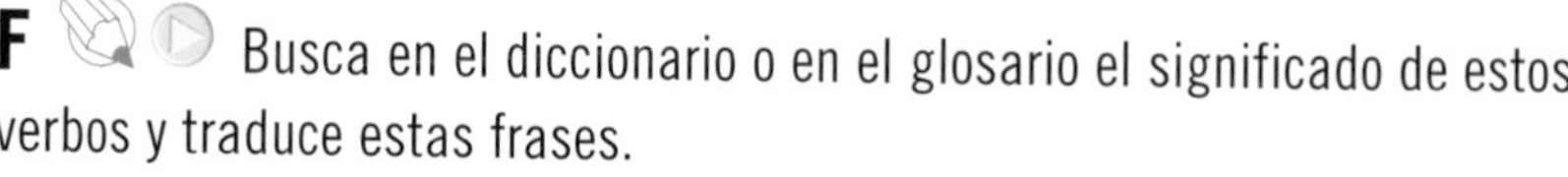

F Busca en el diccionario o en el glosario el significado de estos verbos y traduce estas frases.

Can you spot the differences in meaning between the reflexive and non-reflexive forms of the following verbs?

Look on our website for more activities

1 Yo me llamo María del Carmen Tomasa de todos los Santos.
2 Yo llamo a María del Carmen Tomasa de todos los Santos.
3 Luis y Javier se encuentran en el bar de la esquina.
4 Luis encuentra a Javier en el bar de la esquina.
5 Siempre me acuerdo de llamar a Julia.
6 Siempre acuerdo con mi novio llamar a Julia yo.
7 Por las tardes me pongo el abrigo.
8 Por las tardes pongo el abrigo encima del sofá.

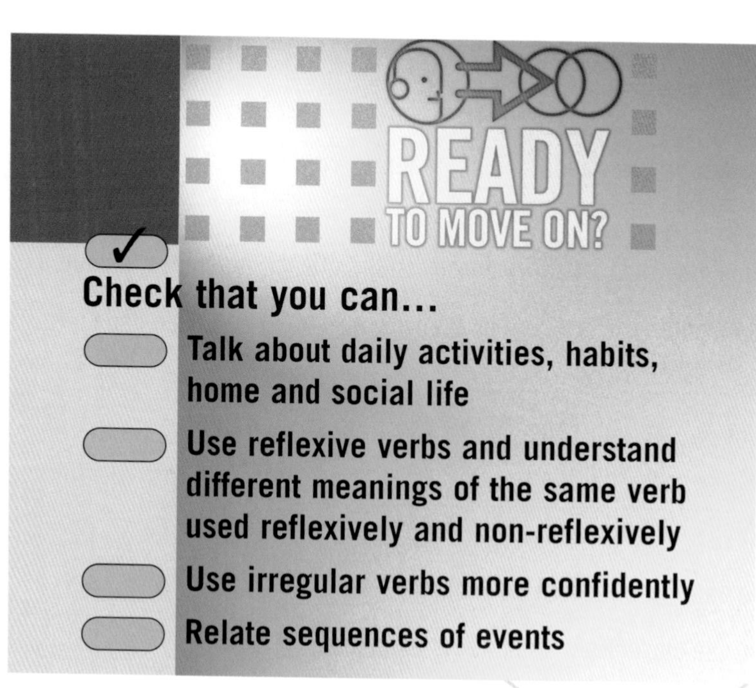

Check that you can...

- Talk about daily activities, habits, home and social life
- Use reflexive verbs and understand different meanings of the same verb used reflexively and non-reflexively
- Use irregular verbs more confidently
- Relate sequences of events

4 Ni siempre, ni nunca, ni también, ni tampoco

LANGUAGE FOCUS

In Unit 1 we saw two ways to form negative sentences, using **no** and **nadie**.

In Spanish, sentences frequently contain two or more negative words. When one phrase is negative, all indefinite words that follow must also be expressed in the negative. In this unit we will see how to use more negative and indefinite words.

Indefinite words	Negative words
alguien	nadie
algo	nada
algún/alguno/a/s	ningún/ninguno/a/s
siempre	nunca/jamás
también	tampoco
o … o	ni … ni

- Use **algún/ningún** before a masculine singular noun:

  ¿Tienes **algún** amigo en España?
  Sí, tengo algunos amigos en Madrid y Sevilla, pero no tengo **ningún** amigo en el norte de España.

- To express 'too' or 'neither', when in agreement with the previous speaker, use a personal pronoun such as **yo** + **también/tampoco**:

  No tengo ningún amigo en el norte de España.
  Yo **tampoco**.

- To express the idea of 'neither … nor', use **ni** … **ni**:

  No tengo ningún amigo **ni** en el norte **ni** en el sur de España.

A Lee el diálogo y escoge la palabra adecuada, luego escucha la grabación y comprueba.

Lucas: Cristina, ¿te pasa **1** algo/nada?
Cristina: No, no me pasa **2** algo/nada.
Lucas: ¿Tienes **3** algún/ningún problema?
Cristina: No, no tengo **4** alguno/ninguno.
Lucas: ¿Por qué tienes esa cara?
Cristina: A mí no me gusta ayudar en casa.
Lucas: A mí **5** también/tampoco.

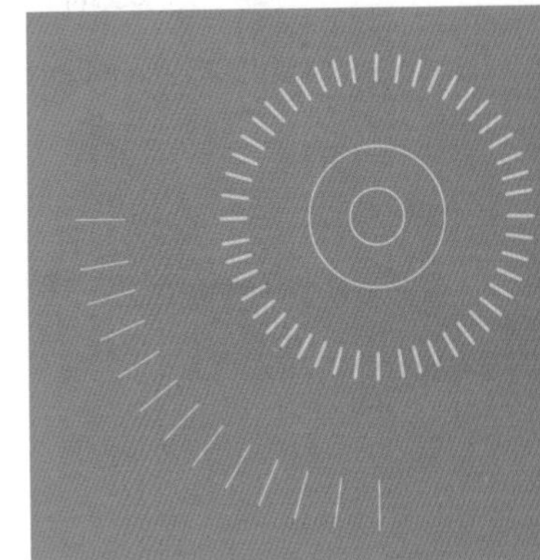

Cristina: Sí, pero en tu casa sois muchos hermanos y os podéis repartir el trabajo. Yo **6** siempre/nunca tengo que pasar la aspiradora.
Lucas: Qué casualidad, yo **7** también/tampoco paso la aspiradora en casa.
Cristina: ¿Sacas la basura?
Lucas: No, yo **8** siempre/nunca saco la basura.
Cristina: Pues yo sí, todos los días **9** o/ni saco la basura **10** o/ni pongo la mesa.
Lucas: Yo **11** o/ni saco la basura **12** o/ni pongo la mesa.
Cristina: ¡Qué suerte! ¿Te gusta fregar los platos?
Lucas: En mi casa **13** alguien/nadie friega los platos, tenemos lavavajillas.
Cristina: Pues, en mi casa **14** siempre/nunca hay **15** alguien/nadie que se enfada porque tiene que fregar.
Lucas: Yo tengo **16** algunas/ningunas ideas que te pueden ayudar y cambiarte esa cara.
Cristina: Sí, pues dame **17** alguna/ninguna.
Lucas: Mira …

B Contesta a estas preguntas en forma negativa, escogiendo la palabra adecuada.

Ejemplo:
¿Quieres que te traiga algo? (algo/nada/nadie)
No quiero que me traigas nada.

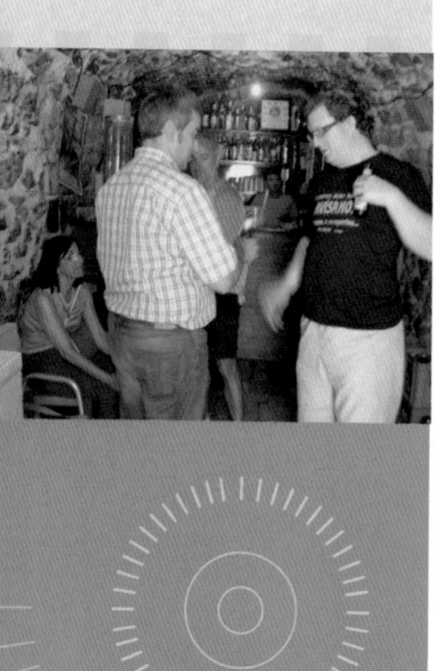

1	¿Quieres ir al cine, al teatro, a bailar …?	(ni … ni, nunca, jamás)
2	¿Quieres salir de copas con algún amigo?	(algún, ningún, tampoco)
3	¿Quieres estar conmigo sola?	(nadie, alguien, ningún)
4	¿Qué revista quieres?	(nadie, alguna, ninguna)
5	¿Qué vas a hacer hoy?	(nada, algo, nunca)
6	¿Cuándo vas a cambiar de actitud?	(ningunos, tampoco, nunca)

5 ¿Qué estás haciendo?

LANGUAGE FOCUS

El presente continuo

The present continuous tense is used to describe actions in progress. It is formed with the present tense of **estar** plus the present participle (**participio presente**) of the relevant verb. The present participle is formed by adding **-ando** to the stem of **-ar** verbs and **-iendo** to the stem of **-er** and **-ir** verbs:

¿Qué estás hac**iendo**? *What are you doing?*
Estoy estudi**ando**. *I'm studying.*

			Irregular present participles	
yo	**estoy**	enseñ**ando**	leer:	**leyendo**
tú	**estás**	aprend**iendo**	oír:	**oyendo**
usted	**está**	describ**iendo**	dormir:	**durmiendo**
él /ella	**está**		pedir:	**pidiendo**
nosotros/nosotras	**estamos**		seguir:	**siguiendo**
vosotros/vosotras	**estáis**			
ustedes	**están**			
ellos/ellas	**están**			

The present continuous is used less frequently in Spanish than in English. In Spanish it is used only to emphasise that an action is taking place at that moment.

¡Todavía estás estudiando! *You are still studying!*

A Mira las viñetas y di si las siguientes afirmaciones son verdaderas o falsas. Luego pon los nombres en el recuadro correspondiente.

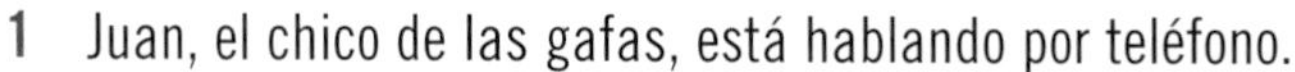

1 Juan, el chico de las gafas, está hablando por teléfono.
2 Ana, la chica del vestido rojo, está pasando la aspiradora.
3 Luis, el chico de la camisa de rayas, está lavando los platos.
4 Julio, el chico del traje azul, está limpiando el polvo.
5 Isabel, la chica de los pantalones cortos, está hablando con Pedro.
6 Marina y Javier están haciendo las camas.
7 Bárbara, la chica de gafas, está planchando.
8 Ramón, el chico del jersey verde, está cortando el césped.

B Ahora escucha la grabación y completa el recuadro.

	¿Dónde está?	¿Con quién está?	¿Qué está(n) haciendo?
1			
2			
3			
4			

C Pon en prueba la memoria. Tapa las viñetas de la actividad 5A y en parejas hacedos preguntas sobre qué están haciendo estos personajes:

Juan, Ana, Luis, Julio, Isabel, Pedro, Marina, Javier, Bárbara y Ramón.

Ejemplo:
¿Qué está haciendo Juan? Juan está hablando por teléfono.
¿Está limpiando Juan? No, Juan está hablando por teléfono.

6 ¿Cómo quedamos?

LANGUAGE FOCUS

Invitar

¿Quieres
¿Te apetece
¿Te gustaría
- ir ...?
- ver ...?
- comer ...?
- salir ...?

¿Qué te parece si ...
¿Por qué no ...
- vamos ...?
- vemos ...?
- comemos ...?
- salimos ...?

¿Cómo quedamos?

¿Cuándo quedamos?
¿A qué hora quedamos?
¿Dónde quedamos?

Aceptar

Sí / Vale.
De acuerdo.
Muy bien.
Sí, me gustaría.
¡Estupendo!
¡Claro!

Negar

No, lo siento.
No puedo.
Ya tengo planes.
No, gracias.
Es que ...

Excusas

Estoy cansado/a.
Estoy ocupado/a.
Tengo que ...
No me apetece.
No me gusta ...
Mi madre está enferma.

A Maite llama a Ricardo para invitarlo al teatro. Pon las siguientes frases en orden para saber lo que dicen.

1 ¿Dígame?

2 ¿Está Ricardo?

☐ No, no tengo planes, pero estoy muy ocupado con mis exámenes.

☐ ¿Y el domingo?

☐ Sí, soy yo. ¿Quién es?

☐ Bueno, pues llámame si quieres tomarte un café. Yo estoy libre toda la semana.

☐ Lo siento, pero el sábado ya tengo planes.

☐ No puedo, es que tengo que estudiar para un examen el lunes.

☐ Hola Ricardo, soy Maite. ¿Te apetece venir el sábado al cine conmigo?

☐ Y para el resto de la semana ¿tienes planes?

11 Vale, ¡adiós!

12 ¡Adiós!

B Ahora escucha y comprueba.

C Escucha los siguientes diálogos y rellena los cuadros. As an example, check activity B.

	Cuándo/Dónde	Acepta/Niega	Excusa
1	• *Sábado/Cine* • *Domingo*	• *Niega* • *Niega*	• *Ya tiene planes* • *Los exámenes*
2			
3			
4			

hispanic world

LEARNING TIP

Washing-up:
fregar los platos (España)
lavar los platos (Latinoamérica)

Grass/lawn:
césped (España)
pasto (Latinoamérica)

Swimming pool:
piscina (España)
alberca (México)
pileta (Argentina)

D Escribe un correo invitando a un(a) amigo/a a pasar el fin de semana contigo.

- Ask your friend if he/she is free this weekend.
- Ask if he/she would like to go out with you.
- Suggest somewhere convenient to meet.
- Tell him/her your plans for the weekend (shopping, eating out, going to the disco …)
- Ask him/her to call you in the evening at home to confirm.

7 Las tareas de la casa

A Mira esta lista de verbos españoles usados de la misma forma que los verbos **gustar** o **encantar** (estudiados en *Access Spanish 1*). Trata de unirlos con su significado en inglés; usa el diccionario si es necesario.

1 Me aburre
2 Me interesa
3 Me importa
4 Me falta
5 Me fascina
6 Me molesta
7 Me queda
8 Me da igual

a It is important to me
b It fascinates me
c It bores me
d It doesn't bother me
e I have ... left over / It fits me (clothing)
f It interests me
g I lack / I need
h It bothers me

LANGUAGE FOCUS

Me gusta, me encanta

In *Access Spanish 1* we saw how to use **gustar** *(to like, literally 'to please')* and **encantar** *(to like very much, literally 'to enchant')* i.e. in the third person (**gusta** or **gustan**) and preceded by **me**, **te**, **le**, etc.

Me **gusta** el café. *I like coffee.*
Me **gustan** los deportes de pelota. *I like ball games.*

If you need to refresh your memory go to the Language Summary, p212:

Many other verbs are used in a similar way.

You can also look on the web for more activities with verbs like **gustar**, **encantar**, **interesar ...**

Our website has more practice

B Lee el diálogo y rellena los huecos con el verbo del paréntesis. No olvides el uso del pronombre.

Carmen: ¿Te gustan (gustar) las tareas de la casa?

Teresa: No, no **1** ______ (gustar) nada, **2** ______ (aburrir). Y ¿a ti?

Carmen: Depende, hay trabajos que no **3** ______ (molestar).

Teresa: ¿De verdad?

Carmen: Sí, no **4** ______ (molestar) poner la lavadora. Y **5** ______ (encantar) planchar, incluso me relaja a veces.

Teresa: Pues yo prefiero ver un buen partido de fútbol para relajarme, **6** ______ (fascinar) el fútbol.

Carmen: A mí no, **7** ______ (aburrir) los deportes de pelota.

Teresa: Oye, ¿sabes si a tu hermano **8** ______ (quedar) entradas para el partido del domingo?

Carmen: Sí, creo que **9** ______ (quedar) una. Pero, sabes el precio, son muy caras.

Teresa: Ya lo sé, pero **10** ______ (quedar) 25 euros de mi paga *(pay)*.

Carmen: ¿Por qué no te compras un uniforme nuevo? Este **11** ______ (quedar) fatal.

Teresa: ¡A mí!, los uniformes **12** ______ (quedar) fatal, pero no **13** ______ (interesar) este tema, además prefiero gastar mi dinero en el fútbol.

Carmen: Pues, a mí sí **14** ______ (interesar) todos los temas relacionados con mi apariencia *(my appearance)*.

C Ahora escucha la grabación y comprueba.

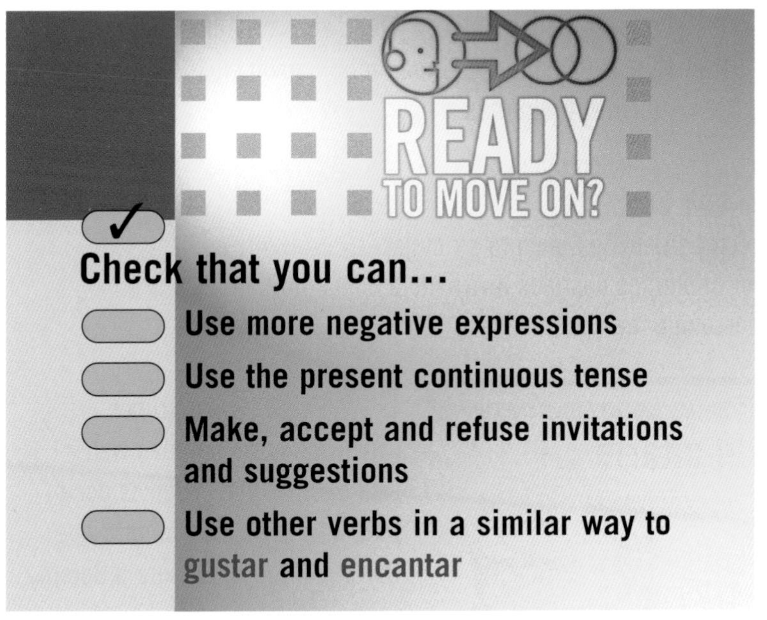
READY
TO MOVE ON?
Check that you can...
Use more negative expressions
Use the present continuous tense
Make, accept and refuse invitations and suggestions
Use other verbs in a similar way to gustar and encantar

hispanic world

LEARNING TIP

Most sports vocabulary is derived from English: tenis, golf, hockey, béisbol, voleibol, fútbol ...

basketball
baloncesto (España)
básquetbol (Latinoamérica)

For more activities on this unit, go to our website

Descubre el mundo HISPANO

Juan Valdez

¿Es Juan Valdez el colombiano más famoso del mundo, por encima de Gabriel García Márquez, Shakira y Fernando Botero?

A ¿Conoces a Juan Valdez? ¿Qué sabes de Juan Valdez? En grupos, estudiad el artículo, buscad más información en la red (internet) y contestad a las siguientes preguntas:

1 Es un campesino colombiano.
2 Siempre lleva un poncho.
3 Viaja acompañado de Conchita su mujer.
4 Viaja por diferentes destinos invitando a consumir café.
5 Es un personaje real.

Envía este artículo a un amigo | Imprimir este artículo | Escribe al editor

Juan Valdez, el icono publicitario ...

Juan Valdez es un personaje ficticio que aparece en la publicidad de la Federación Nacional de Cafeteros colombianos. Representa a un cultivador de café colombiano que siempre viaja acompañado de su mula Conchita. Desde su aparición hasta hoy, la colorida pareja se ha convertido en la imagen internacional del café colombiano, una imagen que también ha sido reconocida como el icono publicitario más importante de los Estados Unidos.

B En grupos, consultad otras paginas web y explicad por que podemos decir: Juan Valdez es más famoso que García Márquez, Shakira o Botero.

C En este texto sobre Colombia hay una palabra común omitida *(missing)*. Lee el texto y rellena los huecos con la palabra omitida.

D ¿Puedes explicar el título del texto?

El ______, orgullo y motor del desarrollo colombiano

Colombia es un país de contrastes geográficos, climáticos, naturales, culturales, de costumbres, tradiciones, creencias y formas de vida distintas en cada región.

A esto hay que sumar la mezcla de razas (la mayoría de la población colombiana es resultado del mestizaje entre colonos españoles, indígenas americanos y comunidades negras). Esta mezcla de razas y culturas le da a Colombia gran variedad y riqueza folclórica y cultural.

El cultivo del ______ no es ajeno, ya que encontramos ______teros de la región andina, en la costa, en la llanura e indígenas que continúan preservando sus tradiciones y formas de vida.

Y es que el ______ en Colombia es mucho más que un simple cultivo o una forma de sustento, el ______ es el orgullo de todos los colombianos y es el motor del desarrollo económico y social de las zonas rurales.

hispanic world

LEARNING TIP

Un tinto is a red wine in Spain, but a black coffee in Colombia.

Some countries in Latin America (and also in the Canaries) call red wine **vino rojo**.

GLOSSARY

Sustantivos

actitud (f) attitude
alberca (f) swimming pool (México)
apariencia (f) appearance
asignatura (f) academic subject
audición (f) act of listening
campesino (m) country-dweller
canguro (m/f) baby-sitter, nanny
colono (m) colonist
correo (m) **electrónico** e-mail
creencia (f) belief
cultivo (m) cultivation
deberes (m pl) homework
desarrollo (m) development
dibujo (m) drawing
entrada (f) entrance, (here) ticket for an event
esquina (f) corner
gafas (f pl) spectacles
horario (m) timetable
lavadora (f) washing machine
lavavajillas (m) dishwasher
llanura (f) plain, prairie
mestizaje (m) mixing of races
mezcla (f) mixture
mula (f) mule
ordenador (m) computer
orgullo (m) pride
paga (f) pay, wage
pantalla (f) screen
papel (m) paper; role
pareja (f) couple, pair; partner
partido (m) **(de fútbol** etc.**)** match (football etc.)
pasto (m) lawn
pelota (f) ball (for sport)
personaje (m) character, important person
pileta (f) swimming pool (Argentina)
raza (f) race (of people)
recuadro (m) drawn box (table)
revista (f) magazine
riqueza (f) richness, wealth
ruido (m) noise
rutina (f) routine
sopa (f) **de letras** word search (literally, word soup)
sustento (m) support, sustenance
tarea (f) task
taza (f) drinking cup
telediario (m) television news programme
tinto (m) red wine (Spain); black coffee (Colombia)
traducción (f) translation
traductor (m) translator
traje (m) suit
viñeta (f) cartoon

GLOSSARY

Verbos

aburrirse to get bored
acostarse (o>ue) to go to bed
afeitarse to shave
almorzar (o>ue) to have lunch
antojarse: me antoja to take a fancy to
añadir to add
apetecer: me apetece to fancy, feel like
arreglarse to get ready
atender (e>ie) to attend to; to answer the phone (Mexico)
callarse to keep quiet, shut up
cumplir to obey, adhere to
dar igual not to matter
desayunar to have breakfast
dormir (o>ue) to sleep
elegir (e>i) to choose
encargarse de to be in charge, take charge of
enfadarse to get angry
enojarse to get angry
escoger to choose
ganar(se) el pan to earn one's living
gastar to spend
olvidar to forget
omitir to omit, leave out
pasear to stroll
quedar to stay; (here) to meet
relajarse to relax
repartir to share out
salir de copas to go out for a drink
señalar to indicate, show
soler (o>ue) to tend to, to usually (do something)
sumar to add (up)
tapar to cover
teclear to type
tener sentido to make sense
traer to bring

Adjetivos

ajeno from elsewhere, alien, foreign
andino Andean
diario daily
enfermo ill
feo ugly
indígena native, indigenous
libre free
nervioso nervous
publicitario advertising
reconocido well-known

Diversos

a continuación following on
a menudo frequently
a veces sometimes
alguna vez occasionally
De acuerdo Agreed, OK
de vez en cuando from time to time
(quedarse) en blanco blank (of mind)

GLOSSARY

frente a	in the face of; opposite
jamás	never
luego	then, next, later
nunca	never
por último	finally
¡qué casualidad!	what a coincidence!
seguidamente	next
siempre	always
Vale	OK

LOOKING FORWARD

El cuerpo humano

To prepare for the next unit, look at the picture and study the new vocabulary.

la cabeza
el cuello
la garganta
la cara
los ojos
la nariz
las orejas
la boca
los dientes
el estómago
la espalda
el brazo
la mano
el dedo
la pierna
el pie
el dedo del pie

UNIT 3
Una salud de hierro

By the end of this unit you will be able to:

- Talk about symptoms and some common illnesses
- Ask for remedies and medicines
- Give advice using **tener que** and **deber**
- Talk about a healthy diet and lifestyle
- Say what you did yesterday or last week (preterite)
- Talk about the life of a famous person
- Express opinions
- Understand more about the use of **ser** and **estar**

1 ¿Qué recuerdas?

A Escucha estos ruidos/sonidos y di qué están haciendo estas personas.

1 Juan
2 Carmen y Julio
3 Teresa
4 Isabel y Susana
5 Andrés y tú
6 Enrique y yo

Ejemplo:
1 Juan está duchándose.

B Lee estas invitaciones y respuestas y emparéjalas *(link them up)*.

1 ¿Qué te parece si vamos a la piscina mañana por la mañana?

2 ¿Te apetece ir a ver El Gladiador esta noche? Después podemos ir a cenar al Caldero

3 Mañana viene Juan a pasar unos días. ¿Quieres salir de copas con nosotros una noche?

4 Tengo entradas para un concierto de jazz el sábado a las diez. ¿Te apetece venir?

a Vale, estoy libre el sábado, llámame. Besos

b No gracias, no me gusta el cine y estoy a dieta

c Lo siento, no me gusta nadar, además ya tengo planes

d Vale, ¿cuándo y dónde quedamos?

C Ahora escribe una nota similar a las anteriores invitando a tu compañero. Luego intercámbiatela con él y contesta a la suya.

D Tacha *(cross out)* la expresión que no pertenezca *(belong)* al grupo.

1	hacer la cama	poner la mesa	lavar los platos	ver la tele
2	ir al cine	cenar fuera	sacar la basura	salir de copas
3	acostarse tarde	andar bastante	cepillarse los dientes	levantarse temprano
4	a menudo	siempre	terminar	nunca
5	de acuerdo	ya tengo planes	lo siento	no puedo
6	interesar	encantar	hablar	fascinar
7	estoy cansado	no me apetece	estoy ocupado	¿cómo quedamos?
8	playa	piscina	alberca	pileta

2 No me encuentro bien

A ¿Recuerdas el vocabulario referente a las partes cuerpo?

B Escucha la grabación, mira el dibujo y di a quién corresponde cada diálogo.

LANGUAGE FOCUS

Describing your symptoms

In Unit 2 we met some verbs that are used in a similar way to **gustar** and **encantar**. The verb **doler** *(to hurt, to be painful)* follows the same pattern i.e. you use an indirect object pronoun (**me, te, le...**) and the third person singular or plural (**duele** and **duelen**):

me te le nos os les	duele	la cabeza la espalda el estómago
	duelen	los oídos las muelas las piernas

You can also use the verbs **estar** and **tener** to describe other minor ailments:

tengo tienes tiene ...	fiebre *fever* tos *cough* gripe *flu* alergia *allergy* una infección *infection*	
	dolor de	cabeza oídos muelas ...
estoy estás está ...	sano/a *healthy* enfermo/a *ill* constipado/a *to have a cold* resfriado/a *to have a cold* mareado/a *dizzy/nauseous*	

LEARNING TIP

estar constipado/a = *to have a cold*
constiparse = *to catch a cold*
estar estreñido/a = *to be constipated*
recetar = *to prescribe*
la receta = *prescription; recipe*
dar una receta = *to give a prescription*
estornudar = *to sneeze*

C Escucha otra vez la grabación de la actividad B y rellena el recuadro.
(It is not necessary to fill in all the boxes.)

	¿Qué le pasa?	¿Cuál es el diagnóstico del médico?	¿Qué le receta el médico?
1			
2			
3			
4			
5			
6			

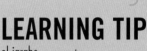

D Busca los sinónimos y únelos.

1	sentirse mal	a	lastimarse
2	romperse	b	tener una gripe
3	hacerse daño	c	tener diarrea
4	tener un catarro	d	encontrarse mal
5	tener estreñimiento	e	fracturarse
6	tener temperatura	f	tener fiebre
7	tener un cólico	g	tener retención

Tener que, deber

The verbs **tener que** and **deber** followed by an infinitive convey the idea of something you have to do or an obligation. **Deber** means 'should, ought to', while **tener que** has a stronger sense of obligation, meaning 'must, have to'.

Debes estudiar más.	*You should study more.*
Tienes que estudiar más.	*You must study more.*

E Estás de vacaciones con tus amigos y algunos de ellos se encuentran mal, van al médico. Lee las recetas y escribe una nota en inglés diciendo qué tienen que o deben hacer.

LEARNING TIP

el jarabe = *syrup*
la pomada = *ointment*
la quemadura = *burn*
la cucharada = *spoonful*

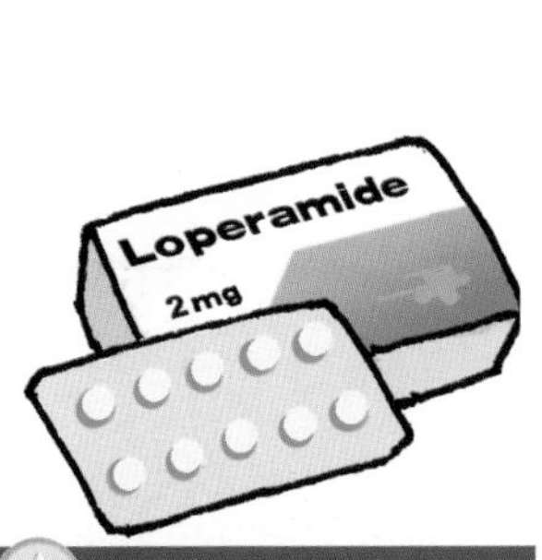

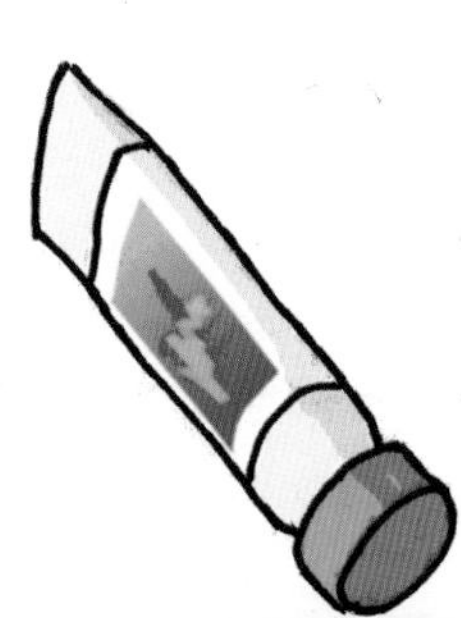

1. UNA CAJA DE LOPERAMIDE
Debe tomar uno o dos comprimidos al día.

2. UN BOTE DE JARABE "ANTICATARRO"
Tiene que tomar una cucharada tres veces al día después de las comidas.

3. UN TUBO DE POMADA "CURAQUEMADURAS"
Tiene que ponerse la crema en las partes quemadas, no debe mojar las partes quemadas.

Go to our website for further practice

3 Estar en buenas manos

A Escucha y estudia el diálogo. Subraya todas las expresiones con los verbos **ser** y **estar.**

Hoy es lunes, 29 de abril, son las dos de la tarde, está nevando, hace muchísimo frío y Pedro está en la clínica de la doctora Isabel.

Dr. Isabel: Buenas tardes. ¿Cómo está?
Pedro: Fatal, estoy enfermo, tengo fiebre, me duele todo. Necesito un médico urgentemente.
Dr. Isabel: No se preocupe, yo soy médico, soy la doctora Isabel.
Pedro: Gracias, es usted muy amable. Soy Pedro Gómez, soy argentino de La Plata.
Dr. Isabel: ¿Es usted de La Plata? Yo estoy casada con un argentino, mi marido también es de allí, de La Plata. Y ¿qué está haciendo aquí?
Pedro: Estoy aquí de vacaciones con mi familia.
Dr. Isabel: Pase a mi consulta, vamos a ver, ¿qué le pasa?
Pedro: Estoy preocupado, tengo fiebre, me duele todo, no tengo ganas de comer, estoy cansado, tengo sed todo el tiempo ...
Dr. Isabel: No se preocupe; es normal no tener hambre cuando se está enfermo. Usted es alto y fuerte, no tiene que preocuparse si no come.
Pedro: Tiene razón pero también tengo sueño y no tengo ganas de hacer ningún ejercicio físico.
Dr. Isabel: Mire, voy a hacerle unos análisis y mientras debe tomar estas cápsulas. Los resultados de los análisis van a estar listos mañana.
Pedro: ¡Tan pronto!
Dr. Isabel: Sí, nuestro laboratorio está en la planta baja y no tienen mucho trabajo ahora.
Pedro: Vale, entonces hasta mañana.

B Escribe una lista con las razones por las que se usan los verbos **ser** o **estar** en el diálogo, luego compáralas con el **Language Summary** al final del libro (p. 205).

Ejemplo:
Es lunes; fecha.

LEARNING TIP

You may have noticed these words in the dialogue:

Pase = *Come in*
Mire = *Look*
No se preocupe = *Don't worry*

These are formal imperative, used by Dr. Isabel because she's talking to her patient using **usted** rather than **tú**.

Although you will not have to use them at this stage, it's useful to be able to recognise them. All formal imperatives, both positive and negative, are formed with the present subjunctive. (See Language Summary, p211.)

C Ahora busca las expresiones con el verbo **tener**; estúdialas y únelas con su traducción correcta.

- Not to feel like eating, taking exercise …
- To be sleepy
- To be right
- To be thirsty
- To have a temperature/fever
- To be hungry

D Lee el artículo sobre la dieta mediterránea y pon en el orden correcto las frases para que resuman el texto:

La dieta mediterránea, una dieta equilibrada

La vida en la ciudad es tan acelerada hoy día, que no nos da tiempo de preocuparnos por nuestra salud y nos olvidamos de llevar una alimentación equilibrada y optamos por la llamada "comida rápida", sin incluir en nuestra alimentación diaria: legumbres, frutas y verduras. Este tipo de alimentación puede elevar el nivel del colesterol y causar enfermedades como el cáncer.

La dieta mediterránea, no es sólo una dieta, es toda una cultura gastronómica y una forma de vida en torno a una serie de alimentos. Está basada fundamentalmente en una rica comida de legumbres (lentejas, garbanzos, alubias...), hortalizas, verduras aliñadas con aceite de oliva y acompañadas de un buen trozo de pan. Seguida aunque en menor medida de un plato de pescado o carne, vino, fruta y para terminar un café.

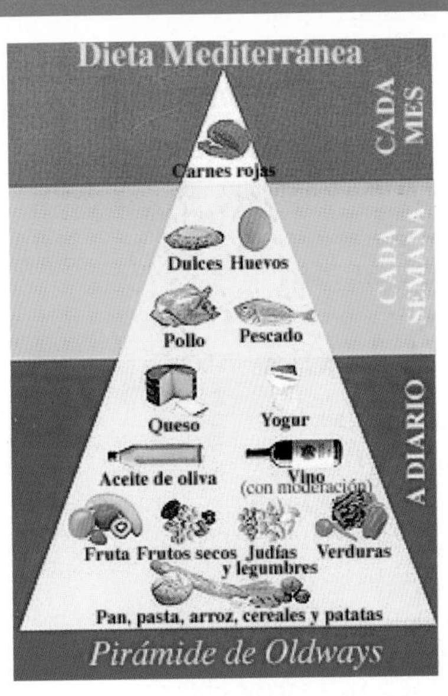

1 Hoy día vivimos una vida muy rápida.

2 La dieta mediterránea gira alrededor de una serie de alimentos característicos acompañados de aceite y un pedazo de pan

3 originando problemas de salud y enfermedades.

4 al no incorporar en la dieta diaria hortalizas, ensaladas ...

5 Esto a veces no nos permite mantener una alimentación sana

6 terminando con un postre rico en vitaminas.

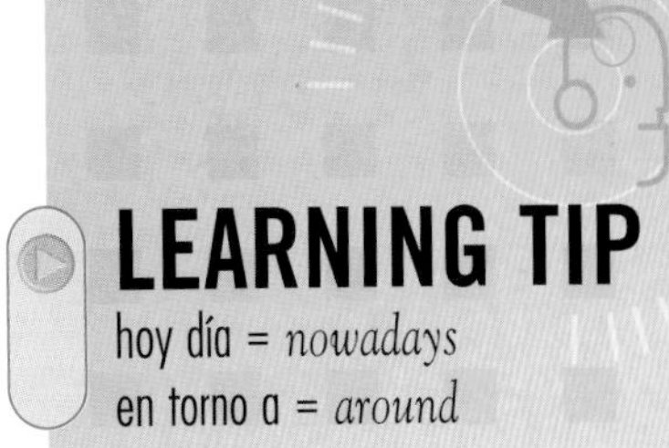

LEARNING TIP

hoy día = *nowadays*

en torno a = *around*

LEARNING TIP
El refranero español / *The book of Spanish sayings*

La conversación española está acompañada siempre de refranes. Nunca falta uno o varios para ilustrarla, ofreciéndonos con su magnífica variedad un gran poder *(power)* de ilustración. Aquí tienes a continuación algunos ejemplos de estos proverbios populares en relación con la cocina mediterránea.

1 Con huerta y verdura alejas la sepultura.
2 Un poco de algo y mucho tomate y no habrá quien te mate.
3 Leche y movimiento para el buen envejecimiento.
4 Bien debe alimentarse quien no quiere oxidarse.
5 Fruta y camino diario para ser un centenario.

Can you find any similar ones in English?

E Ahora busca en el texto anterior palabras o expresiones equivalentes a:

- rápida
- alrededor de
- originar
- pedazo
- finalizar

F Con tu compañero haz una lista de las cosas que hacéis para manteneros en forma.

G Ahora en grupos poned las listas en común y cread otra lista sobre las cosas que se deben hacer para mantenerse en forma.
No olvides usar expresiones como: **es importante …, no se debe …, se debe …, tienes que …, no tienes que …, no hay que …** . Remember that these are always followed by an infinitive.

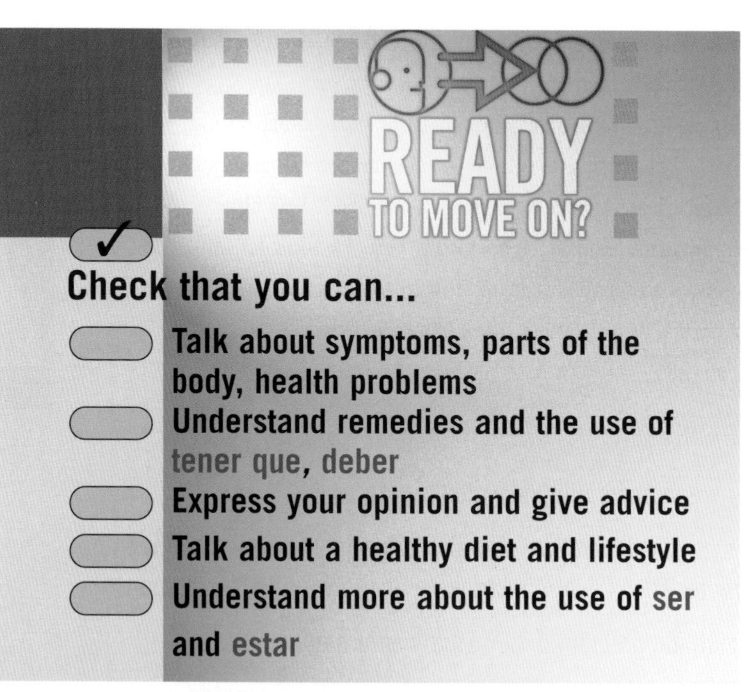

READY
TO MOVE ON?
Check that you can...
Talk about symptoms, parts of the body, health problems
Understand remedies and the use of tener que, deber
Express your opinion and give advice
Talk about a healthy diet and lifestyle
Understand more about the use of ser and estar

4 ¿Dónde fuiste de vacaciones?

LANGUAGE FOCUS

El pretérito indefinido

As we saw in *Access Spanish 1*, when you want to talk about past actions or events that are complete or lasted a definite period of time and ended in the past, you use the **pretérito indefinido** or simple past tense. To refresh your memory, here are the patterns of endings of the regular verbs:

	escuch**ar**	entend**er**	discut**ir**
yo	escuch**é**	entend**í**	discut**í**
tú	escuch**aste**	entend**iste**	discut**iste**
usted, él/ella	escuch**ó**	entend**ió**	discut**ió**
nosotros/as	escuch**amos**	entend**imos**	discut**imos**
vosotros/as	escuch**asteis**	entend**isteis**	discut**isteis**
ustedes, ellos/ellas	escuch**aron**	entend**ieron**	discut**ieron**

Remember:

- The preterite has two sets of endings, one for **-ar** verbs and another for **-er** and **-ir** verbs (note the identical endings for **-er** and **-ir** verbs).
- The **nosotros** form of regular verbs ending in **-ar** and **-ir** is the same in the present and in the preterite.
- Certain key words are often used with the preterite tense: **anoche, ayer, anteayer, hace unos días, la semana pasada, el mes pasado.**

A Estás en casa y recibes esta carta de una amiga que está de vacaciones. Lee la carta y escribe otra contestando a sus preguntas.

Málaga, 1 de septiembre

Querido Julián:

Como ves estoy de vacaciones con mi familia en Málaga; llegamos hace una semana. Los primeros días me bañé en el mar, paseé por la playa y tomé el sol demasiado. Me quemé la espalda y la cara. Ayer el médico me dijo que ni tome el sol, ni me bañe en el mar esta semana. Mi hermana también tiene quemaduras, ella tampoco usó protección. Ahora estamos viendo la tele en casa, no podemos salir porque hace mucho calor. Creo que van a ser unas vacaciones muy aburridas si no podemos ir a la playa.

Mañana vamos a ir de excursión a las montañas; allí hace menos calor. Málaga es preciosa. Lo malo es que hace demasiado calor para disfrutar. ¿Y tú?, ¿dónde fuiste de vacaciones en agosto? Escríbeme pronto y cuéntame todo lo que hiciste en verano; ¿te bañaste en el mar?, ¿cómo viajaste?, ¿dónde te alojaste? …

Un abrazo fuerte
Encarna

B ¿Por qué no puede ir a la playa a bañarse, ni tomar el sol? Escribe una respuesta amplia con todos los detalles posibles.

LANGUAGE FOCUS

Irregular verbs

Here are some verbs that are irregular in the preterite. Notice that the endings have no written accent, unlike regular preterite verbs. These verbs share the same set of endings.

tener	**tuv**		
estar	**estuv**		
poder	**pud**		
poner	**pus**	(yo)	**e**
saber	**sup**	(tú)	**iste**
andar	**anduv**	(usted, él/ella)	**o**
hacer	**hic / hiz**[1]	(nosotros/as)	**imos**
querer	**quis**	(vosotros/as)	**isteis**
venir	**vin**	(ustedes, ellos/ellas)	**ieron**
decir	**dij**[2]		
traer	**traj**[3]		

The preterite of **hay** is **hubo:**
Hoy hay mucho trabajo, pero ayer hubo poco.

[1]The spelling of **hacer** changes from **c** to **z** in the **usted, él, ella** forms: **hizo.**

[2/3] In the verbs **decir** and **traer** the preterite stem ends in **j** and the **i** is dropped in the **ustedes, ellos, ellas** forms: **dijeron, trajeron.**

C Elige el verbo correcto en cada frase y rellena los huecos con la forma correcta del pretérito.

1 Mis padres ______ muchos regalos de Egipto. (hacer, traer, poder)

2 Ricardo y yo ______ la mesa juntos. (hace, estar, poner)

3 Yo no ______ como contestar a su pregunta. (saber, querer, andar)

4 ¿Por qué no os ______ ayudar? (decir, venir, querer)

5 Ayer ______ los deberes por la mañana, pero Julia los ______ antes de acostarse. (hacer, poner, venir)

6 (Nosotros) ______ que estudiar todo el fin de semana, por eso no ______ salir. (tener/poder, poder/tener, hacer/andar)

7 Jacobo ______ a la reunión pero apenas ______ nada. (decir/ venir, estar/saber, venir/decir)

8 (Yo) La semana pasada ______ de vacaciones en Miami. (estar, poder, poner)

9 En el cine Aventura ______ diez veces la misma película. (venir, poner, tener)

10 Yo no ______ todo este camino para nada. (andar, hacer, venir)

LANGUAGE FOCUS

Stem-changing verbs in the preterite

-ar and **-er** verbs do not have a vowel change in the preterite.

-ir verbs have a simple vowel change, but only in the third person singular and plural: **e** to **i** and **o** to **u**:

pedir *(to ask for)*		**morir** *(to die)*	
Presente	***Pretérito indefinido***	***Presente***	***Pretérito indefinido***
yo pido	yo pedí	yo muero	yo morí
él pide	él pidió	él muere	él murió
ellos/as piden	ellos/as pidieron	ellos/as mueren	ellos/as murieron

Other verbs in this category are: **servir, vestirse, dormirse...**

LEARNING TIP

Expressions with **morirse de** *(to die of/for)*:

morirse de envidia = *to die of envy*
morirse de ganas = *to die of desire*
morirse de risa = *to die of laughter*
morirse de pena = *to die of sadness/of a broken heart*
morirse de frío = *to die of cold*
morirse de vergüenza = *to die of shame*

D 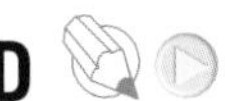 Cambia estas frases del presente al pretérito indefinido.

1 Laura se viste y luego se lava los dientes.
2 Yo no, yo me lavo los dientes y luego me visto.
3 Los niños se duermen antes que los adultos.
4 Carmen y yo no nos dormimos hasta las doce de la noche.
5 Pero los niños se duermen antes.
6 El jefe me pide un café y le sirvo un té.
7 Nosotros pedimos la cuenta y ellos nos sirven otra copa.
8 El niño se muere de pena. *(sadness)*

E Rellena los huecos de esta carta con el tiempo correcto.

Querida Marina:

Estoy en Alicante de vacaciones. La semana pasada **1** ______ (estar) en Benijófar, un pueblecito de la costa, con unos amigos; ellos **2** ______ (dormir) en una pensión y yo **3** ______ (dormir) en un hotel pequeño, cómodo y bastante barato. A la mañana siguiente después de ducharme, **4** ______ (vestirse) y **5** ______ (ir) a buscar a mis amigos, los **6** ______ (despertar) y **7** ______ (vestirse) muy deprisa.

Esa mañana **8** ______ (visitar) Orihuela y Torrevieja. En Orihuela nos **9** ______ (pasar) una cosa muy graciosa *(very funny)*. **10** ______ (comer) en un restaurante típico de la zona y el camarero que nos **11** ______ (servir) la comida es tu primo Adso, luego cuando **12** ______ (pedir) la cuenta tu primo me **13** ______ (pedir) tu teléfono pero no **14** ______ (poder) dárselo porque no **15** ______ (encontrar) mi móvil. Cuando **16** ______ (salir) del restaurante, **17** ______ (oír) un teléfono, **18** ______ (mirar) al suelo y **19** ______ (ver) mi teléfono allí en el suelo; mis amigos se **20** ______ (morirse) de risa y yo me quería morir de vergüenza.

Tengo ganas de verte, te echo de menos.

Escríbeme pronto

Besos

Guillermo

¿Recuerdas el significado de estas expresiones?

tener ganas de verte

echar de menos

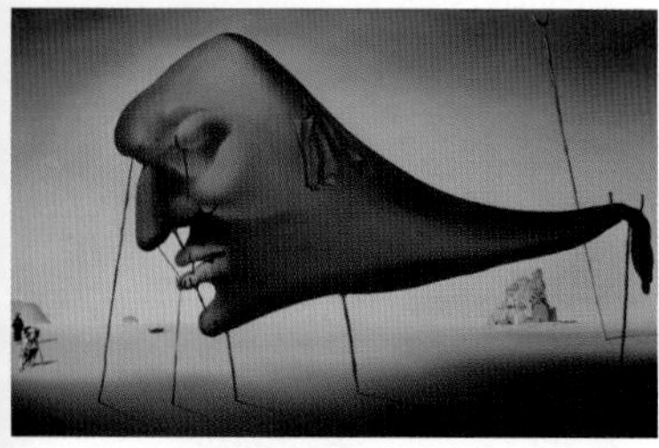

F Estudiante A, tú trabajas en esta página y tu compañero trabaja en la página siguiente.

Estudiante A: ¡No mires el texto 2!
Escribe preguntas para cada hueco en el texto de abajo, de forma que con las respuestas puedas rellenar los huecos. Luego haz las preguntas a tu compañero.

Salvador Dalí Doménech

Nació en **(1)** ______, Girona, el 11 de mayo de 1904. En 1921 ingresó en la Escuela de Bellas Artes de Madrid, de donde fue expulsado en **(2)** ______. En Madrid, se relacionó con **(3)** ______, ______, ______ y otros artistas. En el año 1926 hizo su primer viaje a París. Allí conoció a Picasso, Paul Eluard y Tristán Tzara. Su llegada a París coincidió con el momento de máxima plenitud del movimiento surrealista. En 1929 conoció a **(4)** ______ ______, conocida con el sobrenombre de Gala, que desde entonces fue su musa. En 1930 se unió al movimiento surrealista, del que más tarde fue relegado **(5)** ______. En 1930 colaboró con **(6)** ______ en el guión de'La edad de oro'. En julio de **(7)** ______ ______ estalló la Guerra civil en España. Dalí se alejó de la guerra y se instaló en Italia. Visitó a Freud en Londres en 1938 y le hizo varios retratos, comparando su cráneo con el de un caracol. En noviembre hizo su primer **(8)** ______ para la Metropolitan Opera House. De 1940 a 1948 vivió en Estados Unidos, donde pintó, ideó ambientaciones teatrales, ilustró libros y realizó variados diseños. En esta época escribió una de sus más famosas publicaciones, *The Secret Life*. En 1948 regresó a España. En 1974 inauguró **(9)** ______ de Figueras, donde recogió diferentes aspectos de su trayectoria artística e hizo una verdadera puesta en escena de su portentosa imaginación. Tras la muerte de su esposa Gala en 1982, creó la fundación Gala-Salvador Dalí que administra su legado. Murió el **(10)** ______ en Figueras.

1 ¿Dónde ______?
2 ¿Cuándo ______?
3 ¿Con quién ______?
4 ¿A quién ______?
5 ¿Por qué ______?
6 ¿______?
7 ¿______?
8 ¿______?
9 ¿______?
10 ¿______?

Tu compañero trabaja en la página anterior y tú trabajas en esta página.

Estudiante B: ¡No mires el texto 1!
Escribe preguntas para cada hueco en el texto de abajo, de forma que con las respuestas puedas rellenar los huecos. Luego haz las preguntas a tu compañero.

Salvador Dalí Doménech

Nació en Figueras, Girona, el **(1)** ______. En 1921 ingresó en **(2)** ______ de Madrid, de donde fue expulsado en 1926. En Madrid, se relacionó con Federico García Lorca, Luis Buñuel, Rafael Alberti y otros artistas. En el año 1926 hizo su primer viaje a París. Allí conoció a **(3)** ______, ______ y ______. Su llegada a París coincidió con el momento de máxima plenitud del movimiento **(4)** ______. En 1929 conoció a la joven rusa Helena Diakonova, conocida con el sobrenombre de Gala, que desde entonces fue **(5)** ______. En 1930 se unió al movimiento surrealista, del que más tarde fue relegado por sus ideas comerciales. En 1930 colaboró con Luis Buñuel en el guion de **(6)** ______. En julio de 1936 estalló la Guerra civil en España. Dalí se alejó de la guerra y se instaló **(7)** ______. Visitó a **(8)** ______ en Londres en 1938 y le hizo varios retratos, comparando su cráneo con el de un caracol. En noviembre hizo su primer decorado para la Metropolitan Opera House. De 1940 a 1948 vivió en Estados Unidos, donde pintó, ideó ambientaciones teatrales, ilustró libros y realizó variados diseños. En esta época escribió **(9)** ______. En 1948 regresó a España. En 1974 inauguró el Teatro-Museo de Figueras, donde recogió diferentes aspectos de su trayectoria artística e hizo una verdadera puesta en escena de su portentosa imaginación. Tras la muerte de su esposa Gala en 1982, creó la fundación Gala-Salvador Dalí que administra su legado. Murió el 23 de enero de 1989 en **(10)** ______.

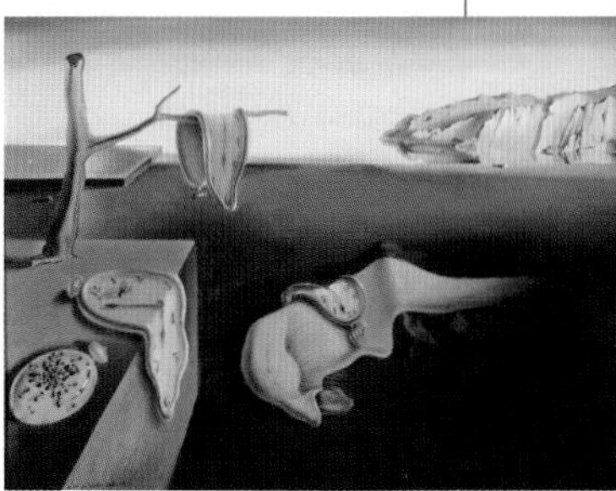

1 ¿Cuándo ______?
2 ¿Dónde ______?
3 ¿A quién ______?
4 ¿Con qué ______?
5 ¿En qué ______?
6 ¿ ______?
7 ¿ ______?
8 ¿ ______?
9 ¿ ______?
10 ¿ ______?

For more activities on this unit, go to our website

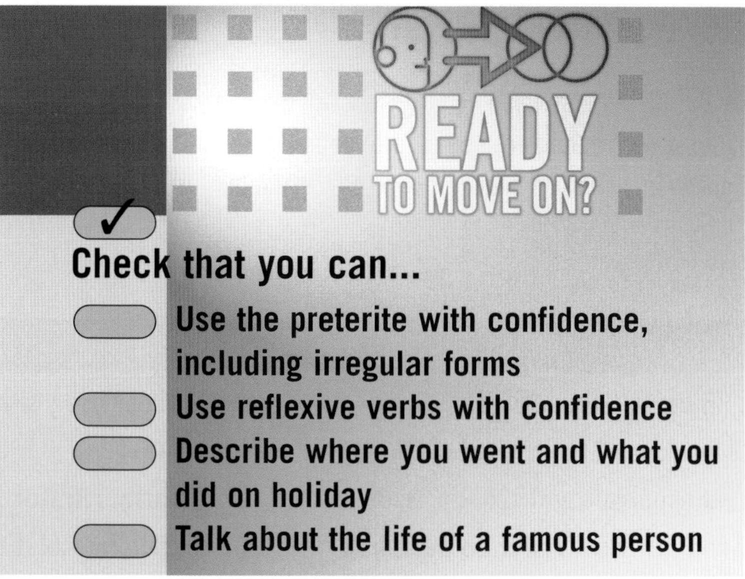

READY
TO MOVE ON?
Check that you can...
Use the preterite with confidence, including irregular forms
Use reflexive verbs with confidence
Describe where you went and what you did on holiday
Talk about the life of a famous person

Descubre el mundo HISPANO

Bolivia y la medicina alternativa

PLANTAS MEDICINALES

VISION CHAMANICA

Portada | Madre tierra | Medicinas étnicas | Arte y chamanismo | Psicología | Chamanes | Antropología | Plantas medicinales
Medicinas alternativas | Mundo indígena

Presentación

El conocimiento tradicional es de gran riqueza en el dominio de la botánica médica. La aplicación de gran parte de los principios activos adoptados por la industria farmacéutica en la fabricación de medicamentos tiene origen en el seguimiento de los usos de plantas por parte de los curanderos tradicionales de pueblos aborígenes.

Esta sección registra características de plantas y describe algunos de sus usos medicinales en diferentes culturas.

Artículos

- La sábila: un milagro llamado aloe vera, por Roberto Romero
  Contenido: Origen y difusión - Hábitat, composición y distribución - Usos medicinales
  El autor, en un documentado artículo, describe las propiedades y aplicaciones medicinales de la sábila.
- Plantas medicinales usadas por los kallawayas, por Eric Latil
  Contenido: Wachanqa - Espina colorada - Agave - Andres Walla - Coca - Clavel - Algodón salvaje.
  Breves fichas explican los usos medicinales que la etnia kallawaya de Bolivia le da a algunas de sus especies más populares.

Portada | Madre tierra | Medicinas étnicas | Arte y chamanismo | Psicología | Chamanes | Antropología | Plantas medicinales
Medicinas alternativas | Mundo indígena

GOBIERNO DE BOLIVIA ACEPTÓ EL VALOR CURATIVO DE LA COCA Y OTRAS 35 PLANTAS

Plantas medicinales: 100 están registradas y 35 oficializadas.

Estigmatizada por su relación con la cocaína, la hoja de coca, hasta ahora, fue subvalorada en Bolivia y el mundo en cuanto a sus efectos terapéuticos. Actualmente el Ministerio de Salud boliviano reconoció dos de sus cualidades, al igual que el poder curativo de otras 35 plantas de la medicina tradicional que han recibido la venia para formar parte de un vademécum – libro de consulta, de fácil manejo – (por ahora parcial) y ser aplicadas en el Seguro Indígena como: antiinflamatorios, reconstituyentes, antisépticos, analgésicos ... y hasta sedantes.

La tradición en el campo de la medicina alternativa y la utilización de hierbas en Bolivia está mucho más arraigada que en cualquier otra región de esta parte del continente. No es gratuito que durante la época precolombina gran parte de este territorio recibiera el nombre de Kollasuyo (tierra de sabios médicos o curanderos).

Los representantes de los médicos kallawayas – médicos tradicionales aymaras y quechuas – admiten los avances que se han producido en las negociaciones con el gobierno y el Ministerio de Salud, pero saben que falta mucho por caminar. Ellos están convencidos de que la utilidad de la 'hoja sagrada' no se reduce a un simple antiinflamatorio o digestivo.

A Lee el artículo sobre la medicina alternativa en Bolivia e indica si las siguientes afirmaciones son verdaderas o falsas; corrige las falsas.

1 El Ministerio de Salud reconoció todas las cualidades curativas de la planta de coca.

2 Existen otras 35 que aún no han sido reconocidas.

3 Antes de la llegada de los europeos al continente americano, la región boliviana recibía el nombre de Kollasuyo.

4 Los kallawayas son curanderos tradicionales.

5 La hoja de coca es algo más que un antiinflamatorio o digestivo.

B En grupos pequeños da tu opinión sobre la medicina alternativa.

pienso que ..., creo que ..., en mi opinión ..., me da la impresión de que ..., estoy a favor, porque ..., estoy de acuerdo ..., estoy en contra, porque ...

GLOSSARY

Sustantivos

alubia (f)	bean
ambientación (f)	atmosphere
analgésico (m)	painkiller
anticatarro (m)	anti-catarrh medicine
antiinflamatorio (m)	anti-inflammatory
antiséptico (m)	antiseptic
aula (f) **magna**	main lecture theatre
boca (f)	mouth
bote (m)	jar
brazo (m)	arm
cabeza (f)	head
cápsula (f)	capsule
cara (f)	face
caracol (m)	snail
catarro (m)	cold, catarrh
centenario (m)	centenarian
cólico (m)	colic
comprimido (m)	tablet
consulta (f)	surgery, office
cráneo (m)	cranium
cualidad (f)	quality, characteristic
cucharada (f)	spoonful
cuello (m)	neck
curandero (m)	traditional healer
curaquemaduras (m)	remedy applied to treat burns
daño (m)	harm, damage
dedo (m)	finger
dedo del pie	toe
diarrea (f)	diarrhoea
diente (m)	tooth
dolor (m)	pain
edad (f)	age
envejecimiento (m)	ageing
envidia (f)	envy, jealousy
espalda (f)	back
estómago (m)	stomach
estreñimiento (m)	constipation
fiebre (f)	fever, a temperature
ganas (f pl)	desire, keenness
garbanzo (m)	chickpea
garganta (f)	throat
gripe (f)	flu
guión (m)	film script
hierba (f)	grass; (here) herb
hortalizas (f pl)	vegetables, garden produce
huerta (f)	vegetable garden, orchard
jarabe (m)	syrup
legado (m)	legacy
lenteja (f)	lentil
madera (f)	wood (material)
manejo (m)	use, operation, management
mano (f)	hand
móvil (m)	mobile (phone)
muela (f)	tooth, molar
musa (f)	muse
nariz (f)	nose
nivel (m)	level
oído (m)	ear (organ or linguistic skill)
ojo (m)	eye
oreja (f)	ear (external)
pedazo (m)	piece
película (f)	film
pena (f)	pity, shame; sorrow
pie (m)	foot
pierna (f)	leg

GLOSSARY

plenitud (f) plenitude, fullness
poder (m) power
pomada (f) pomade
postre (m) dessert
primo (m) cousin
puesta (f) **en escena** staging (of a play etc.)
quemadura (f) burn
receta (f) recipe; (here) prescription
reconstituyente (m) tonic, restorative
refrán (m) proverb
refranero (m) book of proverbs
regalo (m) gift
retrato (m) portrait, portrayal
sedante (m) sedative
sepultura (f) tomb
sobrenombre (m) nickname
sonido (m) sound
suelo (m) floor, ground
tos (f) cough
trayectoria (f) trajectory, career path
trozo (m) piece
urgencias (f pl) hospital accident and emergency
Vademécun Registered Product Information Database
valor (m) value, worth
venia (f) permission, forgiveness
vergüenza (f) shame, embarrassment

Verbos

alejarse to distance oneself
aliñar to dress (salad etc.)
alojarse to board, to stay (somewhere)
bañarse to bathe, swim
cepillar to brush
constiparse to catch a cold, get blocked up
contar (o>ue) to tell, recount
disfrutar (de) to enjoy
doler (o>ue) to hurt, be painful
echar de menos: me echas de menos to be missed: I miss you
estar a dieta to be on a diet
estigmatizar to stigmatise
estornudar to sneeze
expulsar to expel, throw out
girar to turn
idear to think up, come up with (an idea)
ingresar to enter
lastimarse to hurt oneself
matar to kill
mojar to wet
nacer to be born
nevar (e>ie) to snow
oxidarse to rust
quemar to burn
recetar to prescribe
recoger to collect, take in
relegar to relegate
resfriarse to catch a cold
resumir to summarise
subvalorar to undervalue, underestimate
unirse a to join

Adjetivos

acelerado fast
amplio wide
arraigado deep-rooted

GLOSSARY

constipado	having a cold, blocked
curativo	curative
despejado	clear
equilibrado	balanced
estreñido	constipated
gracioso	funny
gratuito	free; (here) unjustified
listo	(with **ser**) clever; (with **estar**) ready
mareado	dizzy, seasick
nublado	cloudy
portentoso	superb
precioso	delightful, beautiful
resfriado	having a cold
sabio	wise
sano	healthy
terapéutico	therapeutic

Diversos

al igual que	in the same way as
apenas	scarcely, hardly
deprisa	quickly
en torno a	around
pronto	soon

LOOKING FORWARD

Excusas

¿Por qué no has hecho los deberes? Why didn't you do your homework? To prepare for the next unit, look at the pictures and match the captions.

a 

b 

c 

d 

e 

f 

1 No he hecho los deberes porque no he entendido los deberes.

2 Lo siento pero no he hecho los deberes porque he estado enfermo.

3 Lo siento pero el perro se ha comido los deberes.

4 Lo siento pero no he hecho los deberes porque hoy he tenido que ir a ver a mi abuela.

5 Lo siento pero he olvidado los deberes en casa.

6 Lo siento pero he dejado los deberes en el autobús.

UNIT 4
Todo son problemas y excusas

By the end of this unit you will be able to:

- Ask and say what has happened (present perfect)
- Describe your personal belongings
- Understand and use direct and indirect object pronouns
- Use adjectives and adverbs
- Make phone calls and leave a message
- Describe an incident or a loss and file a report on it
- Read and write formal letters

1 ¿Qué recuerdas? 

A Escucha el debate en el programa de radio y di si la siguientes afirmaciones son verdaderas o falsas (corrige las falsas).

1 La dieta mediterránea es parte de una cultura.

2 La siesta, los paseos, las tertulias ... forman parte de esta cultura.

3 El pan es un elemento poco común en la dieta.

4 El aceite, tomate, fruta del tiempo y vino deben acompañar una buena mesa.

5 Las carnes rojas se consumen en mayor cantidad que las verduras, hortalizas, legumbres ...

B Rellena los huecos (con el pretérito indefinido).

La leyenda que rodea al mito que aún no ha muerto.

Norma Jean Baker ______ (nacer) el 1 de junio de 1926 en Los Angeles y ______ (morir) en su casa de Brentwood en California, el 14 de agosto de 1962. Sus conflictos y supuestos amores con el presidente J. F. Kennedy y su hermano ______ (alterar) los últimos días de su vida.

Los directores y actores con los que ______ (trabajar) la recuerdan como mediocre pero en realidad ______ (ser) irresistible para todos ellos. Sus mejores películas ______ (ser): *Los caballeros las prefieren rubias, Con faldas y a lo loco, Niágara* y *La tentación vive arriba*. Esta última le ______ (costar) el divorcio de su segundo marido. *Mi esposa favorita* ______ (ser) su última e inacabada película. ______ (Comenzar) el rodaje después de divorciarse de su tercer marido Arthur Miller y en tratamiento psiquiátrico.

2 ¿Qué tal te ha ido el día hoy?

A Lee el diario de Carmela y subraya todos los verbos que hay en pretérito perfecto *(present perfect)*. Luego haz una lista de las cosas que ha hecho hoy Carmela.

Querido diario:

Hoy ha sido un día terrible. Me he levantado temprano como todos los días, he desayunado, me he duchado y me he arreglado. He salido de casa, como siempre a la misma hora, pero no he encontrado tráfico. Así pues he llegado a la oficina media hora antes y no he visto a nadie allí. '¡Qué raro!' he pensado, yo siempre llego la última. Entonces he encendido el ordenador, he mirado mi agenda del día y me he dado cuenta que hoy es sábado y no trabaja nadie. He vuelto a casa y me he acostado otra vez.

A la hora de comer me ha llamado Andrés enfadadísimo; ayer reservó mesa en mi restaurante favorito. He salido de casa corriendo y cuando he llegado al restaurante lo he buscado pero no lo he visto. Le he preguntado al camarero, me ha llevado a una mesa, encima de la mesa he visto una caja pequeña con mi nombre, la he abierto y ...

LEARNING TIP
darse cuenta = *to realise*

B Termina de escribir el diario de Carmela. Por ejemplo: ¿qué crees que ha encontrado en la caja?, ¿crees que ha visto a Andrés más tarde?, ¿qué esta haciendo ahora?...

C Ahora escucha la grabación y contesta.

1 ¿Qué ha encontrado en la caja?

2 ¿Qué ha hecho después?

Marca las diferencias entre tu final y el de la grabación.

LANGUAGE FOCUS

El pretérito perfecto

To talk about actions or events that have happened recently, you use the **pretérito perfecto** (present perfect tense). The action has finished, but the period of time in which it happened is still ongoing.

Hoy ha sido un día terrible. *Today has been a horrible day.*
Esta mañana he perdido el autobús. *This morning I missed the bus.*

It is formed with the present tense of **haber** (an auxiliary verb) and a past participle. Past participles are formed from the stem of the verb and have one ending for **-ar** verbs (**-ado**) and another for **-er** and **-ir** verbs (**-ido**).

	hab**er** ***auxiliar***	lleg**ar** ***participio pasado***	perd**er**/sal**ir** ***participio pasado***
yo	**he**	lleg**ado**	perd**ido**
tú	**has**		sal**ido**
usted, él/ella	**ha**		
nosotros/as	**hemos**		
vosotros/as	**habéis**		
ustedes, ellos/ellas	**han**		

You will often find key words such as: **hoy, esta mañana, esta semana, este mes, este año, ya, aún no, todavía no, nunca** … used with the present perfect.

Some past participles are irregular. They include:

abierto (abrir), **dicho** (decir), **escrito** (escribir), **hecho** (hacer), **puesto** (poner), **roto** (romper), **visto** (ver), **vuelto** (volver).

hispanic world

LEARNING TIP

In Latin America the present perfect is hardly ever used. You will hear:
Hoy **comí** con mis padres
while in Spain it would be:
Hoy **he comido** con mis padres.

Our website has further practice

3 ¿Qué has hecho?

A Haz una lista de las cosas más relevantes que has hecho este mes y compáralas con tu compañero. Luego compáralas con el resto del grupo. ¿Hay alguna en común?

B Mrs Rodríguez has been on holiday with her children for a month, while Mr Rodríguez has stayed at home working. She is coming back today and Mr Rodríguez is tidying up the house before she arrives.

Mira los dibujos y haz una lista de las cosas que ha hecho y las que tiene que hacer antes de que llegue la señora Rodríguez. Utiliza las palabras claves (o marcadores temporales) apropiadas: **ya, todavía no, aún no ...**

Ejemplo:
Son las doce y todavía no ha sacado la basura.

4 Contigo todo son disculpas

A Con tu compañero/a, haz una lista de excusas que puedes dar por llegar tarde.

Ejemplo:

1 No oír el despertador

2 Perder el autobús...

B Ahora escucha la grabación, marca las excusas que oyes y que están en tu lista. Luego escucha la grabación de nuevo e incluye las excusas que hay en la grabación pero que no están en tu lista.

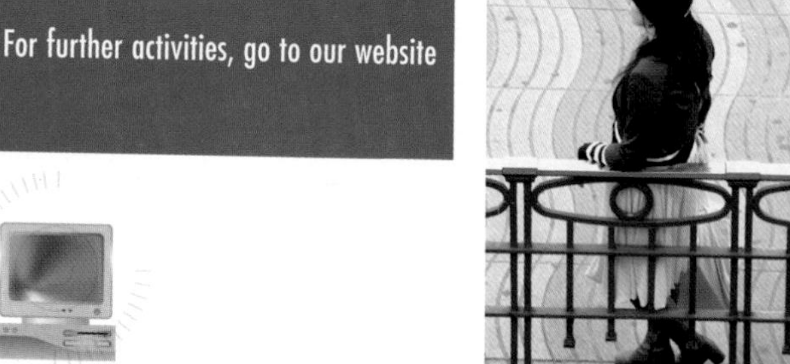

For further activities, go to our website

Ejemplo:

1 No he oído el despertador ✓

2 He perdido el autobús ✗

C Tu profesor va a darte una tarjeta describiendo una situación para que te disculpes (*make your apologies*) por ella a tu compañero. Tu compañero va a aceptar tus disculpas.

5 Oficina de objetos perdidos

A Mira los dibujos y lee el diálogo.

(A) ¿En qué puedo ayudarle?

(B) He perdido mis gafas.

(A) ¿Cómo son?

(B) Son redondas, negras, de metal y lisas.

(A) ¿Cuándo **las** ha perdido?

(B) **Las** he perdido esta mañana en el autobús.

(A) Pues, no las han encontrado, ¿puede volver mañana?

(B) Sí.

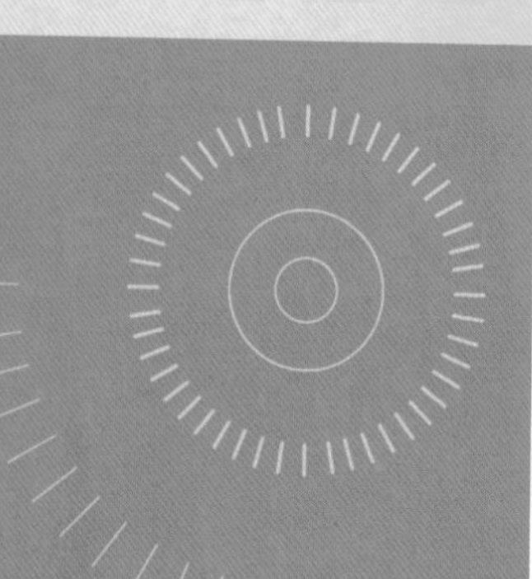

B Ahora crea tú unas conversaciones parecidas con ayuda de los dibujos.

1 

2 

3 

C Escucha la grabación y rellena las casillas.

	Objeto	Descripción	Dónde/Cuándo	Encontrado
1	gafas	redondas, negras, de metal, lisas	esta mañana en el autobús	No
2				
3				
4				
5				

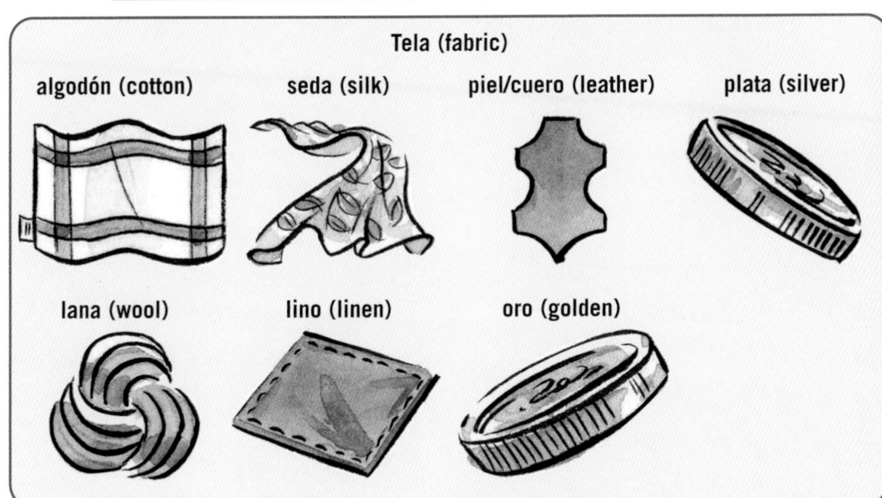

LANGUAGE FOCUS

Direct object pronouns

As we saw in *Access Spanish 1*, a pronoun is often used instead of a direct object, sometimes to avoid repetition of that object. Direct object pronouns come before the verb in Spanish and after it in English:

No sé dónde está mi móvil.	*I don't know where my mobile is.*
Lo he puesto en mi bolso.	*I put **it** in my bag.*
¿Dónde está Juan? No **lo** veo.	*Where is Juan? I can't see **him**.*
Nos invita a la fiesta.	*He is inviting **us** to the party.*
La quiero mucho.	*I love **her** very much.*

Here is a table of the direct object pronouns:

Singular		***Plural***	
me	*me*	**nos**	*us*
te	*you* (informal)	**os**	*you* (informal)
le	*you* (formal masc.)	**les**	*you* (formal masc.)
la	*you* (formal fem.); *her, it* (fem.)	**las**	*you* (formal fem.); *them* (fem. people and objects)
lo*	*him, it* (masc.)	**los***	*them* (masc. people and objects)

The pronouns **lo**, **las**, **los**, **las** vary depending on the gender of the object to which they refer.

*In some parts of Spain and Latin America, **le** and **les** are usually used instead of **lo** and **los** when referring to people.

Position of object pronouns

In Spanish, direct object pronouns are usually placed before the verb, but they can either precede or follow an infinitive or the present continuous tense. If they follow the verb they are attached to the end of it.

- When two verbs are used together with the second in the infinitive, or with **ir a** + infinitive:

Can you help me, please?	¿**Me** puedes ayudar, por favor? / ¿Puedes ayudar**me**, por favor?
Where's Juan? Are you going to look for him?	¿Dónde está Juan? ¿Vas a buscar**lo**? / ¿**Lo** vas a buscar?

- With the present continuous tense:

I'm also looking for him.	Yo también estoy buscándo**lo.*** / Yo también **lo** estoy buscando.

*The accent is added to maintain the proper stress.

D Escucha otra vez la grabación de la actividad C, e identifica el uso del pronombre directo.

Which nouns are replaced by direct object pronouns?

Ejemplo:

1 **las** replaces **gafas**: Las he perdido esta mañana en el autobús.

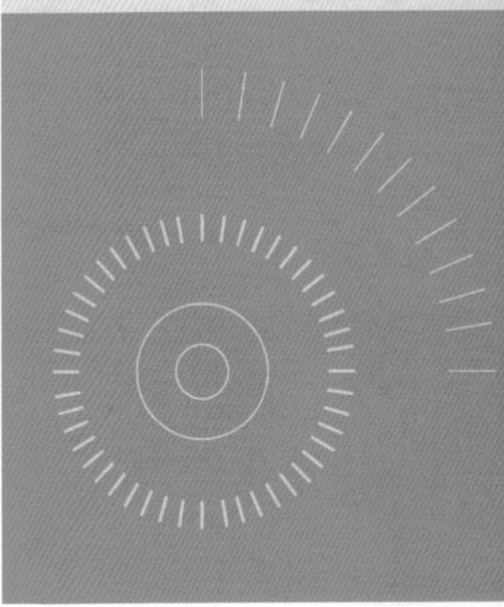

E Rellena los huecos con el pronombre directo adecuado.

1 He perdido mi pasaporte, ¿sabe si ______ han encontrado?

2 Hemos perdido las maletas, ¿ ______ han encontrado ya?

3 Mi hermana ha perdido a su perro, nadie ______ ha visto.

4 ¿Habéis visto mis llaves? Creo que ______ he dejado encima de la mesa.

5 Estoy buscando mi paraguas, ______ he dejado aquí hace diez minutos y ahora no está.

6 ¿Dónde están tus amigos? ______ he visto esta mañana en el parque pero ahora ______ estoy buscando y no ______ encuentro.

F Selecciona la respuesta correcta:

1 ¿Escuchas en clase de español al profesor?

a No, nunca la escucho.

b No, nunca lo escucho.

c No, nunca te escucho.

2 ¿Puedes ayudarme a buscar a Luisa?

a Lo siento, no puedo ayudarte a buscarla.

b Lo siento, no puedo ayudarte a buscarle.

c Lo siento, no puedo ayudarte a buscarnos.

3 ¿Ves frecuentemente a tu novia?

a Sí, los vemos todos los días.

b Sí, nos vemos todos los días.

c Sí, la vemos todos los días.

4 ¿Vas a llevar a tu novia a la fiesta de Blas?

a Sí, voy a llevarla.

b Sí, te voy a llevar.

c Sí, voy a llevarte.

5 ¿Estás hablando con ellos?

a No, no estoy hablándome.

b No, no te estoy hablando.

c No, no les estoy hablando.

6 ¿Os llaman por teléfono tus padres todos los días?

a Sí, me llaman por teléfono todas las noches.

b Sí, os llaman por teléfono todas las noches.

c Sí, nos llaman por teléfono todas las noches.

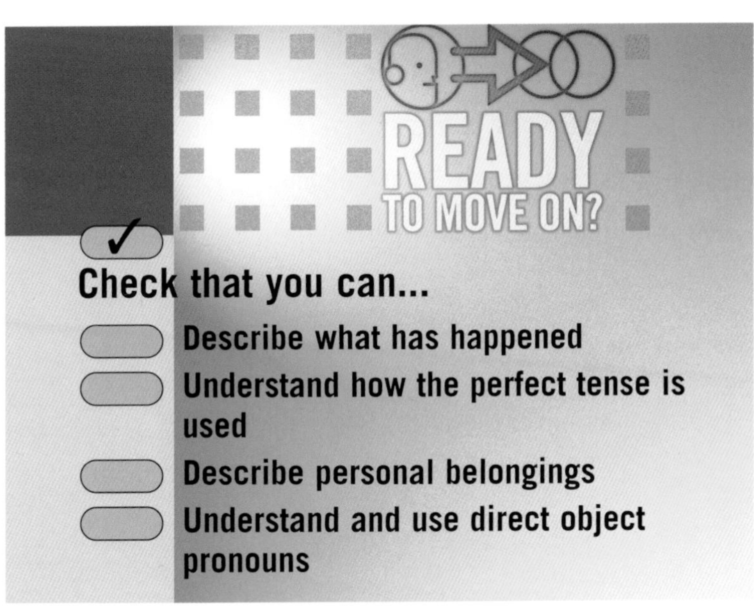

READY
TO MOVE ON?
Check that you can...
Describe what has happened
Understand how the perfect tense is used
Describe personal belongings
Understand and use direct object pronouns

6 Marina dibuja muy bien

LANGUAGE FOCUS

Los adverbios

An adverb is a word that describes how, when or where an action takes place. It can accompany a verb, an adjective or another adverb.

Marina dibuja **bien**.	(verb + adverb)
El cuadro es **muy** bonito.	(adverb + adjective)
Marina dibuja **muy** bien.	(adverb + adverb)

Many adverbs in Spanish are formed by adding **-mente** (equivalent to **-ly** in English) to the feminine adjective. If the adjective does not have a feminine form, just add it to the standard form:

- perfecto — perfect**a**mente
- lento — lent**a**mente
- alegre — alegremente
- feliz — felizmente

Adverbs ending in **-mente** generally accompany a verb but those used with another adverb or an adjective will precede it.

A Estudia esta lista con adverbios y expresiones adverbiales de uso diario/común y clasifícalos en cuatro categorías.

bien mal hoy ayer siempre nunca temprano tarde aquí allí muy así bastante casi poco a veces a menudo con frecuencia generalmente de vez en cuando detras frecuentemente perfectamente lentamente

de manera	de grado	de tiempo	de lugar	de frecuencia
perfectamente	bien	temprano	aquí	siempre

B Ahora elige dos de cada grupo y forma frases con el pretérito perfecto. ¡Ojo! no todos los adverbios pueden hacerlo.

Ejemplo:
He comido perfectamente. ✓ pero
Ayer he ido al cine. ✗
(You have to say: Ayer **fui** al cine. **Ayer** is always followed by a preterite.)

C Elige el adverbio apropiado y rellena los huecos.

1 Yo como ______ porque quiero adelgazar. (casi/poco/así)
2 El tren ha salido ______. (temprano/a veces/frecuentemente)
3 Mi marido habla ______ el español. (siempre/muy/perfectamente)
4 A Carlos le ha salido ______ el examen. (bien/a veces/mucho)
5 Los alumnos han llegado ______. (a menudo/tarde/poco)
6 Tu equipo se ha quedado ______. (detrás/de vez en cuando/así)
7 ______ he estado en Madrid. (a tiempo/nunca/mal)
8 ______ hago los deberes en clase. (mucho/ayer/generalmente)

D Escribe un relato de lo que has hecho hoy usando estas palabras: **primero, entonces, después, finalmente, por fin, luego**

E Elige el adjetivo o adverbio correcto para completar las frases.

1 Luis y Marta se han conocido (gradual/gradualmente).
2 Ahora Luis y Marta son una pareja (feliz/felizmente).
3 El conocimiento de la gramática es (enorme/enormemente) importante en el aprendizaje de una lengua.
4 Es importante y vital actuar (inteligente/inteligentemente) en estos casos.
5 La medicina no ha descubierto una cura (real/realmente) para el SIDA.
6 La reunión ha sido (tranquila/tranquilamente).

7 Me ha comprado un regalo

LANGUAGE FOCUS

Indirect object pronouns

As we saw in Section 5, the direct object is often replaced by a direct object pronoun. A sentence often has an indirect object as well as a direct one. An indirect object answers the question **¿a quién?** or **¿para quién?** *(to whom? for whom?)* and is often the beneficiary of the action:

Carmen ha comprado un regalo **a su novio.**
Carmen has bought a present ***for her boyfriend.***

The phrase **a su novio** can be replaced by the indirect object pronoun **le**:

Carmen **le** ha comprado un regalo.
She has bought a present ***for him.***

You'll often find both an indirect object and an indirect object pronoun are used, in order to avoid ambiguity or for emphasis:

Carmen **le** ha comprado un regalo **a su novio.**

Here is a table of the indirect object pronouns:

Singular		*Plural*	
me	*to/for me*	**nos**	*to/for us*
te	*to/for you*	**os**	*to/for you*
le	*to/for him/her*	**les**	*to/for them*
	to/for you		*to/for you*

Note: Like direct object pronouns, indirect ones usually go before the verb (but see Unit 6, p111).

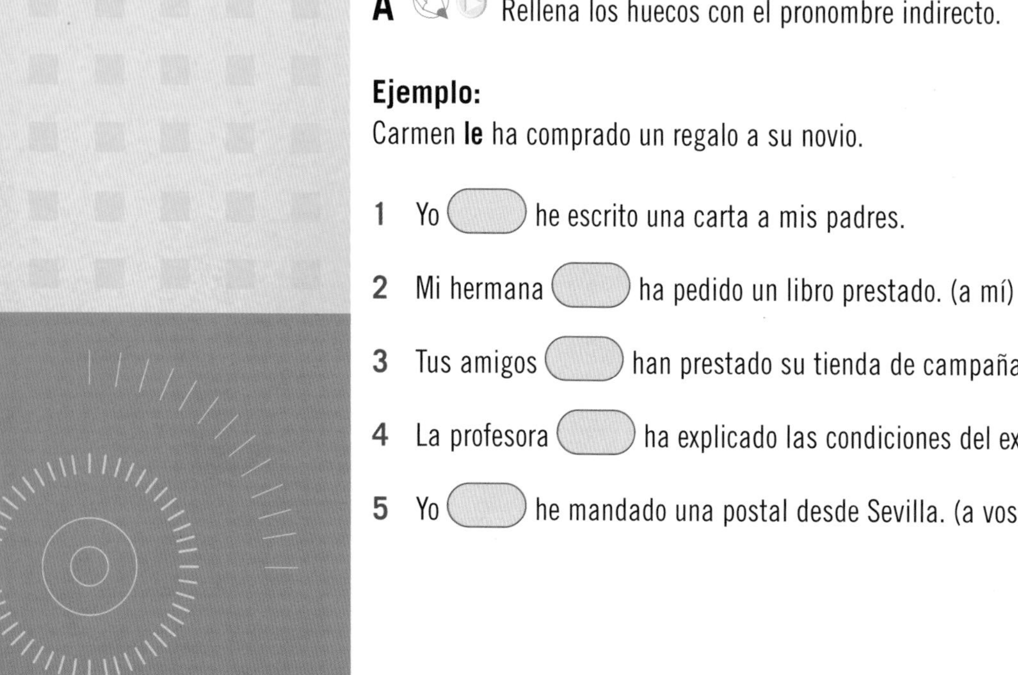

A Rellena los huecos con el pronombre indirecto.

Ejemplo:
Carmen **le** ha comprado un regalo a su novio.

1 Yo ______ he escrito una carta a mis padres.

2 Mi hermana ______ ha pedido un libro prestado. (a mí)

3 Tus amigos ______ han prestado su tienda de campaña. (a nosotros)

4 La profesora ______ ha explicado las condiciones del examen. (a ti)

5 Yo ______ he mandado una postal desde Sevilla. (a vosotros)

B Sustituye el objeto indirecto por el pronombre en cada frase.

Ejemplo:
He comprado un bolso para mi madre.
Le he comprado un bolso (a mi madre).

1 He escrito un poema para mis padres.
2 Hemos comprado un regalo para el profesor.
3 Ha mandado unas flores para mí.
4 Han organizado una fiesta sorpresa para ti.
5 ¿Has encontrado un libro para tu hermano?

8 ¿Quién me ha llamado?

A Escucha las conversaciones telefónicas; señala quién ha llamado y quién ha dejado un mensaje y quién no. Vuelve a escuchar las conversaciones y anota los mensajes.

¿Quién ha llamado?	¿Con quién quiere hablar?	No	Sí	Mensaje

¿Quiere dejarle algún mensaje?
Por favor dígale que le he llamado.

LEARNING TIP

In *Access Spanish 1* (Unit 2) we saw the different words for 'Hello' on the phone in the Spanish-speaking world.

¿Dígame? (Spain) ¿Aló? (Peru and Chile) A ver (Colombia) ¡Hola! (Argentina and Uruguay) and Bueno (Mexico)

Here are some more telephone phrases:

ponerse al teléfono (Spain); atender (Mexico)
= *to pick up the phone*
está comunicando (Spain); está ocupado (LAm)
= *it's engaged*
una conferencia/una llamada
= *phone call*
coger el teléfono (Spain only)
= *to pick up/answer the phone*
colgar el teléfono
= *to hang up*
dejar un recado/mensaje
= *to leave a message*
se ha equivocado/no es aquí
= *wrong number*

B Mariana ha recibido varias llamadas hoy. Con tu compañero lee las notas que ha tomado Sebastián y juntos cread varios diálogos.

1

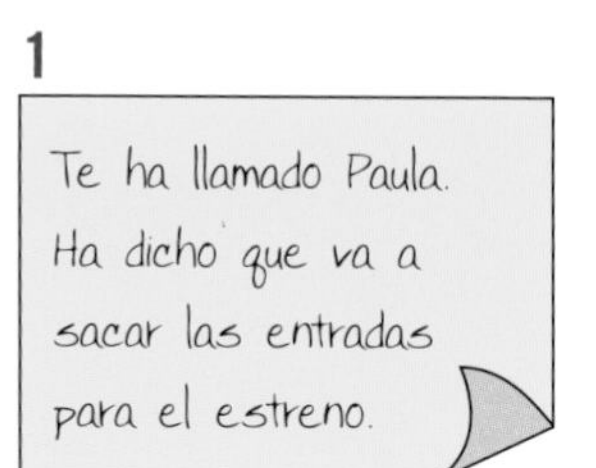

Te ha llamado Paula.
Ha dicho que va a
sacar las entradas
para el estreno.

2

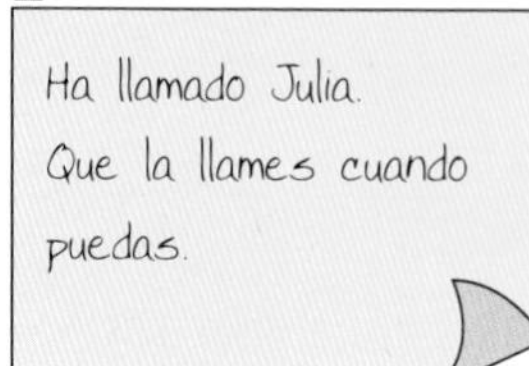

Ha llamado Julia.
Que la llames cuando
puedas.

3

Han llamado del
aeropuerto.
El vuelo de mañana
se ha cancelado.

9 La correspondencia formal

LANGUAGE FOCUS

Letter writing

When writing a formal letter, you will need the following words and phrases:

La fecha *(date)*:

City or day of the week + day of the month + month + year
Madrid, 18 de marzo de 200-
Lunes, 23 de septiembre de 200-

Los saludos *(greetings)*:

Dear Sir/Madam	*Dear Sirs*
• Estimado/a señor(a):	• Estimados/as señores/as:
• Distinguido/a señor(a):	• Distinguidos/as señores/as:
• Muy señor(a) mío/a:	• Muy señores/as míos/as:

El comienzo *(beginning)*:

- Le(s) escribo para ... *I am writing in order to...*
- Me dirijo a usted(es) para expresarle(s), comunicarle(s) ...
  I am writing to inform you, let you know ...
- El motivo de la presente es expresarle(s), comunicarle(s) ...
  This letter is to inform you, let you know ...

Las despedidas *(endings)*:

- Atentamente *Yours faithfully*
- Le saluda atentamente
- Se despide atentamente
- Reciba(n) un cordial saludo *Yours sincerely*
- Un saludo

A Estudia estas dos cartas y ordénalas para que tengan sentido. Observa el formato *(layout)*.

LEARNING TIP

Le agradecería que me **llame** ...
I'd be grateful if you'd phone me ...
Espero que **aprecie** ...
I hope you appreciate ...
These phrases from the letters contain examples of the present subjunctive, used here after verbs of wishing and hoping. For other uses, see the Language Summary, p211.

Juan Ramón Peñasco Porras
C/ Castellanos n° 34 1°A
28023 Madrid

Madrid, 27 de junio de 200-

Director
Restaurante La Parrilla
C/ Pintor Mendoza n° 3
28015 Madrid

Muy señor mío:

Después de la comida he pagado la factura y he vuelto a la oficina, he mirado en el bolsillo de mi chaqueta y no he visto la cartera. He mirado por todas partes y no la he encontrado. Le he llamado varias veces al restaurante pero nadie ha cogido el teléfono.

Agradeciéndole de antemano le saluda atentamente.

Le escribo para decirle que hoy me he dejado mi cartera en su restaurante. He llegado esta tarde a su restaurante sobre las dos más o menos y me he sentado en la esquina al lado de la puerta.

Le agradecería mucho que si la encuentra me llame a este teléfono 91 3163051 Es una cartera pequeña, negra, de piel con un valor personal muy especial.

Juan Ramón Peñasco Porras

Juan Manuel Oliveros Blanco
P° Marítimo n° 15 1°B
46023 Valencia

Lunes, 2 de julio de 200-

Director
Rent-a-car
Av. La Victoria n° 39
08015 Barcelona

Estimado señor:

Lamento decirle que no nos quedamos satisfechos con el servicio prestado, ni con el coche.

Espero que aprecie las inconveniencias que nos han causado y nos reembolsen el alquiler del coche.

Me dirijo a usted para informarle que durante nuestra visita a Barcelona alquilamos un coche de su compañía (ref. AQ134H) para un fin de semana.

En esperas de sus noticias le saluda atentamente.

Primero tuvimos que esperar casi dos horas en sus oficinas hasta que nos dieron las llaves del coche. Después tuvimos problemas para arrancar el coche por la mañana y finalmente se averió el domingo antes de llegar a sus oficinas.

Juan Manuel Oliveros Blanco

B Ahora lee las cartas anteriores y contesta a las siguientes preguntas.

1 ¿Quiénes escriben las cartas?
2 ¿A quiénes se las escriben?
3 ¿Por qué las escriben?
4 ¿Cómo es la cartera?
5 ¿Cuándo y dónde la ha perdido?
6 ¿Por qué no está contento con el servicio el Sr Oliveros?
7 ¿Qué problemas tuvo con el coche?
8 ¿Qué esperan obtener con sus cartas?

C Escribe una carta al director de un hotel quejándote de la desaparición de una cámara de fotos de tu habitación.

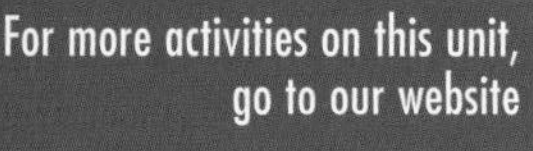

For more activities on this unit, go to our website

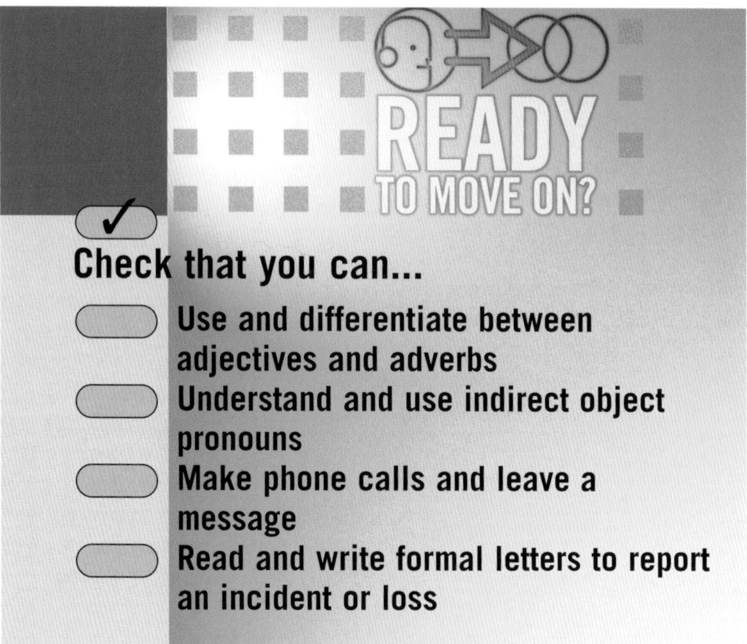

Check that you can...

- Use and differentiate between adjectives and adverbs
- Understand and use indirect object pronouns
- Make phone calls and leave a message
- Read and write formal letters to report an incident or loss

Descubre el mundo HISPANO

Telediario. Últimas noticias en Paraguay

Paraguay... ...mundo guaraní

Portada / Senatur / Sugerencias /

Datos Básicos

República del Paraguay

Area (Km2): 406.752 (11° en América, 9° en el Mundo Hispano, 58° en el mundo)

Costas (Km): No tiene costas marítimas.

Límites: Al N con Bolivia y Brasil , al E con Brasil y al S y O con Argentina.

Capital: Asunción (f. 1537, por Juan de Salazar y Espinosa)

Moneda: Guaraní.

Idiomas oficiales: Castellano y Guaraní.

Fiesta nacional: 15 de mayo, Independencia.

Hora oficial: GMT -4 horas (normal); -3 (verano)

Miembro de: ONU, OEA, ALADI, Mercosur

Presidente Ha

- Geografía
- Ubicación
- Símbolos Patrios
- Datos Básicos
- Cultura
- Naturaleza
- Descargas

Sitios de Interes

A Ordena las palabras para formar preguntas completas. Luego respóndelas.

1. ¿Paraguay qué países Con limita?
2. ¿Paraguay tiene costa kilómetros Cuántos de?
3. ¿Paraguay capital de la Cuál es?
4. ¿Paraguay es moneda Cuál la de?
5. ¿Paraguay hablan Qué en lenguas se?

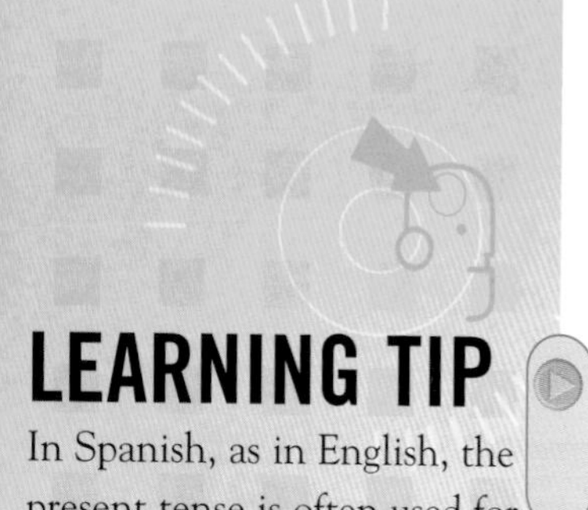

LEARNING TIP

In Spanish, as in English, the present tense is often used for news headlines.

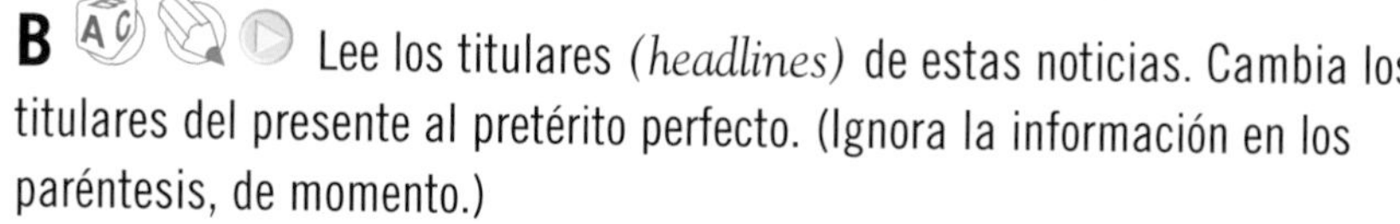

B Lee los titulares *(headlines)* de estas noticias. Cambia los titulares del presente al pretérito perfecto. (Ignora la información en los paréntesis, de momento.)

1. El rey recibe al nuevo embajador de Paraguay en el palacio Real. (El embajador de Paraguay presenta sus credentiales.)
2. El presidente del gobierno llega hoy en visita oficial a la capital de Paraguay, Asunción. (La mayoría de los presidentes de Latinoamérica asisten hoy a la toma de posesión del presidente paraguayo, más tarde se van a reunir para discutir nuevos procesos de intercambio cultural entre los distintos países de habla hispana.)
3. Muere Napoleón Ortizoga a los 72 años de edad. (Ex-preso político paraguayo, conocido como el Nelson Mandela de Paraguay.)
4. En la XI Feria del libro de Asunción (Paraguay), se celebra el IV centenario de la publicación del *Don Quijote de la Mancha* junto con un homenaje a Augusto Roa Bastos. (Escritor paraguayo, uno de los grandes narradores latinoamericanos contemporáneos.)
5. El número de usuarios de teléfonos celulares aumenta (facilita la comunicación). (La cifra de usuarios cambia minuto por minuto. La falta de cobertura fija hace que aumente el número de usuarios del teléfono celular. Ya que se llega a puntos inalcanzables con la cobertura fija, debido al coste de ésta.)

Ejemplo:

1 El rey ha recibido al embajador de Paraguay en el palacio Real.

C Escucha la grabación y comprueba tu respuesta.

D Escribe un pequeño artículo con cada de las noticias de la actividad B. Utiliza el contenido de los paréntesis para ayudarte (si quieres puedes inventar el artículo).

Write the news as you think it might have happened. The information in brackets is there to give you more information.

Ejemplo:

1 El rey ha recibido al embajador de Paraguay en el palacio Real.
Esta mañana el rey ha recibido al embajador de Paraguay. El nuevo embajador le ha presentado sus credenciales.

GLOSSARY

Sustantivos

algodón (m)	cotton
aluminio (m)	aluminium
antigüedad (f)	antiquity, (old) age
aprendizaje (m)	process of learning
bodega (f)	wine cellar
bolsillo (m)	pocket
caballero (m)	gentleman
caja (f)	box, checkout
calefacción (f)	heating
cartera (f)	wallet
cifra (f)	figure (number)
cobertura (f)	coverage
código (m)	code
conferencia (f)	phone call
cuero (m)	leather
desaparición (f)	disappearance
descarga (f)	download
disculpa (f)	apology
disponibilidad (f)	availability
embajador (m)	ambassador
esposa (f)	wife
esquina (f)	corner
factura (f)	bill, invoice
falda (f)	skirt
formato (m)	layout
homenaje (m)	homage
lana (f)	wool
lino (m)	linen
llamada (f)	phone call
llave (f)	key
lunar (m)	spot (in a pattern)
maleta (f)	suitcase
marcador (m)	indicator, (here) marker
mármol (m)	marble
mensaje (m)	message
paraguas (m)	umbrella
piel (f)	skin, leather
preso (m)	prisoner
raya (f)	stripe
recado (m)	message
relato (m)	tale
saludo (m)	greeting
seda (f)	silk
SIDA (m) **(Síndrome de Inmunodeficiencia Adquirida)**	AIDS
tarima (f)	platform, flooring
tarjeta (f)	card
tela (f)	fabric
tertulia (f)	group meeting for informal discussion
tienda (f) **de campaña**	tent
titular (m)	headline
trastero (m)	storeroom
tratamiento (m)	treatment
usuario (m)	user
vestidor (m)	dressing room (in a house)

GLOSSARY

Verbos

adelgazar to slim
agradecer to be grateful (for), to thank
alquilar to rent/hire
alterar to alter; (here) to disturb
apreciar to appreciate, be aware of
anotar to make a note of, jot down
arrancar to start (car)
aumentar to increase
averiar to fail (mechanically)
averiguar to check, find out
coger el teléfono to answer/pick up the phone
colgar el teléfono to hang up the phone
despedirse (e > i) to say goodbye
dirigirse a to approach (person/place); to address (in writing)
disculparse to apologise
divorciarse to get divorced
dotar de to equip (something) with
equivocarse to be wrong, dial the wrong number
lamentar to regret
prestar to lend, render
quejarse de to complain about
reembolsar to pay back

Adjetivos

celular cell (phone), mobile
clave key
de cuadros checked (pattern)
de listas striped
de rayas striped
enfadado angry
estampado patterned
flotante floating
inacabado unfinished
inalcanzable unreachable, unachievable
lento slow
liso smooth, plain
marítimo maritime, sea
redondo round
rubio blond, fair
satisfecho satisfied
supuesto supposed, alleged
vitrocerámico glass-ceramic

Diversos

arriba above, upwards, on top
así in this way
Atentamente Yours sincerely (etc.)
de antemano in advance
En esperas de (sus noticias) Looking forward to (your reply)
Estimado … Dear … (at start of letter)
más o menos more or less, approximately
Muy señor mío … Dear sir …
temprano soon, early

LOOKING FORWARD

Lee este anuncio y estudia el vocabulario. Usa el diccionario si es necesario.

Se vende

555.599 €
ático de 198 m^2 exterior
3 dormitorios, 2 baños
2.806 euros/m^2
código anuncio VP532678
28035 Saconia, Madrid
distrito de zona sector b
Inmobiliaria Visión
c/Antonio Machado
913 333 444 –
horario comercial
ref.: 678

Características específicas:
198 m^2 construidos, 140 m^2 útiles
segunda mano / buen estado
disponibilidad 26/02/200-
calefacción individual, gas natural
planta 3 con ascensor
antigüedad menos de 5 años

Distribución y materiales
3 dormitorios
2 baños; suelo del baño de tarima flotante; sauna
cocina independiente placa eléctrica vitrocerámica
terraza principal descubierta de 5 m^2 y terraza adicional descubierta de 25 m^2

suelos de mármol y parqué
ventanas de aluminio

Equipamiento
2 plazas de garaje incluidas en el precio
trastero
la casa está dotada de bodega
piscina, gimnasio, zona verde y área juego de niños

Observaciones
Dúplex con un salón-comedor de 30 m^2, dos terrazas descubiertas, trastero muy amplio, bodega, vestidor, piscina, parque infantil, sauna y gimnasio. Excelentes calidades. OBRA NUEVA. IVA INCLUIDO.

Dirección del inmueble
Este anuncio no muestra la dirección exacta por deseo explícito del anunciante

UNIT 5
¿Qué tal la mudanza?

By the end of this unit you will be able to:

- Describe your house/flat/neighbourhood
- Understand property advertisements
- Ask different types of questions
- Explain what kind of accommodation you are looking for
- Understand which past tense to use (preterite or present perfect)
- Talk about moving house and DIY
- Talk about environmental issues

1 ¿Qué recuerdas? 

A Transforma estos adjectivos en adverbios:

1	afortunado	**5**	frecuente
2	alegre	**6**	lento
3	básico	**7**	perfecto
4	feliz	**8**	tranquilo

Ejemplo: 1 afortunadamente

B Hoy es 25 de febrero. Mira el calendario y haz una lista de las cosas que ha hecho esta semana Sofía, las que ha hecho este mes y las que tiene que hacer o no ha hecho: 'cosas pendientes'.

Esta semana	Este mes	Cosas pendientes
Ha llamado a Maite por teléfono	Ha ido al teatro con Julián	Aun no …

FEBRERO

LUNES	MARTES	MIÉRCOLES	JUEVES	VIERNES	SÁBADO	DOMINGO
		1 Pagar alquiler de este mes	2	3 Recoger las entradas para el concierto de mañana	4 Llamar al "Bullión" y reservar mesa para las diez	5
6	7 Examen de historia contemporánea	8	9 Comprar las entradas para el sábado	10	11 Encontrarme con Julián a las ocho en la puerta del teatro	12 Tomar el aperitivo con mis padres
13 Llamar al aeropuerto para confirmar el vuelo del viernes	14	15 Examen de historia del arte	16 Sacar 200€	17 MADRID Salida a las 8:30, llegada a las 11:00 BA 305	18 MADRID	19 MADRID Salida a las 22:30, llegada a las 23:00 BA 307
20 Mandar la tarjeta de felicitación a Maite	21 Ir a buscar a Julián a la estación a las 12:30	22 Cumpleaños de Maite, llamarla antes de las 11:00 para felicitarla	23 Ir de compras con mi madre (no olvidar comprar el regalo de Maite)	24 Fiesta sorpresa para Maite	25 Cine Proyecciones (última película de Almodóvar)	26 Sacar dinero para pagarle a Julián la entrada del cine
27	28 Último día de plazo para devolver los libros en la biblioteca					

2 Buscando casa

A Estudia el plano y repasa tu vocabulario. Luego haz una descripción del resto de las habitaciones en el plano siguiendo el ejemplo. Utiliza el diccionario si es necesario.

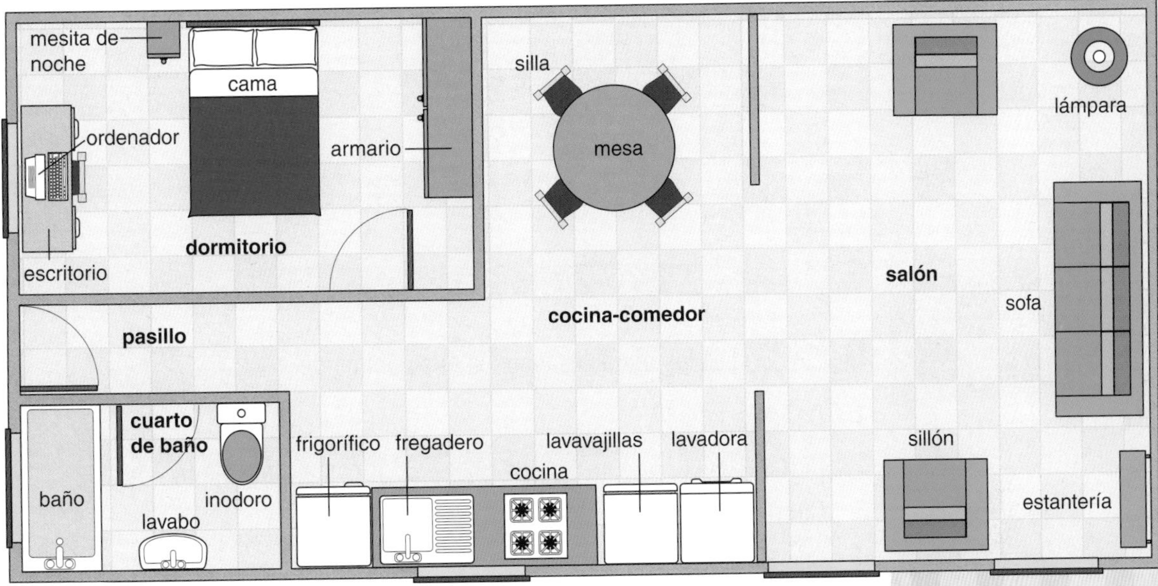

Ejemplo:

Mi apartamento es bastante pequeño, mi habitación favorita es mi dormitorio. Está enfrente del cuarto de baño y la cocina, es un poco pequeña, pero tengo espacio para tener un escritorio debajo de la ventana con mi ordenador. También hay …

B Lee estas frases, luego escucha el diálogo y di si son verdaderas o falsas.

1 El piso está disponible en este momento.
2 Es un piso grande de 100 metros cuadrados, exterior y con ascensor.
3 El piso está recién pintado.
4 Está amueblado.
5 Tiene dos dormitorios, un salón grande con terraza, cocina americana y dos baños.
6 Los dormitorios tienen el baño dentro.
7 El alquiler es de 650 euros al mes, incluyendo los gastos de comunidad.
8 El gas, la electricidad y el teléfono van a cargo del inquilino.

C Escucha otra vez la grabación, mira los planos y di de cuál de ellos están hablando y por qué.

1 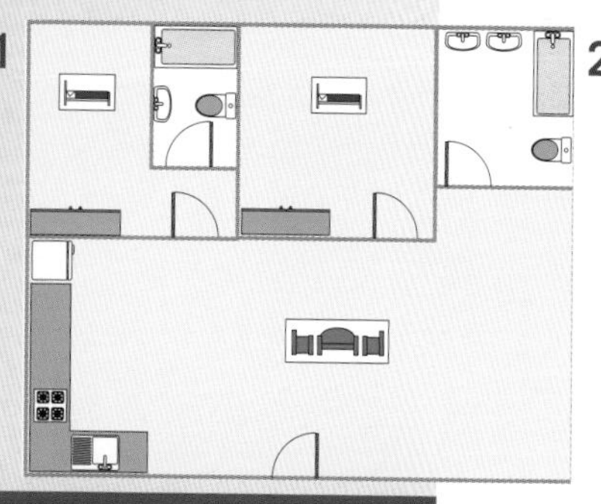

2 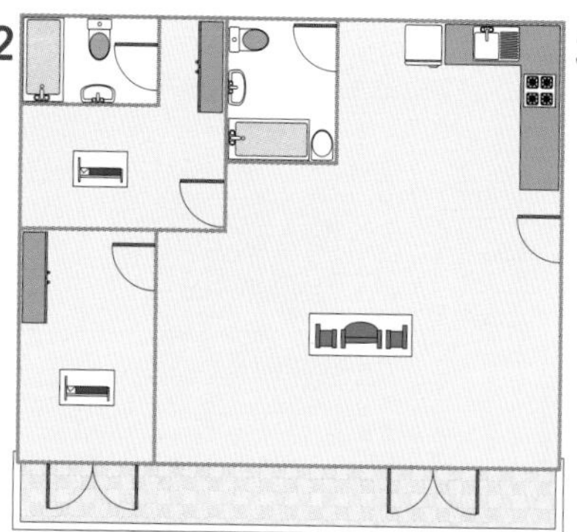

3 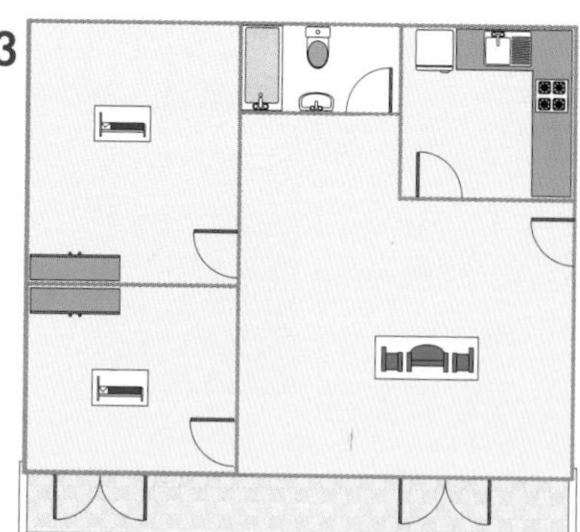

Our website has further practice

D Lee los anuncios y busca el sinónimo de:

1 Dando a la calle
2 Retrete/Toilet
3 Cuartos
4 Cocina americana
5 En el centro
6 Cocina amueblada
7 Nueva
8 Cochera

MÁLAGA Se alquila, piso céntrico, exterior, 200 m^2. Amueblado, 4 habitaciones, cocina-comedor, baño, aseo. Con calefacción central. **800 €** al mes con gastos de comunidad incluidos. Para más información llamar al 95 4 67 87 76.

MARBELLA Se vende, casa grande, a estrenar, 500 m^2, 6 habitaciones, cocina equipada, baños, aseo. Con jardín, piscina, garaje, aire acondicionado y calefacción central. Alarma y puerta blindada. Para más información llamar al 95 4 67 87 75.

puerta blindada
reinforced door

E European and Latin-American Spanish have many phrases offering hospitality.

Estudia las frases siguientes y únelas con su traducción correcta.

¡Adelante!	
Ésta es su casa	*Come in! Come in!*
Está en su casa*	
Siéntase como en su casa	*Make yourself at home*
¡Pase, pase!	
Aquí tiene su casa	

*Ésta is a prounoun. Está is a verb.

LANGUAGE FOCUS

The impersonal *se*

You'll often see **se** used on signs and in advertisements, e.g. **se vende.** This is called **el *se* impersonal** and it is used when the person performing the action is not expressed or defined. Remember it is not important who is doing the action as there is no specific subject.

Note that the third person singular verb form is used with singular nouns and the third person plural form with plural nouns.

When there are two actions (two verbs), the second verb should be an infinitive, e.g. **Se prohibe aparcar.**

In English we use the passive voice or an indefinite subject (one, you, we).

Se habla español

Do not talk to the driver

No se puede entrar despues de las ocho

House for sale

Se vende casa

Flat to let

Se prohíbe hablar con el conductor

No entry after eight

Spanish spoken

SE ALQUILA APARTAMENTO

F El **se** impersonal.
Escribe estos anuncios en español usando el **se** impersonal.

1 No smoking
2 We speak English
3 Teachers needed
4 No talking
5 Walking on the grass (**césped**) is prohibited
6 We sell second-hand books

3 ¿Cuál es tu habitación favorita?

LANGUAGE FOCUS

¿Cuál(es) o *Qué?*

¿Cuál(es)? can mean both *What?* and *Which?*, but it cannot be used before a noun. In such cases **¿Qué?** must be used instead.

¿Cuál es tu habitación favorita?	*Which is your favourite room?*
¿Qué habitación te gusta más?	*Which room do you like more?*

Note:

¿Qué? before a verb is used to ask for a definition or explanation.
¿Cuál(es)? is used when there is a choice of several possibilities.

¿Qué es un aseo? Un aseo es un cuarto de baño pequeño.
¿Cuál es el aseo? El aseo es aquél.

> **¿Qué?** can be followed by a noun (to give you a choice) or by a verb (to ask for definition /explanation).
> **¿Cuál?** can only be followed by a verb (to give you a choice).

A Escoge la palabra correcta y contesta a las preguntas, cuando es posible. Usa el diccionario si lo necesitas.

1 ¿ ______ es una casa adosada?

2 ¿ ______ habitación es más grande?

3 ¿ ______ es una cocina americana?

4 ¿ ______ son tus colores preferidos?

5 ¿ ______ es tu opinión sobre tu casa?

6 ¿ ______ opinas de tu casa?

7 ¿ ______ vas a hacer ahora?

8 ¿ ______ es la diferencia entre un piso exterior y uno interior?

B Lee el diálogo y rellena los huecos con una palabra interrogativa.

Agente: Inmobiliaria "Su casa", ¿dígame?

Sra Blanco: Buenos días, soy la señora Blanco.

Agente: Buenos días, señora Blanco. ¿En ______ puedo ayudarla?

Sra Blanco: Llamo porque he visto anunciado uno de sus pisos en la calle Tetuán y creo que me puede interesar. ¿ ______ es?, ¿ ______ habitaciones tiene?

Agente: Es un piso exterior, de 150 metros cuadrados, con calefacción, aire acondicionado y agua caliente. Tiene cuatro habitaciones y una terraza con plaza de garaje incluido y por supuesto ascensor al garaje.

Sra Blanco: ¿ ______ piden por el piso?

Agente: Piden 650 mil euros.

Sra Blanco: No está mal. ¿ ______ puedo verlo?

Agente: ¿ ______ está en este momento?

Sra Blanco: Estoy en mi casa.

Agente: Si quiere puedo enseñárselo ahora.

Sra Blanco: No, lo siento, ahora no puedo. ¿ ______ no lo dejamos para esta tarde?

Agente: No hay problema, esta tarde entonces. ¿A ______ hora?

Sra Blanco: A las cinco, ¿le parece bien?

Agente: Sí, entonces a las cinco.

Sra Blanco: Sí, pero ¿ ______ es el número de la casa y el piso?

Agente: La dirección completa es calle Tetuán número 33-3° izquierda.

C Ahora escucha y comprueba.

Léxico Latinoámericano

Here are some Spanish words for certain items which are different in Latin America.

Castilian	Latin American	English
la finca/el cortijo	el rancho/la hacienda	*ranch*
el piso, el apartamento	el apartamento or el departamento	*flat,* *apartment*
la habitación	el cuarto/la pieza	*room*
el dormitorio/la alcoba*	el dormitorio/la alcoba*	*bedroom*
el ascensor	el elevador	*lift*
la mesita de noche	la mesita de luz/el buró	*bedside table*

***el dormitorio/la alcoba:** The use of each depends on the region of Spain or Latin America.

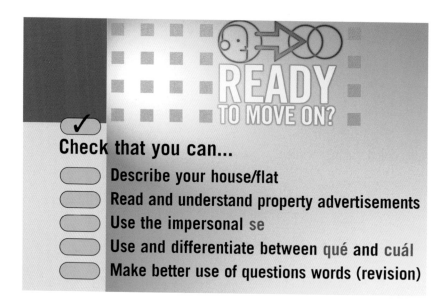

READY TO MOVE ON?

✓ **Check that you can...**

- Describe your house/flat
- Read and understand property advertisements
- Use the impersonal se
- Use and differentiate between qué and cuál
- Make better use of questions words (revision)

4 Un buen barrio para vivir

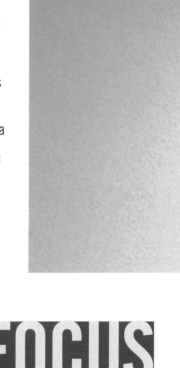

A Escucha a estos amigos hablando sobre un lugar ideal para vivir, luego mira la lista y une el nombre con las preferencias.

- Concha
- Félix
- María
- Ramón

- Una vivienda en el campo
- Con parques y tiendas alrededor
- Un piso en el centro de la ciudad
- Un sitio con mucha luz
- Un lugar seguro y tranquilo, lejos del ruido
- Una casa al lado de la naturaleza
- Una vivienda cerca de la zona de ocio
- Un piso con una buena vista

LANGUAGE FOCUS

Me gustaría ...

Me + gustaría + infinitivo *I would like to ...*

¿Dónde te gustaría ...

¿Dónde te gustaría vivir?

¿Qué te gustaría ...

¿Qué te gustaría tener en tu barrio?

Me gustaría ...

Me gustaría vivir en una ciudad limpia con poco ruido.
Me gustaría tener más jardines y parques públicos.

B En grupos pequeños haced una lista de cosas que os gustaría tener en vuestro barrio y otra de cosas que tiene vuestro barrio.

C Luego poned las dos listas en común con el resto de la clase y seleccionad las cinco cosas más comunes de cada lista.

D ¿Qué hay en tu barrio para los turistas? Escribe un pequeño párrafo describiendo tu barrio. Ejemplo: si es grande o pequeño, qué tiene, si tiene zonas de ocio, piscinas, parques …

LEARNING TIP

Technical terms in a contract:

el arrendatario = *tenant*
el inquilino = *tenant*
el arrendador = *landlord*
el propietario = *owner/ landlord*
el arrendamiento = *lease*
el solar/el terreno = *land, surface area*
la hipoteca = *mortgage*

5 Ayer y hoy

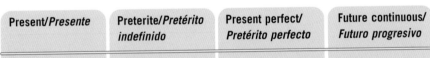

A Lee esta carta, subraya los verbos que encuentres y clasifícalos según el tiempo en el que están conjugados.

Try to guess the meaning of unfamiliar words and phrases.

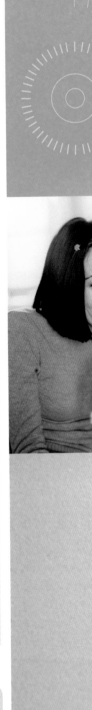

Edimburgo, 18 de marzo de 200-

Querida Ángela:

¿Qué tal te va? Espero que bien. Hace tanto tiempo que no nos vemos, ni hablamos.

Ayer te llamé varias veces, pero nadie contestó al teléfono. Quiero darte una buena noticia y no puedo esperar. Como sabes, el año pasado me mudé a Edimburgo para estudiar inglés. Allí conocí a mi novio, estuvimos saliendo dos meses y el día de San Valentín me regaló un anillo, me hizo mucha ilusión. Te escribí una carta y te lo conté todo. ¿Te acuerdas?

Pero lo que no sabes es que este año nos vamos a casar. Ya tenemos casi todo organizado para la boda. Este mes he reservado el hotel para la recepción, no hemos invitado a mucha gente. Pero no te imaginas qué ilusión me va a hacer si tú vienes.

Por favor, me puedes contestar lo antes posible y decirme si vas a venir.

Esta noche voy a cenar con los padres de Félix, quieren hablar de los últimos avances y mañana vamos a ir a una agencia de viajes para organizar la luna de miel.

Bueno, te tengo que dejar. Esta mañana he ido a comprar un vestido para la boda y ahora tengo que ir a pagarlo antes de las cinco.

Escríbeme pronto.

Un abrazo

Eva

Present/*Presente*	**Preterite/*Pretérito indefinido***	**Present perfect/ *Pretérito perfecto***	**Future continuous/ *Futuro progresivo***

B Look at and study this diagram.

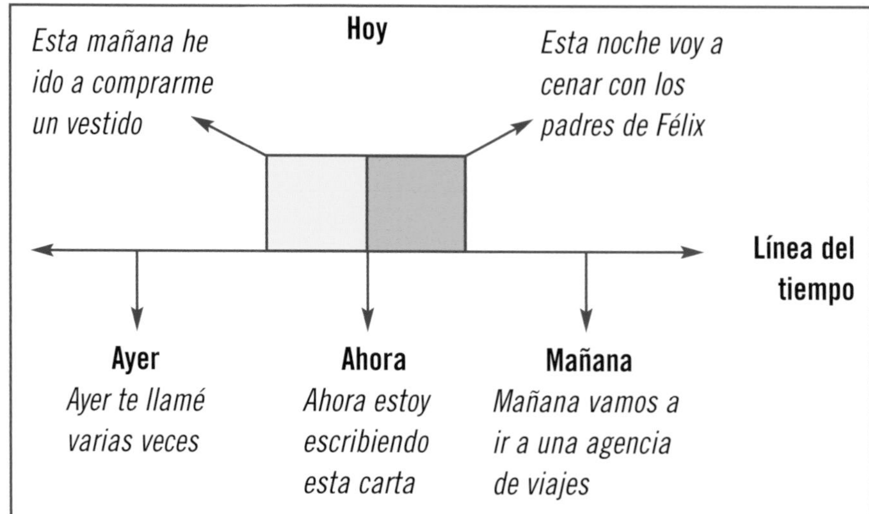
Hoy
Esta mañana he ido a comprarme un vestido
Esta noche voy a cenar con los padres de Félix
Línea del tiempo
Ayer
Ayer te llamé varias veces
Ahora
Ahora estoy escribiendo esta carta
Mañana
Mañana vamos a ir a una agencia de viajes

C Escucha a Ángela leer la carta de Eva y fíjate en el cuadro.

LANGUAGE FOCUS

Pretérito perfecto o *pretérito indefinido*

Remember: you tend to use the **pretérito perfecto** (present perfect) to talk about a past action when the period of time in which it happened is still continuing, and the **pretérito indefinido** (preterite) when both the action and the period of time have finished.

¿Has visto alguna vez un OVNI[1]?
No, nunca he visto uno.
Sí, el mes pasado vi uno en el cine.

However, when describing personal experiences you can use either the **pretérito perfecto** or the **pretérito indefinido.**

[1]OVNI = Objeto Volador No Identificado *UFO*

D ¿Pretérito perfecto o pretérito indefinido? Rellena los huecos con la forma correcta del pasado.

You will find more acivities on our website

1 ¿Qué ______ (hacer) esta mañana?

2 Hoy ______ (ser) un día terrible, todo me ______ (salir) mal.

3 Anoche Carlos y Rosa ______ (ir) al cine y ______ (ver) una película de terror.

4 Mis padres ______ (comprado) una casa en la playa el año pasado, y este año ______ (pasar) nuestras vacaciones allí por primera vez.

5 ¿Te ______ (mudar) alguna vez de casa?
No, nunca, siempre ______ (vivir) en la misma casa.

6 Anteayer mis vecinos ______ (venir) a cenar a casa y hoy ______ (ir) nosotros a su casa.

7 ¿Cuántas veces te ______ (poner) este vestido este mes?
Sólo una, el día del cumpleaños de Luis, me lo ______ (poner) para ir a su fiesta.

8 En 1999 ______ (empezar) a estudiar la carrera y todavía no ______ (terminar).

9 Ayer el profesor me ______ (decir), que hoy voy a poder recoger los resultados de los exámenes, y hoy me ______ (decir) que mañana.

10 Ya ______ (escribir) todas las felicitaciones de navidad y esta tarde las ______ (mandar).

E Subraya las referencias temporales en la actividad D que te han ayudado a elegir el tiempo correcto.

F Junto con tu compañero haz dos listas: una de lugares que no habéis visitado y os gustaría visitar y otra de cosas que no habéis hecho y os gustaría hacer.

Lugares que os gustaría visitar	Cosas que os gustaría hacer
Nueva York	Bucear en el mar

Ahora cambia de compañero. Pregúntale a tu nuevo compañero si ha estado en estos lugares o si ha hecho alguna de estas cosas. Si la respuesta es sí, pregúntale cuándo, dónde, cómo le fue, si le gustó …

Ejemplo:
Tú: ¿Has buceado *(been diving)* alguna vez?
Tu compañero: Sí.
Tú: ¿Cuándo?
Tu compañero: El verano pasado, aprendí a bucear.
Tú: ¿Dónde fuiste/aprendiste?
Tu compañero: En el Mar Rojo.
Tú: ¿Te gustó?
Tu compañero: Sí, muchísimo …

6 Hogar dulce hogar

A Lee el texto y rellena los huecos con las palabras del cuadro. Luego contesta a las preguntas.
Guess unfamiliar words and phrases and give full answers.

Un hogar perfecto

Hoy día los españoles buscan una mejora en la calidad de vida. Esto se puede ver reflejado en la ______ . A la mayoría, les gusta 'crear y personalizar' el ______ .

La mujer ha sido quien en general ha tomado, principalmente, las ______ en las compras de muebles, electrodomésticos y de cualquier producto para el hogar.

El hombre, en una posición más ______ , se ha ido incorporando a este proceso de 'creación y personalización del hogar'. Esto se ha producido sobre todo mediante la ______ del bricolaje; aunque hay que señalar que la actividad del bricolaje todavía no se ha arraigado con fuerza entre las ______ a las que el ciudadano español dedica su tiempo libre.

A la hora de decorar un hogar, las ______ fuentes de inspiración para los españoles son: en primer lugar, la visita a ______ , seguido de la lectura de ______ especializadas en decoración y, para terminar, los ______ de familiares y amigos.

vivienda tiendas pasiva práctica revistas decisiones actividades hogar principales consejos

Según el artículo:

1 How do you translate DIY?
2 Is DIY one of the main activities for the Spanish in their spare time?
3 What is the woman's part in this process?
4 And the man's?
5 What are the main sources of ideas for decorating any Spanish home?

el bricolaje, 'hazlo tu mismo' = DIY, 'Do *it yourself*'

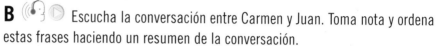

B Escucha la conversación entre Carmen y Juan. Toma nota y ordena estas frases haciendo un resumen de la conversación.

1 Hace un mes Carmen se cambió de casa.
2 Necesitan un fontanero que revise la calefacción.
3 La instalación eléctrica es nueva.
4 El novio de Carmen es un manitas.
5 Ya han lijado y barnizado los suelos.
6 Ahora su novio está cambiando algunos azulejos en el baño.
7 La semana que viene quieren pintar todo el piso.
8 Pronto van a hacer una fiesta de inauguración.
9 Lo están haciendo todo ellos porque no tienen mucho dinero.
10 Están haciendo algunas reformas.

For more activities on this unit, go to our website

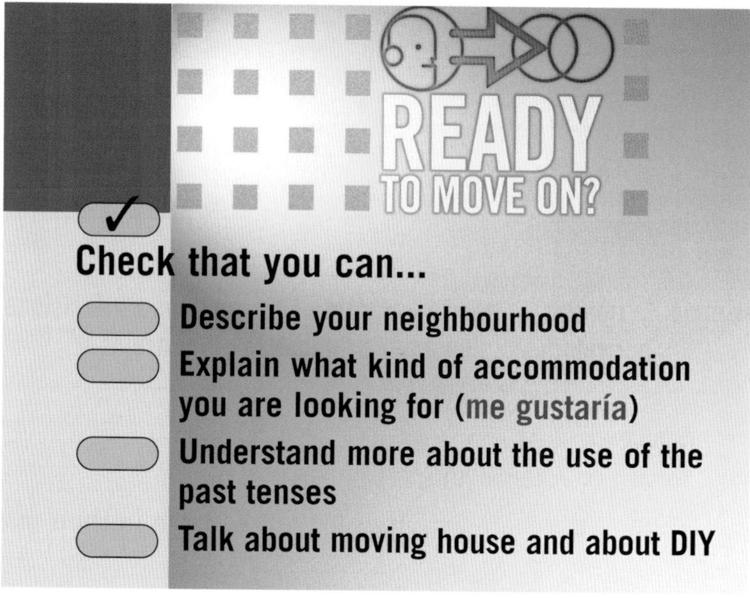

Check that you can...

- Describe your neighbourhood
- Explain what kind of accommodation you are looking for (me gustaría)
- Understand more about the use of the past tenses
- Talk about moving house and about DIY

Descubre el mundo HISPANO

El Canal de Panamá y el medio ambiente

A Lee este artículo sobre el Canal de Panamá y escribe en inglés un resumen sobre el artículo *(just five bullet points)*.

Panamá, la República más joven de Latinoamérica dividida por dos océanos

Sueño de gobernantes y navegantes desde el siglo XVI. En 1534 Carlos I de España inicia un estudio para unir el Atlántico y el Pacífico que se hizo realidad en enero de 1880 cuando se empezaron las obras.

El 3 de noviembre de 1903, Panamá, una provincia casi olvidada del extremo norte de la República de Colombia, que se adentraba en Centroamérica, se independiza de ésta bajo el amparo de los Estados Unidos, en circunstancias que aún despiertan una gran polémica.

El Canal de Panamá es una verdadera hazaña de la ingeniería, un testimonio del ingenio, la perseverancia y el sacrificio de quienes lo hicieron posible. De los más de 75.000 obreros que trabajaron en su construcción, 20.000 murieron por frecuentes deslizamientos de tierra y enfermedades tropicales. El cruce del primer barco, el Antón, a través de sus esclusas, en agosto de 1914, hizo realidad este sueño: atravesar el istmo en un trayecto de 82 kilómetros de largo, cuyo cruce dura unas nueve horas.

B Ordena las palabras para formar preguntas completas. Luego marca la respuesta correcta.

1 ¿el Atlántico y el Pacífico en iniciar un estudio fue el primero para unir Qué país?

a Colombia **b** Estados Unidos **c** España

2 ¿en 1903 Panamá se independizó país qué De?

a Colombia **b** Estados Unidos **c** España

3 ¿Canal la construcción Cuántos del obreros murieron durante?

a 75.000 **b** 20.000 **c** 1914

4 ¿el dura tiempo Cuánto trayecto?

a nueve horas **b** 82 km **c** dos océanos

C Estudia esta página web sobre Panamá e investiga qué problemas ecológicos tiene Panamá.

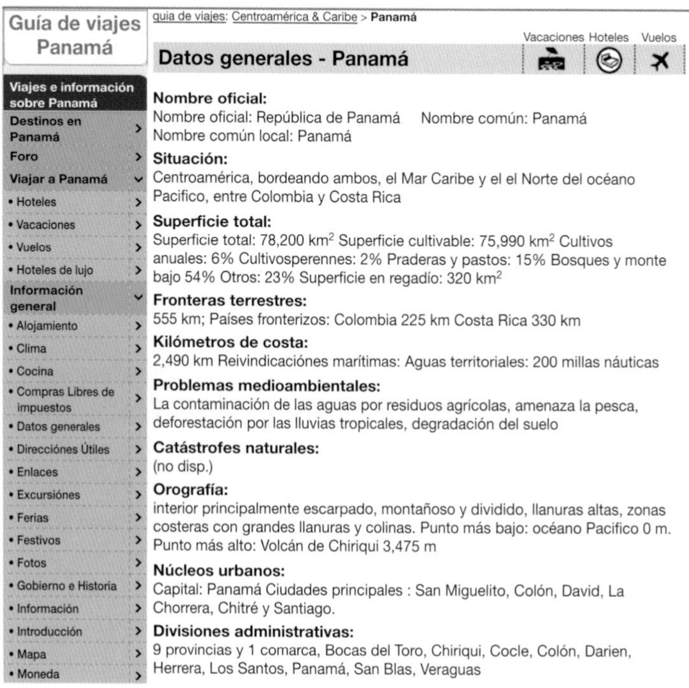

Guía de viajes Panamá

guia de viajes: Centroamérica & Caribe > **Panamá**

Vacaciones Hoteles Vuelos

Datos generales - Panamá

Viajes e información sobre Panamá
- Destinos en Panamá >
- Foro >
- Viajar a Panamá
  - Hoteles >
  - Vacaciones >
  - Vuelos >
  - Hoteles de lujo >
- Información general
  - Alojamiento >
  - Clima >
  - Cocina >
  - Compras Libres de impuestos >
  - Datos generales >
  - Direcciónes Útiles >
  - Enlaces >
  - Excursiónes >
  - Ferias >
  - Festivos >
  - Fotos >
  - Gobierno e Historia >
  - Información >
  - Introducción >
  - Mapa >
  - Moneda >

Nombre oficial:
Nombre oficial: República de Panamá Nombre común: Panamá
Nombre común local: Panamá

Situación:
Centroamérica, bordeando ambos, el Mar Caribe y el el Norte del océano Pacifico, entre Colombia y Costa Rica

Superficie total:
Superficie total: 78,200 km^2 Superficie cultivable: 75,990 km^2 Cultivos anuales: 6% Cultivosperennes: 2% Praderas y pastos: 15% Bosques y monte bajo 54% Otros: 23% Superficie en regadío: 320 km^2

Fronteras terrestres:
555 km; Países fronterizos: Colombia 225 km Costa Rica 330 km

Kilómetros de costa:
2,490 km Reivindicaciónes marítimas: Aguas territoriales: 200 millas náuticas

Problemas medioambientales:
La contaminación de las aguas por residuos agrícolas, amenaza la pesca, deforestación por las lluvias tropicales, degradación del suelo

Catástrofes naturales:
(no disp.)

Orografía:
interior principalmente escarpado, montañoso y dividido, llanuras altas, zonas costeras con grandes llanuras y colinas. Punto más bajo: océano Pacifico 0 m. Punto más alto: Volcán de Chiriqui 3,475 m

Núcleos urbanos:
Capital: Panamá Ciudades principales : San Miguelito, Colón, David, La Chorrera, Chitré y Santiago.

Divisiones administrativas:
9 provincias y 1 comarca, Bocas del Toro, Chiriqui, Cocle, Colón, Darien, Herrera, Los Santos, Panamá, San Blas, Veraguas

D **La tierra es un hogar perfecto**

Aquí tienes una lista de problemas medioambientales y otra con posibles soluciones.

1 Une los problemas con las posibles soluciones.

2 Crea un debate con tus compañeros sobre el medio ambiente.

- Agua contaminada
- Deforestación de los bosques
- Erosión de las montañas
- Falta de recursos naturales
- Contaminación del aire
- Lluvia ácida

- Controlar los humos de los coches
- Plantar árboles y plantas
- Reducir la contaminación del aire y del agua
- Reciclar envases y latas
- Prohibir de la tala de árboles
- Usar gasolina ecológica

No olvides utilizar expresiones como:
pienso que ..., creo que ..., en mi opinión ..., me da la impresión de que ..., estoy a favor, porque ..., estoy de acuerdo ..., estoy en contra, porque ...
Recuerda el eslogan de las tres erres: 'reducir, reutilizar y reciclar'.

E Escribe una carta formal a un periódico expresando tu opinión sobre los problemas medioambientales de tu región.

- Describe tu región.
- Explica los diferentes problemas ecológicos que existen.
- Propón alguna solución.

GLOSSARY

Sustantivos

aire (m) **acondicionado**	air conditioning
alcoba (f)	bedroom
alquiler (m)	rent
amparo (m)	shelter, protection
anillo (m)	ring (on finger)
armario (m)	cupboard, wardrobe
arrendador (m)	landlord
arrendatario (m)	tenant
ascensor (m)	lift (elevator)
aseo (m)	toilet
azulejo (m)	tile
baño (m)	bath
barrio (m)	neighbourhood
boda (f)	wedding
bosque (m)	wood, forest
bricolaje (m)	DIY
buró (m)	bureau; (here) bedside table (Mexico)
cama (f)	bed
carrera (f)	career; (here) university degree; race
cerdo (m)	pig
ciudadano (m)	citizen
cochera (f)	garage
cocina (f)	kitchen; cooker
comedor (m)	dining room
consejo (m)	advice, piece of advice
cortijo (m)	country estate
cruce (m)	crossing
cuarto (m)	room
cuarto (m) **de baño**	bathroom
deforestación (f)	deforestation
departamento (m)	department; (here) apartment
deslizamiento (m) **de tierra**	landslide
docena (f)	dozen
dormitorio (m)	bedroom
electrodomésticos (m pl)	household electrical goods
elevador (m)	lift
enlace (m)	link
envase (m)	bottle, can
esclusa (f)	sluice, lock
escritorio (m)	writing desk
espacio (m)	space

GLOSSARY

estantería (f) bookshelves
felicitación (f) congratulations, greetings
carta de felicitación greetings card
finca (f) farm, estate
fontanero (m) plumber
fregadero (m) sink
frigorífico (m) fridge
frontera (f) border
fuente (f) source, fountain
gallina (f) hen
gallo (m) cock
gastos (m pl) **de comunidad** service charge (e.g. in a block of flats)
gobernante (m/f) governor
habitación (f) bedroom
hacienda (f) country estate
hazaña (f) feat
hipoteca (f) mortgage
hogar (m) home
huevo (m) egg
humo (m) smoke
ilusión (f) dream, illusion; excitement
ingeniería (f) engineering
ingenio (m) ingenuity
inquilino (m) tenant
inodoro (m) toilet
istmo (m) isthmus
joya (f) jewel
lámpara (f) lamp
lata (f) tin/can
lavabo (m) washbasin
lavadora (f) washing machine
lavavajillas (m) dishwasher
lechera (f) milk-maid
lectura (f) reading
lluvia (f) **ácida** acid rain
luna (f) **de miel** honeymoon
manitas (m/f) handyman/woman
medio ambiente (m) environment
mejora (f) improvement
mesita (f) **de noche** bedside table
moneda (f) coin; (here) unit of currency
muebles (m pl) furniture
naturaleza (f) nature, the natural world
navegante (m/f) mariner
novio (m) boyfriend
ocio (m) leisure
orografía (f) relief
OVNI (m) = **objeto volador/volante no identificado** UFO
párrafo (m) paragraph
pasillo (m) corridor
pieza (f) piece; (here) room
plazo (m) period, instalment
polémica (f) controversy
pollito (m) chick
propietario (m) owner
recursos (m pl) resources
resumen (m) summary
retrete (m) toilet
salón (m) sitting room
sillón (m) armchair

GLOSSARY

sitio (m)	place
solar (m)	plot of land
sueño (m)	dream
superficie (f)	surface
tala (f)	felling
taza (f) **del retrete**	toilet pan
terreno (m)	land
testimonio (m)	testimony, statement
trayecto (m)	journey, route
vaca (f)	cow
vestido (m)	dress
vivienda (f)	home, place to live
vuelo (m)	flight

Verbos

adentrarse en	to extend further into
anunciar	to announce, advertise
arraigarse	to take root
barnizar	to varnish
bucear	to go diving
casarse	to get married
dar a	to overlook, to have a view over
devolver	to give back
enseñar	to show, teach
felicitar	to congratulate
lijar	to sand
mudarse	to move house
reciclar	to recycle
recoger	to collect
reducir	to reduce
regalar	to give as a gift
repasar	to revise
reutilizar	to reuse
soñar (o > ue) **con**	to dream of/about

Adjetivos

adosado	semi-detached (house)
amueblado	furnished
blindado	reinforced
céntrico	central, in or close to the city centre
cualquier(a)	any
disponible	available
pendiente	pending
terrestre	land, terrestrial

Diversos

a cargo de	in the care of; to be paid by
a estrenar	brand new
a través de	across, through
al lado de	next to
alrededor (de)	around
anoche	last night
anteayer	the day before yesterday
mediante	by means of
recién	recently, just

LOOKING FORWARD

La lechera

A classic Spanish tale

La lechera está soñando con su futuro. Une sus sueños *(dreams)* con las frases.

a Los pollitos se convertirán en gallos y gallinas. Venderé los gallos y gallinas.

b De los huevos saldrán pollitos.

c Tendré una casa grande, tendré joyas …

d Compraré una docena de huevos.

e Compraré un cerdo y una vaca que medará leche.

UNIT 6 Ocio: calidad de vida

By the end of this unit you will be able to:

- Talk about your holidays, leisure activities and what you like to do
- Discuss plans and future projects (future tense)
- Use direct and indirect object pronouns together
- Differentiate between **ser** and **estar** with adjectives
- Open a bank account and use related vocabulary
- Talk about how to spend your money
- Express political views

1 ¿Qué recuerdas? 

A  Tres en raya

En grupos jugad a las tres en raya *(noughts and crosses)*. El primer grupo en formar tres frases usando palabras de los cuadros de abajo seguidas en cualquier dirección gana. Observa algunos ejemplos coloreados.

Hoy	Anoche	Esta mañana	El año pasado
Anteanoche	Ya	El año que viene	Hace unos días
Todavía no	Pasado mañana	Ayer	El año próximo
El próximo mes	Esta tarde	Aún no	Anteayer
En Navidad	Nunca	En otro día	Esta semana

B Habla con tu compañero sobre tu casa. Cuéntale: ¿cuál es tu rincón favorito?, ¿por qué?, ¿qué haces allí normalmente?

2 ¿Qué harás?

A ¿Qué harás estas vacaciones? Mira los dibujos y únelas con la expresión correcta.

1 

2 

3 

4 

5 

6 

a Tomaré el sol en la playa.

b Viajaré con un amigo por el sur de Europa.

c Visitaremos varios países, veremos catedrales, edificios antiguos, museos …

d Nadaré en el mar y mi amigo hará windsurf.

e Esquiaré en las montañas.

f Jugaremos al tenis.

LANGUAGE FOCUS

El futuro

You have already learnt how to use the present tense forms of **ir** + **a** + infinitive to express actions, conditions and events that are going to take place, e.g.:

Mañana **voy a correr** una maratón.
Tomorrow I'm going to run a marathon.

This construction is used a lot in the Spanish-speaking world. Now we will learn another way of talking about the future, which is also commonly used. **El futuro** (the future tense) is formed with the whole infinitive, to which endings are added as follows:

	Infinitive	*future ending*
yo		**é**
tú	**bailar**	**ás**
usted, él/ella		**á**
nosotros/as	**correr**	**emos**
vosotros/as	**ir**	**éis**
ustedes, ellos/ellas		**án**

Ejemplos:
Yo **bailaré** en la fiesta de Blas.
Carlos **irá** a la fiesta de Blas y también **bailará**.

Remember:

- The same endings are used for **-ar**, **-er** and **-ir** verbs.
- The future tense has an accent, except in the **nosotros/as** form.
- English uses 'will' or 'shall' with a main verb to form the future tense, but in Spanish we use only one word: Mañana **correré** una maratón.

Here are some common expressions used with the future tense (key words):
mañana, pasado mañana, en unos días, la próxima semana, el mes que viene ...

B  Contesta a estas preguntas usando el futuro. Sigue el ejemplo.

¿Qué vais a hacer mañana? (correr la maratón)
Mañana ***correremos*** la maratón.

1 ¿A qué hora vas a ir al cine? (a las ocho y media)
2 ¿Qué película vas a ver? (King Kong)
3 ¿Cuándo vas a cenar? (antes de ir al cine)
4 ¿Qué vas a hacer después? (tomar copas y bailar en la disco (discoteca))
5 ¿Cómo vas a volver a casa? (autobús nocturno 'el búho')
6 ¿Dónde vas a tomar 'el búho'? (en la plaza de Cibeles, enfrente de Correos)

LEARNING TIP

El búho is the nickname of the night bus in Madrid.

LEARNING TIP

Estudia este cuadro:

Si + presente, → futuro
Si tengo tiempo, estudiaré más.
Si estudias más, aprobarás los exámenes.

LEARNING TIP

Spanish speakers also use the future tense to speculate, to express probability with a question, and when using expressions such as 'I wonder':

¿Quién ganará las elecciones? *(I wonder) Who will win the elections?*

¿Lloverá mañana? *Will it rain tomorrow?*

C Estudia este panfleto electoral. En él hay una lista de las cosas que hará este partido político si sube al poder. Transfórmalas al futuro siguiendo el ejemplo:

- Crear más puestos de trabajo
- Subir las pensiones
- Invertir en educación y sanidad
- Reestructurar la Seguridad Social
- Mejorar el transporte público
- Construir más zonas verdes
- Prohibir la circulación en el casco antiguo
- Crear carriles de bicicletas
- Organizar más programas culturales

Ejemplo:
Si subimos al gobierno, crearemos más puestos de trabajo.

D En grupos pequeños, decidid si estáis de acuerdo con, o en contra de, las afirmaciones del ejercicio anterior.

Ejemplo:
Estoy a favor/en contra porque: más gente circulará en bicicleta, la gente verá menos tele, no habrá paro, la gente tendrá trabajo, los niños tendrán espacio para jugar …

LANGUAGE FOCUS

Irregular future verbs

A few verbs are irregular in the future, but they are only irregular in the stem, not in the endings. To form the future, just add the endings to the irregular stem.

The future of **hay** is **habrá**: Hoy hay poco trabajo, pero mañana habrá mucho.

Irregular stem		*Future endings*	
caber	**cabr**		
decir	**dir**		
haber	**habr**		
hacer	**har**	(yo)	**é**
poder	**podr**	(tú)	**ás**
poner	**pondr**	(usted, él/ella)	**á**
querer	**querr**	(nosotros/as)	**emos**
saber	**sabr**	(vosotros/as)	**éis**
salir	**saldr**	(ustedes, ellos/ellas)	**án**
tener	**tendr**		
valer	**valdr**		
venir	**vendr**		

E ¿Recuerdas el cuento/la fábula de la lechera al final de la unidad anterior? Elige el verbo correcto para completar la historia.

La lechera va al mercado con su cántaro de leche. Por el camino va pensando: con el dinero de la leche compraré/venderé una docena de huevos, de los huevos cantarán/saldrán pollitos y se casarán/convertirán en gallos y gallinas, con el dinero de los gallos y las gallinas compraré/tendré una vaca que me tendrá/dará un ternero, compraré/venderé el ternero, con el dinero del carnero comeré/compraré un cerdo, viviré/tendré una casa, seré/estaré rica, mis hijos e hijas se enamorarán/casarán con mujeres y hombres ricos.

F Ahora escucha, comprueba y escribe el final de la historia según la grabación.

LEARNING TIP

moraleja = *the moral of the story*
construir castillos en el aire = *to build castles in the air*

3 Los pronombres, *te los* tienes que aprender

LANGUAGE FOCUS

Direct and indirect object pronouns

In Unit 4 you learnt how direct and indirect pronouns replace nouns. Now you are going to learn how to use both together in the same sentence.

Indirect object pronoun	*Direct object pronoun*
me	lo
te	la
le (se)*	los
nos	las
os	
les (se)*	

Carmen me compró un regalo. *Carmen bought me a present.*
Carmen **me lo** compró. *Carmen bought it for me.*

Subject	*Indirect object pronoun*	*Direct object pronoun*	*Verb*
Carmen	**me**	**lo**	compró

Note: For emphasis or to avoid ambiguity, you sometimes need to add the preposition **a** plus the person, or use one of the following:

a mí **a nosotros/as**
a ti **a vosotros/as**
a él/ella/usted **a ellos/ellas/ustedes**

¿A quién le compró Carmen un regalo? *Who did Carmen buy a present for?*
Me lo compró **a mí**. *She bought it for me.*

*The indirect object pronouns **le** and **les** change to **se** when they are used together with a direct object pronoun beginning with **l**:

Se lo compró a su madre. *She bought it for her mother.*
Se lo compró a ella. *She bought it for her.*

Position of object pronouns

1 When direct and indirect pronouns occur together, the indirect precedes the direct.

2 As we saw in Unit 4, object pronouns usually precede the verb. However, when they occur with an infinitive or the present continuous tense, they may either precede the verb or be attached to the end of it:

Carmen **me lo** va a comprar (a mí). Carmen va a comprár**melo** (a mí).	*Carmen is going to buy it for me.*
Carmen **me lo** está comprando (a mí). Carmen está comprándo**melo** (a mí).	*Carmen is buying it for me.*

3 Object pronouns are attached to the end of a positive imperative, but precede a negative imperative:

¿Las botas, las compro? ¡Sí, cómpra**las**! No, no **las** compres.	*Shall I buy the boots? Yes, buy them!* *No, don't buy them.*

A Escribe estas preguntas otra vez y sustituye el complemento directo por el pronombre (nota: cuidado con el pronombre indirecto, puede necesitar algún cambio).

Ejemplo:
¿Carmen le comprará un regalo a su madre?
¿Carmen se lo comprará?

1 ¿Te dejará la mochila Juan?
2 ¿Me dará Julia el billete?
3 ¿Le pedirá Juan la bicicleta a su amigo?
4 ¿Ramón y María le enseñarán el museo a Marcos?
5 ¿Se alquilarán Sofía y Luis la película esta noche?

B Ahora contéstalas en forma positiva.
Ejemplo:
¿Carmen se lo comprará? Sí, se lo comprará.

C Elige el pronombre correcto para rellenar los huecos del texto.

Mi hermano trabaja en una agencia de viajes; su trabajo consiste en reservar vuelos, alojamiento y organizar excursiones.

En mayo mi novio y yo nos casaremos y tendremos nuestra 'Luna de miel', mi hermano ( ) organizará. Él sabe que quiero un vuelo barato y ( ) buscará; a mi novio le gusta alojarse en Los Paradores Nacionales y él ( ) reservará. Cuando estoy de vacaciones me gusta hacer senderismo y mi hermano ( ) organizará dos excursiones; a mi novio ( ) gusta el montañismo y para él habrá una excursión; ya ( ) ha organizado. Durante mis vacaciones, tendré que mandar( ) una postal a mi hermano para contar( ) cómo va todo; creo que ( ) mandaré la segunda semana. También ( ) compraré un regalo especial, quizás ( ) compraré en la tienda del parador. Y haré muchas fotos para enseñár( ).

Our website has further activities

selas	nos los	me lo	le	le	le	le
se la	se la	me	se lo	nos la		

D Contesta a estas preguntas, usando los dos pronombres:

1 Cuándo sales de vacaciones, ¿quién te busca y te reserva el vuelo y el hotel?
2 ¿Te organizas las excursiones tú solo/a?
3 ¿A quién le mandas tarjetas postales cuando estás de vacaciones?
4 ¿Para quién compras recuerdos durante tus vacaciones?
5 ¿A quién le enseñas las fotos de tus vacaciones?

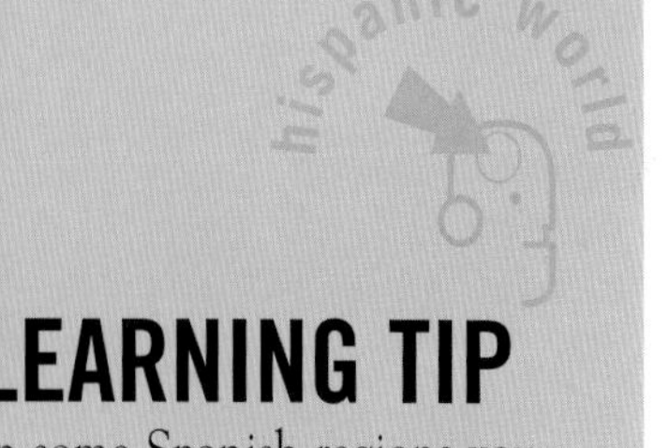

LEARNING TIP

In some Spanish regions you are more likely to hear **le/les** instead of **lo/los**, when referring to 'him' or 'them'. This is considered correct in these areas.

E Escucha el diálogo entre Patricia y Ricardo y contesta a las preguntas usando los pronombres directo e indirecto.

1 ¿Quién les recomendó Figueras como lugar de vacaciones?
2 ¿Quién les ha hecho las reservas del tren y del hotel?
3 ¿Quién les ha organizado las excursiones?
4 ¿Quién le va a dejar una guía turística de Figueras?
5 ¿Qué frase utiliza Patricia para despedirse de Ricardo?

F Lee este artículo sobre los españoles y el tiempo libre, luego contesta a las preguntas.

encontrar casa, disfrutar un hogar

ESTÁS EN: Encuesta >

Encuesta

¿A qué dedican el tiempo libre los españoles en el hogar?

En contra de lo que suele pensarse, cuando llega el fin de semana, la mayoría de los españoles deciden disfrutar de su tiempo libre en casa. Ésta es una de las muchas conclusiones que se desprenden de una encuesta on-line realizada por el Grupo Facilisimo.com, con el objetivo de averiguar a qué dedican los españoles su tiempo de ocio en el hogar durante el fin de semana. Navegar por Internet, los medios audiovisuales, la lectura y la cocina recreativa son sus actividades predilectas.

El tiempo medio del fin de semana que los españoles dedican a disfrutar de sus aficiónes en casa se sitúa en 21 horas y 39 minutos, una cantidad nada desdeñable si tenemos en cuenta que se han descontado las horas que utilizamos para las tareas domésticas, el cuidado de los hijos y las horas de sueño. De esas 21 horas, casi el 60% prefieren las actividades pasivas, es decir, ver la televisión, escuchar la radio, navegar por Internet, leer y escuchar música. Si hablamos de tareas más activas, lo que más les gusta a los españoles es la cocina recreativa, a la que dedican el 8% de su tiempo libre con 1 hora y 41 minutos, la jardinería (1 hora y 9 minutos), la decoración (1 hora y 8 minutos), el cuidado de las mascotas (1 hora y 6 minutos) y el bricolaje (59 minutos).

La encuesta realizada por el Grupo Facilisimo.com a través de Internet cuenta con una muestra de 11.957 personas de todo el territorio nacional. Por sexos, las mujeres siguen dedicando más tiempo a las tareas domésticas que los hombres, concretamente tres horas más (1 horas y 37 minutos, frente a las 8 horas y 25 minutos de los hombres). Igualmente, las féminas dedican más tiempo al ocio en casa, concretamente 22 horas y 5 minutos, una hora más que los hombres (21 horas y 3 minutos).

Tiempo medio de ocio

Tiempo medio de ocio

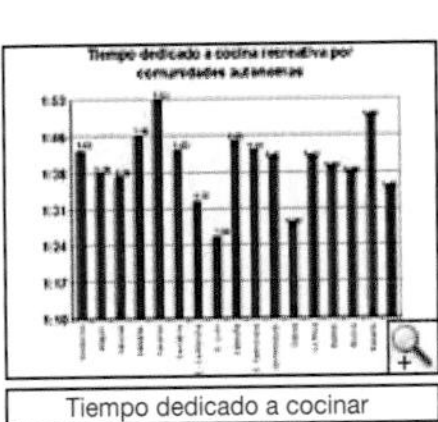

Tiempo dedicado a cocinar

1 ¿Dónde les gusta pasar el tiempo de ocio a los españoles?

2 ¿Qué les gusta hacer en su tiempo de ocio?

3 ¿De cuánto tiempo de ocio disponen los españoles aproximadamente?

4 Según el artículo, ¿forman parte del tiempo libre las faenas del hogar?

5 ¿Cómo clasifica el artículo las actividades del tiempo de ocio?

6 Haz una lista de las actividades de ocio mencionadas en la encuesta.

7 ¿Practicas tú alguna de ellas?

8 En grupos haced una lista de otras posibles actividades que se pueden realizar en el tiempo libre. ¿Cuál es la más popular?

✓ Check that you can...

- Talk about your free time, holidays, leisure activities and what you like to do
- Use the future tense to talk about plans and future projects
- Talk about and express political views
- Use direct and indirect object pronouns together

4 Finanzas personales

A Lee esta guía del consumidor y escoge la respuesta adecuada para cada hueco.

You may need to adapt some of the words to fit the gaps.

el cajero automático
el préstamo
IVA (Impuesto Valor Añadido)
la cuenta corriente
la cuenta de ahorro
la factura
la hipoteca
pagar a plazos
pagar con cheque
pagar en efectivo

1 Existen dos tipos de cuentas:
- ______ en la que deposita su dinero durante un período de tiempo.
- ______ que es más activa con entrada y salida de dinero frecuentemente.

2 Nuestros ______ le permitirán sacar dinero a cualquier hora del día.

3 Si va a comprar una casa y necesita una ______ o tiene algunos planes o proyectos para los que necesita un ______ porque no dispone de ese dinero, no dude en consultar nuestro departamento de finanzas y préstamos.

4 Al hacer las compras no olvide pedir su ______ en la que estará reflejado el ______ . De esta manera podrá reclamarlo a su salida en el aeropuerto.

5 Cuando realiza una compra puede pagar de diferentes maneras:
- Si paga con dinero en ese momento, le llamamos ______
- Si paga en varias veces, le llamamos ______
- Si firma un papel que aunque no es dinero, representa dinero de su cuenta, le llamamos ______

LEARNING TIP

Recuerda que decimos:
Pagar **en** efectivo
Pagar **a** plazos
Pagar **con** cheque

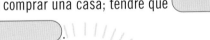

B Añade las vocales necesarias para formar palabras que aparecen en el texto de la actividad C.

1 c *u* *e* n t *a*
2 p r _ s t _ m _
3 f _ c t _ r _
4 c h _ q _ _
5 h _ p _ t _ c _
6 _ f _ c t _ v _
7 d _ s c _ _ n t _
8 t _ r j _ t _
9 g _ s t _ r
10 _ h _ r r _ r

C Lee el texto sobre los planes de Ana Marta para el próximo verano y rellena los huecos.

Este verano iré a la India pero no sé si tendré suficiente dinero para pagar el vuelo y el hotel, así que mañana iré al banco, miraré mi *cuenta* (corriente) y si no tengo suficiente dinero tendré que pedir un ______ . Si pago el hotel y el vuelo en ______ en la agencia de viajes me harán un ______ en la ______ , pero si pago con ______ o con ______ no me lo harán. En la India las cosas son más baratas así que ______ menos dinero.

El invierno que viene quiero comprar una casa; tendré que ______ para la entrada y pedir una ______ .

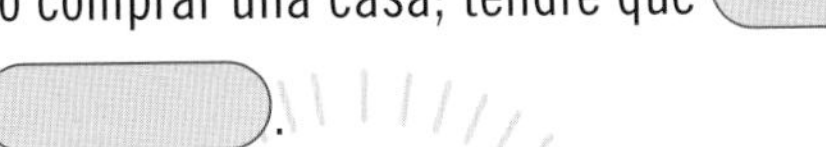

D Ahora escucha y comprueba.

E En grupos pequeños contestad a las siguientes preguntas.

1 ¿Cómo prefieres pagar: con la tarjeta de crédito o en efectivo?
2 ¿Cuántas veces a la semana sacas dinero del cajero automático?
3 ¿Te administras bien?, ¿llegas a final de mes?
4 ¿Te prestan dinero con frecuencia tus amigos?
5 ¿Y tú, les prestas dinero con frecuencia a tus amigos?

F En parejas cread un diálogo con las siguientes situaciones:

1 Has perdido tu tarjeta, la dejaste en el cajero, quieres cancelarla y saber si alguien la ha usado.
2 Vas a abrir una cuenta corriente y transferir dinero de tu nueva cuenta de ahorro. Pero quieres saber: qué datos y documentos necesitas, cuánto dinero necesitas para abrirla y los posibles gastos que implica tener una cuenta abierta.

5 *Ser* o *estar* aburrido

LANGUAGE FOCUS

¿Ser o *estar?*

We have already seen (in *Access Spanish 1*) when you have to use **ser** or **estar** (see also Grammar Summary p205). There are cases when you can use **ser** or **estar** with the same adjective, but which verb you choose will determine whether the adjective refers to a permanent or a temporary state, and may affect its meaning.

María es lista. *María is clever.*
María está lista. *María is ready.*

Yo soy feliz. *I am always happy.*
Yo estoy feliz. *I am happy now/at this moment.*

A Estudia estos adjetivos y explica la diferencia en el significado que tiene el mismo adjetivo según vaya acompañado por el verbo **ser** o **estar**.

ser guapo	estar guapo	ser vivo	estar vivo
ser listo	estar listo	ser seguro	estar seguro
ser nervioso	estar nervioso	ser verde	estar verde
ser malo	estar malo	ser cansado	estar cansado
ser bueno	estar bueno	ser viejo	estar viejo
ser aburrido	estar aburrido	ser rico	estar rico

B Ahora busca la traducción de los que no has sabido explicar en este cuadro y escribe un ejemplo.

clever/ready safe/sure not ripe/green sick/bad
handsome/to look handsome boring/bored lively/alive
nervous (always)/nervous (now) to look older than you are/to be old
good/well (in good health) tiring/tired
rich/nice (food) + cute (child)

For more activities on this unit, go to our website

C Busca la traducción a las siguientes expresiones:

1	estar aburrido/a(s)	to be angry
2	estar cansado/a(s)	to be bored
3	estar contento/a(s)	to be busy
4	estar desordenado/a(s)	to be clean
5	estar emocionado/a(s)	to be dirty
6	estar enfermo/a(s)	to be excited
7	estar enojado/a(s)	to be furious
8	estar furioso/a(s)	to be happy
9	estar limpio/a(s)	to be messy
10	estar ocupado/a(s)	to be neat
11	estar ordenado/a(s)	to be sad
12	estar preocupado/a(s)	to be sick
13	estar sucio/a(s)	to be tired
14	estar triste(s)	to be worried

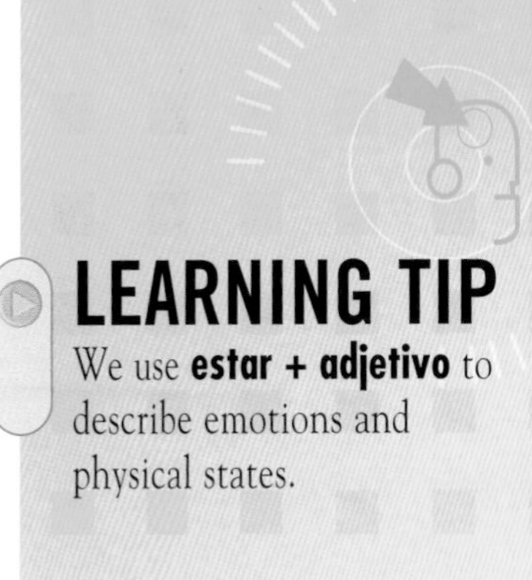

LEARNING TIP

We use **estar + adjetivo** to describe emotions and physical states.

D Completa las frases con las expresiones anteriores.

1 Carlos _______ con su nueva casa en las montañas.

2 Tu habitación siempre _______ y nunca se encuentra nada.

3 _______, ¿quieres salir a dar un paseo?

4 Julio y Juan han ido a montar en bicicleta y ahora _______.

5 Maite _______ este fin de semana, tiene mucho trabajo.

6 _______ porque ver este tipo de películas o leer este tipo de libros me hace llorar.

7 Cuando vuelvo de la playa, tengo que limpiar las sandalias porque _______ y llenas de arena.

8 María Luisa _______, no tiene noticias de Sebastián desde que se fue de vacaciones.

9 Esta sala ni _______, ni _______.

10 Ricardo _______ y _______, porque Francisco no le pidió permiso para coger su coche.

E Termina de escribir este correo electrónico usando alguna/s de las expresiones aprendidas con los verbos **ser** y **estar**:

De:	Paca
Para:	Pepe
Copiar a:	Paco
Asunto:	Pepa

¡Hola Pepe!
Ya sé que has estado enfermo. No te he escrito antes, porque sé que estás enojado con Paco y conmigo. Paco y yo estamos preocupados por tu enfermedad.
Y...

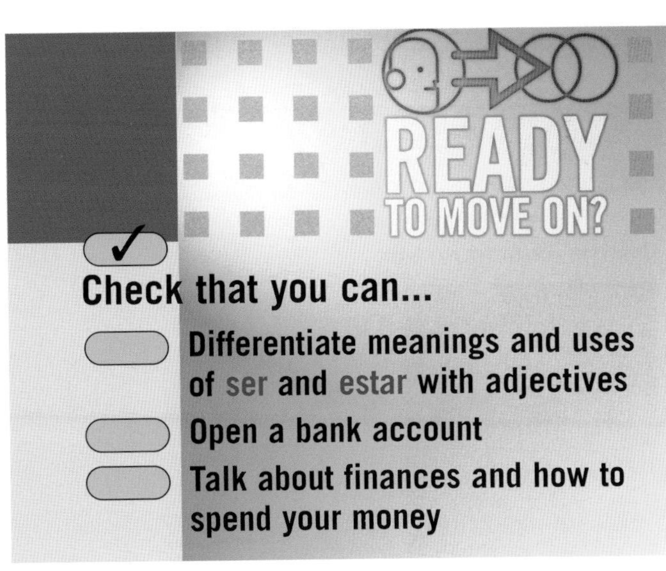

Check that you can...

- Differentiate meanings and uses of ser and estar with adjectives
- Open a bank account
- Talk about finances and how to spend your money

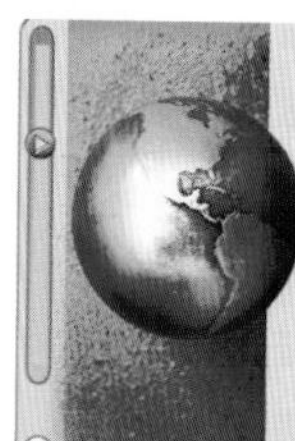

Descubre el mundo HISPANO

Tiempo de ocio en Cuba: La salsa y el béisbol

Entre las muchas actividades de ocio los cubanos al igual que otros países caribeños practican **el béisbol** y **la salsa**.

El béisbol es considerado el deporte nacional en Cuba y la República Dominicana. Los primeros países en tener una liga de béisbol fueron Cuba y México. El equipo nacional cubano ganó la medalla de oro olímpica 1992.

La salsa (el son cubano) es un estilo de música bailable. También hay que mencionar otros bailes caribeños como el merengue (ya hablamos de él en *Access Spanish 1* unidad 4), el mambo, la guaracha, el chachachá, la conga, la rumba … Estos bailes son el resultado de una predominante influencia africana.

Otra tendencia importante es la Nueva Trova Cubana y la canción protesta o música revolucionaria que expresa la realidad social del momento, que tienen representantes destacados en Cuba como Silvio Rodríguez, Pablo Milanes, Noel Nicola, Vicente Feliú, Sara González y otros.

LEARNING TIP

Sabías que ¿…?

- El béisbol fue importado de los Estados Unidos hacia el año 1860.
- A Fidel Castro le fue ofrecido un contrato con los Gigantes de Nueva York en 1949 que incluyó una prima de firma de $5.000.
- La salsa tiene su origen en los barrios hispanos de Nueva York, durante los años 60, donde un grupo latino de jóvenes músicos comenzó a mezclar sonidos y ritmos con la intención de crear un ritmo nuevo que conservara **el sabor** de la mayor parte de los ritmos afro-caribeños.

home » Datos Practicos » Deportes

Deportes - Deportes en Cuba

Deportes de Espectador - Al igual que la salsa, el beisbol esta en la sangre de los cubanos. La tradicion se remonta a 1874, cuando se celebro el primer partido en la isla, entre La Habana y Matanzas. Existen pocos lugares, exceptuando Estados Unidos, que aprecien tanto este deporte. En la liga nacional, la Serie Nacional ...

INFORMACI
Datos Pra
Biog
Ocio en La H
Restaur
Trans
De Co
Cine en
Lugares de In
Cuando Visitar
Historia de La H
Bebidas y Co
Puros Hal
Cocina y Re
Fiestas y Celebrac
Habana No

AREAS DE LA HA
La Habana
Centro Ha
Ve

A Contesta a estas preguntas:

1 ¿Cuál es el ritmo y el deporte cubano por excelencia?

2 ¿De que país son originados ambos?

3 ¿Quién jugó la primera liga de béisbol?

4 ¿El texto menciona otros ritmos cubanos?

5 ¿Qué es la 'Nueva Trova Cubana'?

B **Busca a alguien que sabe …**

Trabaja en un grupo e intenta encontrar a alguien que pueda contestar alguna de estas preguntas.

1 ¿Qué es el son?

2 ¿Desde el 92 cuántas veces se ha proclamado Cuba campeona olímpica de béisbol?

3 ¿Qué tipo de bebida es Habana club?

4 ¿Cuál es el deporte que más títulos mundiales y olímpicos le ha propiciado a Cuba?

5 ¿Qué tipo de industria está en desarrollo en Cuba en estos momentos?

6 ¿Cuál ha sido hasta hace poco el sostén económico de Cuba?

hispanic world

LEARNING TIP

'Fumar habanos es todo un arte'

- Encenderlo con un fósforo de madera o un encendedor de gas, y sin pitar.
- No tragarse el humo y saborearlo lentamente.
- Dejar que la ceniza se caiga por sí misma cuando tenga que hacerlo, sin apurarla.
- Y por último disfrutar del relajado ritual de ver esfumarse el placer en volutas.

1 Es el padre de casi todos los ritmos cubanos y el origen de la salsa.

2 Tres: en Barcelona 92, Atlanta 96 y Atenas 2004.

3 Es un ron cubano.

4 El boxeo.

5 La industria turística.

6 El azúcar.

GLOSSARY

Sustantivos

abrigo (m)	coat
afición (f)	hobby; liking, fondness
arena (f)	sand
bebida (f)	drink
botón (m) **de acceso**	enter key
botón (m) **de encendiado**	on switch
boxeo (m)	boxing
búho (m)	owl; nickname for Madrid's night buses
cajero (m) **automático**	cashpoint
cántaro (m)	pitcher, jug, bucket
carril (m)	lane
ceniza (f)	ash
circulación (f)	traffic
correos (m)	post office
cuenta (f) **corriente**	current account
cuenta (f) **de ahorro**	savings account
cuidado (m)	care
deporte (m)	sport
disco (m) **compacto**	CD
disco (m) **duro**	hard drive
disquete (m)	diskette
disquetera (f)	disk drive
edificio (m)	building
encendedor (m)	cigarette lighter
encuesta (f)	survey, questionnaire
entrada (f)	entrance; ticket; (here) deposit of money into bank
faena (f)	housework, task, chore
finanzas (f pl)	finances
foro (m)	forum
fósforo (m)	match(stick)
guía (f)	guide(book)
impresora (f)	printer
IVA (m) = **Impuesto sobre el Valor Añadido**	VAT
jardinería (f)	gardening
liga (f)	league
mascota (f)	mascot; (here) pet
medalla (f)	medal
memoria USB	memory stick
mochila (f)	rucksack
montañismo (m)	mountain climbing
moraleja (f)	moral of a story
muestra (f)	sample
panfleto (m)	pamphlet
parador (m)	state-run hotel (in historic building)
partido (m) **político**	political party
placer (m)	pleasure
préstamo (m)	loan
proyecto (m)	project
puesto (m) **de trabajo**	job, post

GLOSSARY

ratón (m) mouse
recuerdo (m) souvenir; memory
reserva (f) reservation
rincón (m) corner
ritmo (m) rhythm
salida (f) exit; (here) withdrawal (of money from bank)
salón (m) **de actos** auditorium
sandalia (f) sandal
sangre (f) blood
senderismo (m) hiking
sostén (m) support
ternero (m) calf
tarjeta (f) **de crédito** credit card
teclado (m) keyboard
tienda (f) shop
voluta (f) spiral

Verbos

aprobar (o>ue) to pass (exam)
apurar to rush (something)
averiguar to check, find out
caber to fit
celebrarse to take place
contar (o>ue) **con** to have, be equipped with, count on
depositar to deposit
descontar (o>ue) not to include
desprender to give off
disponer de to have at one's disposal
dudar en to hesitate to
enamorarse (de) to fall in love (with)
escuchar to listen to
esfumarse to evaporate
esquiar to ski
estar a favor de to be in favour of
estar en contra de to be against
ganar to win, beat
invertir (e>ie) to invest
llover (o>ue) to rain
mejorar to improve
montar en bicicleta to ride a bike
nadar to swim
navegar to sail
pitar to smoke, puff
realizar to do, perform
reclamar to claim, require
saborear to savour
tener (e>ie) **en cuenta** to bear in mind
tomar el sol to sunbathe
tragar(se) to swallow
usar to use
valer to be worth

Adjetivos

bailable good to dance to (of music)
coloreado coloured
desdeñable insignificant
desordenado untidy
destacado distinguished

GLOSSARY

emocionado	excited	**aún**	yet, still
lleno	full	**en efectivo**	in cash
medio	half; average	**pasado mañana**	the day after tomorrow
pasivo	passive	**por excelencia**	par excellence
predilecto	favourite	**todavía**	yet, still
sucio	dirty	**Tres en raya**	Noughts and crosses

Diversos

a plazos in instalments

LOOKING FORWARD

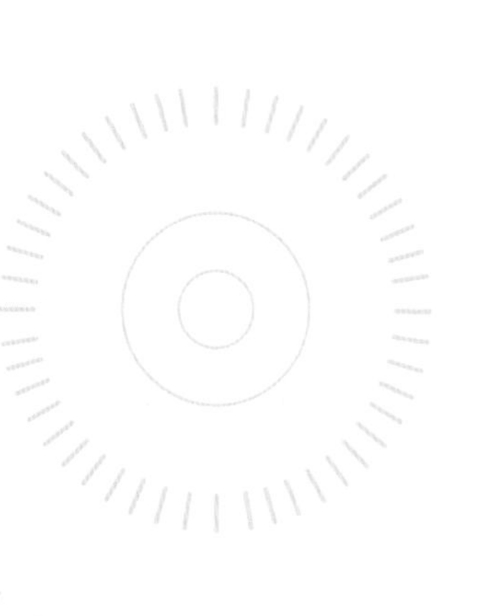

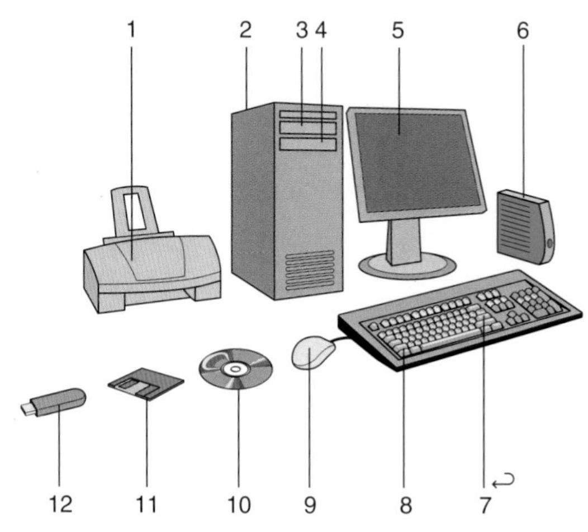

1 la impresora	*printer*	**7** el botón de acceso	*enter key*
2 el ordenador / la computadora	*computer*	**8** el teclado	*keyboard*
		9 el ratón	*mouse*
3 el disco duro	*hard drive*	**10** el disco compacto	*CD*
4 la disquetera/el drive	*drive*	**11** el disquete	*diskette/ floppy disk*
5 la pantalla	*screen*		
6 el módem	*modem*	**12** la memoria (USB)	*memory stick*

UNIT 7 Érase una vez Internet

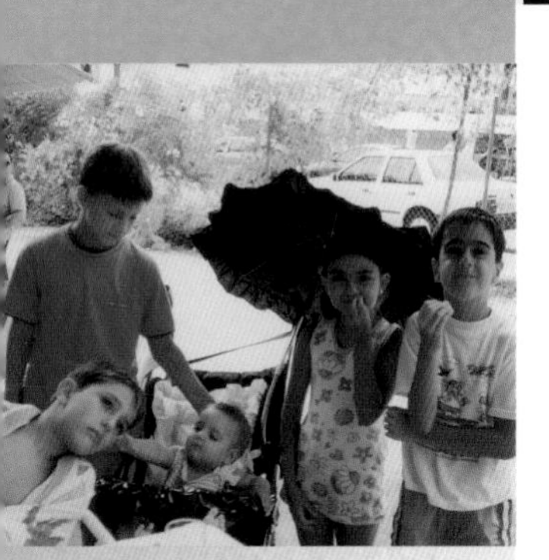

By the end of this unit you will be able to:

- Describe your childhood memories (imperfect tense)
- Talk about people, places and customs in the past
- Tell stories and understand the moral of the story
- Know more about the use of **conocer** and **saber**
- Understand and use prepositions before nouns and pronouns, and after certain verbs
- Understand and use more expressions with **tener**
- Talk about computers and use internet vocabulary

1 ¿Qué recuerdas?

A Imaginad que vais a que os lean 'la buena ventura' (*to have your fortune told*), para que os adivinen el futuro. En grupos pequeños haced una lista de las cosas que creéis que pasarán en los próximos años. Podéis hablar de los cambios políticos, medioambientales, de la forma de vivir, de las familias, las casas …

- Trabajo / paro
- Energía nuclear / solar-alternativa
- Injusticias
- Racismo
- Relaciones sociales
- Cambios en el mundo
- Destrucción de los bosques
- Emigración huyendo del hambre
- Asilo por causas humanitarias

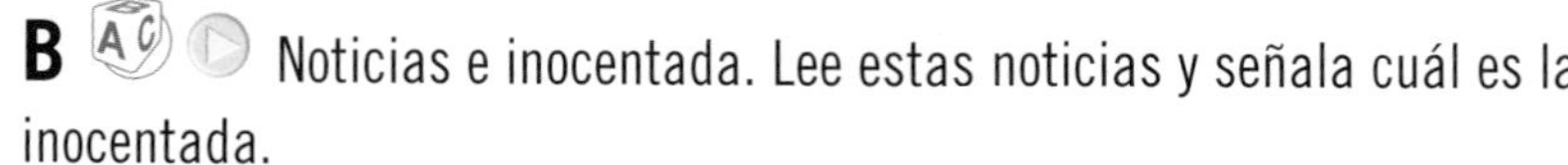

LEARNING TIP

In Spain we celebrate 'April Fool's Day' on 28 December and we call it **Santos Inocentes**. This was the day when King Herod ordered the massacre of all male babies in Bethlehem. As in Britain, Spanish people and the media play jokes and tricks.

gastar una broma
= *to play a joke*

B Noticias e inocentada. Lee estas noticias y señala cuál es la inocentada.

1 El año próximo la gasolina subirá más de un 15%.
2 El mes que viene los salarios bajarán un 5%.
3 La semana próxima el gobierno anunciará un nuevo cambio.
4 Mañana EEUU y Rusia firmarán un acuerdo de cooperación.
5 Su Santidad el Papa dejará el Vaticano y se unirá a los Rolling Stones como guitarrista.
6 El presidente de los Estados Unidos abandonará la Casa Blanca.

C Ahora, comenta con tu compañero estas noticias. ¿Cuáles te parecen creíbles o reales, cuáles no y por qué?

D Escribe una noticia parecida a las de actividad B.

E Escribe estas frases cambiando las palabras subrayadas por pronombres. No olvides usar el pretérito indefinido al conjugar los verbos.

1 Juan y Carlos / decir / la verdad / al tribunal
2 Ramón / poner / mis libros / en el armario
3 Yo / comprar / un regalo / a mi padre
4 ¿Tú / prestar / la televisión / a Julio?
5 Yo / vender / mi coche / a tus amigos
6 Nosotros / pedir / dinero / a nuestros padres
7 Vosotros / escribir / un correo electrónico / a mí
8 Los actores / dar / las gracias / al público / en el escenario
9 ¿Enseñar / las fotos / a tus amigos?
10 ¿Recomendar / la película / a nosotros?

2 Érase una vez...

LEARNING TIP

- Sujeto de identidad indeterminada *(indefinite subject)*:
  Entonces no **había** ...
- **Se** + verbo en tercera persona:
  En aquellos años no **se** hablaba, bebía, comía ...
- **La gente** + verbo en tercera persona:
  En la edad de piedra **la gente** vivía en ...

A Busca diez errores en el dibujo de arriba. Luego haz una lista con todos ellos.

Ejemplo:
En la edad de piedra no había coches, la gente no conducía.

LANGUAGE FOCUS

El pretérito imperfecto

The imperfect tense describes repeated or habitual actions, events or conditions that occurred in the past or that were in progress at a time in the past.

VERBOS REGULARES			
	cre**ar**	mov**er**	imprim**ir**
yo	cre**aba**	mov**ía**	imprim**ía**
tú	cre**abas**	mov**ías**	imprim**ías**
usted, él/ella	cre**aba**	mov**ía**	imprim**ía**
nosotros/as	cre**ábamos**	mov**íamos**	imprim**íamos**
vosotros/as	cre**abais**	mov**íais**	imprim**íais**
ustedes, ellos/ellas	cre**aban**	mov**ían**	imprim**ían**

Remember:

- Like the other past tenses the imperfect has two sets of endings: one for **-ar** verbs and another for **-er** and **-ir** (note again the identical endings for **-er** and **-ir** verbs).
- Accents: **-ar** verbs have an accent only on the first **á** of the **nosotros** form but **-er** and **-ir** verbs have an accent on the first **í** of all endings.

Here are some common expressions often used with the imperfect tense (key words): **antes, entonces, de pequeño/joven, cuando, en aquella época, en aquellos años, en +** date …

There are only three verbs which do not follow this regular pattern:

VERBOS IRREGULARES		
ser	**ir**	**ver**
era	**iba**	**veía**
eras	**ibas**	**veías**
era	**iba**	**veía**
éramos	**íbamos**	**veíamos**
erais	**ibais**	**veíais**
eran	**iban**	**veían**

The imperfect of **hay** is **había**:
Hoy hay mucho trabajo, pero antes había poco.

Other uses of the imperfect

The imperfect tense is also used for describing things and people, circumstances and states of mind in the past.

- Characteristics: Mi abuela **era** alta, guapa, y muy simpática.
- Age: En aquellos días **teníamos** dieciocho años.
- Time: **Eran** las cinco y todavía no había llegado.

B 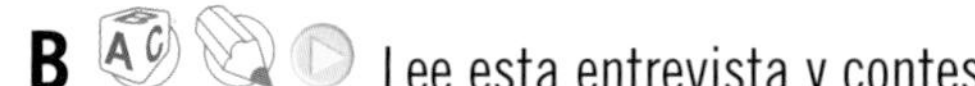 Lee esta entrevista y contesta a las preguntas por Estrellita.

Una niña prodigio

Hola Estrellita. Háblanos de tu infancia.

Cuando era niña vivía en un pueblo del sur de España. Era un pueblo tranquilo, pequeño y no había mucho que hacer allí.

Mis padres eran altos, delgados. Aunque eran jóvenes parecían mayores porque trabajaban mucho. No tenían mucho dinero; éramos bastante pobres. Toda mi familia trabajaba fuera de casa. Yo era la única que iba al colegio y estudiaba; me gustaba mucho la música, cantaba y bailaba muy bien, actuaba en todas las obras y actuaciones del colegio. Entonces ya soñaba con ser actriz y cantante.

Quería salir de aquel pueblecito, se me hacía pequeño. Veía que el mundo era enorme y quería conocerlo. En aquellos años no existía Internet, la televisión no había llegado al pueblo, cada dos meses venía un camión de cine. En verano casi todos los sábados teníamos verbena; yo solía cantar con la orquesta y a veces hasta bailaba en el escenario. Todo era distinto.

1 ¿Cómo era tu pueblo?

2 Describe a tu familia.

3 ¿Cuál era la situación económica en tu casa?

4 ¿Qué hacías en el colegio?

5 ¿Cuáles eran tus sueños?

6 ¿Qué contacto tenías con el mundo exterior?

For further practice, go to our website

C Ahora escucha la entrevista de radio a Estrellita, vuelve a leer tus repuestas a las preguntas en la actividad anterior y señala si hay alguna diferencia entre la entrevista en la radio y el artículo de la actividad B.

D Lee este correo electrónico. Conjuga los verbos usando el pretérito imperfecto.

De: Julia Rodríguez

Enviado el: Miércoles, 2 de diciembre de 200- 19:36

Para: Revista juvenil

Asunto: Gracias

Querida revista:
Te escribo para contarte como gracias a ti mi vida ha cambiado mucho. Antes **1** *(tener)* muchos problemas, **2** *(beber)* y **3** *(fumar)* demasiado, no me **4** *(relacionar)* con nadie. Me **5** *(pasar)* el día navegando por la red y conectada al Messenger, no **6** *(ver)*, ni **7** *(hablar)* cara a cara con nadie. Todo mi trabajo lo **8** *(hacer)* y lo **9** *(mandar)* a través de la red. No **10** *(tener)* compañeros de trabajo, la compra la **11** *(hacer)* a través de la red, e incluso **12** *(ver)* películas y **13** *(escuchar)* música que **14** *(descargar)* de la red. **15** *(Estar)* sola y no lo **16** *(saber)*. En su revista me **17** *(decir)* que ...

Adjuntar:

E ¿Recuerdas el cuento de la lechera en las unidades 5 y 6? Ahora vamos a contar otro: 'El rey Midas'. Mira y estudia los dibujos y ponlos en el orden correcto, luego escucha la historia y comprueba.

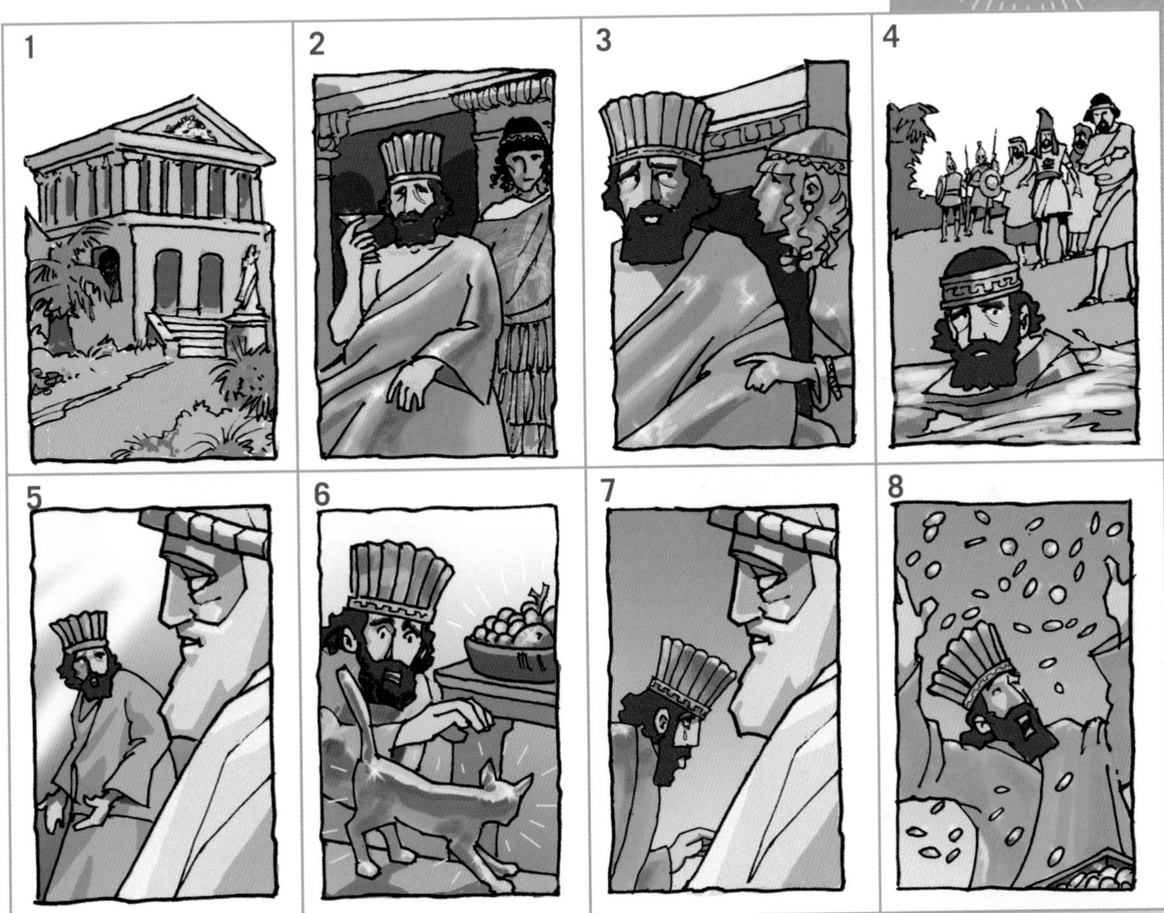

F Ahora contesta a estas preguntas con respuestas completas.

1 ¿Con quién vivía el rey?
2 ¿Cómo se llamaba su hija?
3 ¿Qué les pedía a los dioses?
4 ¿Qué sucedía con todo lo que tocaba?
5 ¿Cómo podía deshacer el deseo que le concedió el dios Dionisio?

G Moraleja: identifica el refrán o los refranes que recogen la idea del cuento del 'Rey Midas'.

1 La avaricia es la pobreza de los ricos.
2 No es más rico el que más tiene sino el que menos necesita.
3 El dinero no compra la felicidad.
4 El dinero no es santo; pero hace milagros.
5 El oro hace poderoso pero no dichoso.
6 El oro luce, y la virtud reluce.

¿Conoces otro refrán que se le puede aplicar?

LEARNING TIP

As you learnt in Unit 2, both **saber** and **conocer** mean 'to know'. **Saber** means to know a fact and **conocer** means to know someone, somewhere, something.

When the direct object of **conocer** is a person, an animal or pet, the preposition **a** is used after the verb and before the direct object. This has no English equivalent.
Ejemplo: Ana, ¿conoces **a** Julio?

Remember: In the present tense both verbs are irregular in the first person, the **yo** form: **yo sé** and **yo conozco**. Also **saber** is irregular in the preterite: **yo supe**, **tú supiste**, **él supo ...** The remaining tenses follow the regular patterns.

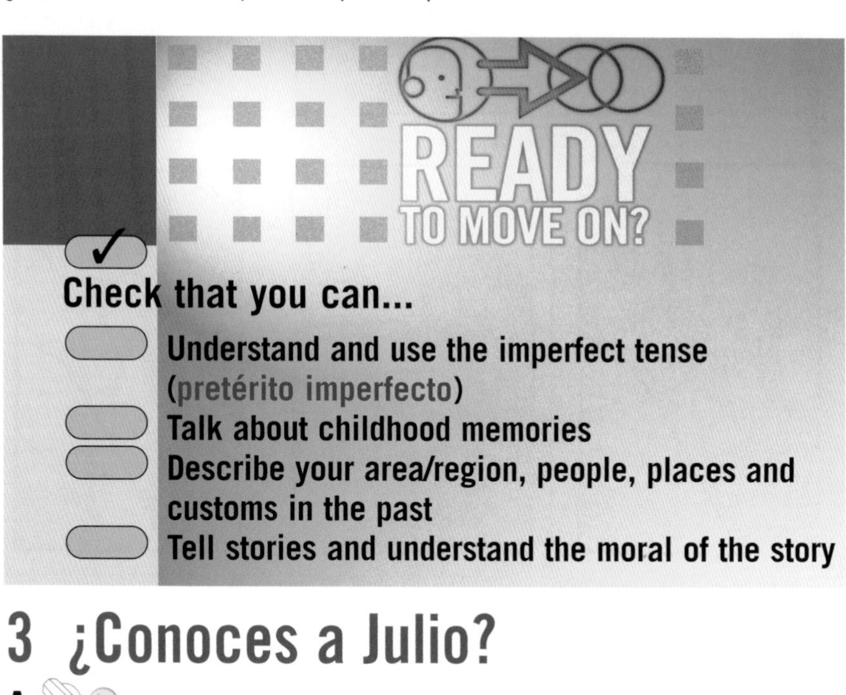

READY TO MOVE ON?

Check that you can...

- **Understand and use the imperfect tense (pretérito imperfecto)**
- **Talk about childhood memories**
- **Describe your area/region, people, places and customs in the past**
- **Tell stories and understand the moral of the story**

3 ¿Conoces a Julio?

A Rellena los huecos con la preposición **a** si es necesaria.

1 Conozco ____ toda tu familia.
2 ¿Conoces ____ Madrid?
3 No conocemos ____ los García.
4 Todos conocen ____ la banda sonora de la película.
5 ¿Conocéis ____ la nueva directora?

B Ahora relléna los huecos con la forma correcta de los verbos **saber** y **conocer**. Fíjate en las palabras subrayadas.

1 In aquella época había mucha gente que apenas ______ leer y escribir.

2 Antes mi marido no ______ hablar español.

3 ¿ ______ España en los años 60?

4 De joven ______ todas las discotecas de Madrid, pero ahora no.

5 Mi hermano y yo ______ cuándo teníamos que estar en casa.

6 En 1980 no mucha gente ______ que una persona que accede ilegalmente a sistemas informáticos es un 'hacker'.

7 Entonces nadie ______ qué eran redes inalámbricas.

8 En aquellos años no ______ ningún cibercafé o café internet.

C Traduce y estudia los ejemplos en el Learning Tip.

LEARNING TIP

There are other verbs like **saber** and **conocer** which are translated by the same word in English but have two forms in Spanish:

pedir and **preguntar**:
Juan ya había pedido la cuenta.
Carmen me preguntaba constantemente quién iba a pagar la cuenta.

jugar and **tocar**:
De niño tocaba la guitarra.
La música jugaba un papel importante en mi infancia.

4 Palabras que unen

LANGUAGE FOCUS

Prepositions

Prepositions are linking words often placed before a noun or pronoun to mark a specific relationship to it. There is a list of prepositions with examples of their uses in the Language Summary, pp217–18.

As we saw in *Access Spanish 1* (Unit 7), some of the most important are:

a	*to, at, in, on, … away*	**en**	*in, on (inside or on top)*
de	*from, of, made of, in*	**para**	*for, in the direction of*
desde	*from, since*	**por**	*through, along, in*

Let's look at some more here:

bajo *under*

Está bajo los efectos del alcohol.

con *with, to*

Tú hablas con el taxista y nos vamos con él.

contra *against*

¿Contra quién juega el Sevilla? Contra el Atleti.

entre *between, among*

Se lo podemos regalar entre los dos, entre tú y yo.

hacia *towards*

Vamos hacia el norte.

hasta *until, as far as, even*

- With place or time with a sense of end:
  Todo recto hasta el final de la calle.
  Voy hasta Londres.
- *even:*
  Hasta los niños están cansados.

según *according to*

Según los últimos resultados no podemos clasificarnos.

sin *without*

Ramón toma el café sin azúcar.

sobre *on, over, around, about*

- *on, over* referring to place:
  El libro está sobre la mesa.
- *around* referring to time:
  El avión llega sobre las siete.
- *on, about, concerning:*
  La policía lo sabe todo sobre ti.

tras *after*

Uno tras otro salieron todos.

Go to our website for more practice

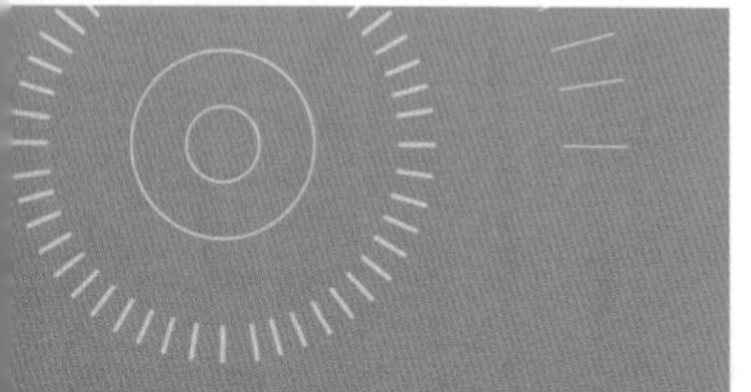

A Elige la preposición correcta en cada frase.

1 Todos mis amigos estaban charlando bajo/contra/en el Messenger, cuando yo me conecté por/sobre/en las once y estuve charlando desde/por/con ellos hasta/tras/para las dos y media.

2 El cibercafé está a/con/sin más de 5 kilómetros, a/en/por media hora andando más o menos. Pero para/aun/entre Teresa sólo está a/en/por quince minutos, ella anda muy deprisa.

3 Hoy sin/sobre/con acceso a la red se abren muchas puertas. Vivimos entre/bajo/con la influencia de una nueva era. La sociedad se mueve hasta/hacia/desde un mundo informatizado, en/contra/para el que no podemos luchar.

4 Según/Por/Contra estudios realizados los cibercafés se encuentran repartidos para/por/sobre todo el mundo.

5 Contra/Para/Desde que aparece el primer ciber en/a/de Londres en/a/de 1994 entre/hasta/a hoy las relaciones personales en/entre/de distintos grupos ha crecido.

B Contesta a estas preguntas sobre el **Learning Tip** del Cibercafé.

1 ¿Qué es un cibercafé?
2 Explica por qué son útiles los 'cibers'.
3 ¿Cuál es el proceso de conexión?
4 ¿Cómo protegen los ordenadores de posibles accidentes 'domésticos'?
5 ¿Dónde están los 'cibers'?

C Estudia estas frases preposicionales y escribe dos frases lógicas con cada una de ellas. Ayúdate con los ejemplos.

			Ejemplos:
1	a pesar de	*in spite of*	El avión despegó a pesar del tiempo.
2	a causa de	*because of*	El avión no pudo despegar a causa del tiempo.
3	a fuerza de	*due to*	Pasó los exámenes a fuerza de estudiar día y noche.
4	en vez de/en lugar de	*instead of*	Viene Lucía en vez de/en lugar de María.
5	por medio de	*by (means of)*	Conseguí las entradas para el partido por medio de un amigo.

LEARNING TIP

Cibercafés

Son locales de copas tipo pubs donde hay máquinas conectadas a Internet. Estas máquinas son ordenadores disfrazados bajo carcasas o chasis de muy diversos diseños. Con frecuencia en este último caso, quedan integrados en mesas donde se puede dejar un vaso sin peligro de que el líquido, caso de derramarse, afecte al aparato (ordenador).

Algunas máquinas conectadas a internet funcionan con monedas, otras están controladas por un equipo central que las activa previo pago de un tiempo determinado que suele ser de media hora como mínimo. En España el precio de la hora en un ciber suele ser de un euro.

Hay cibercafés en todo el mundo (http://www.netcafes.com/, este sitio dispone de una base de datos con más de 4000 cibercafés en unos 140 países). Los cibercafés son de mucha utilidad porque facilitan la conexión a internet y, en consecuencia, la posibilidad de acceso a correos electrónicos y a los chats. El primer Café Internet fue fundado en Londres en Whitfield Street en 1994.

D Aquí tienes una lista de verbos de uso común con preposición. Únelos con la preposición correcta y escribe un ejemplo. Algunos de ellos pueden utilizarse con más de una preposición. Usa el diccionario si es necesario.

- empezar
- volver
- llegar
- encontrarse
- terminar
- alegrarse
- estar harto
- tener ganas
- acordarse

a
con
de

LEARNING TIP

In addition to their uses before nouns and pronouns, some prepositions are used after particular verbs. These prepositions are not always the same in Spanish as in English and some verbs need a preposition in Spanish but not in English, or vice versa.

5 Más expresiones con *tener*

A Junto con tu compañero, estudia estas expresiones en la columna de la izquierda y busca su significado en la columna de la derecha.

As we have seen already, **tener** can express possession and age. It is also used in many other idioms. Try to match this list with their meanings.

1 tener calor	to be afraid (of ...)
2 tener celos	to be cold
3 tener éxito	to be hot
4 tener frío	to be hungry
5 tener ganas de ... (+ infinitive)	to be in a hurry
6 tener hambre	to be jealous
7 tener miedo (de ...)	to be patient
8 tener paciencia	to be right
9 tener prisa	to be sleepy
10 tener razón	to be successful
11 tener sed	to be thirsty
12 tener sueño	to feel like (doing something)

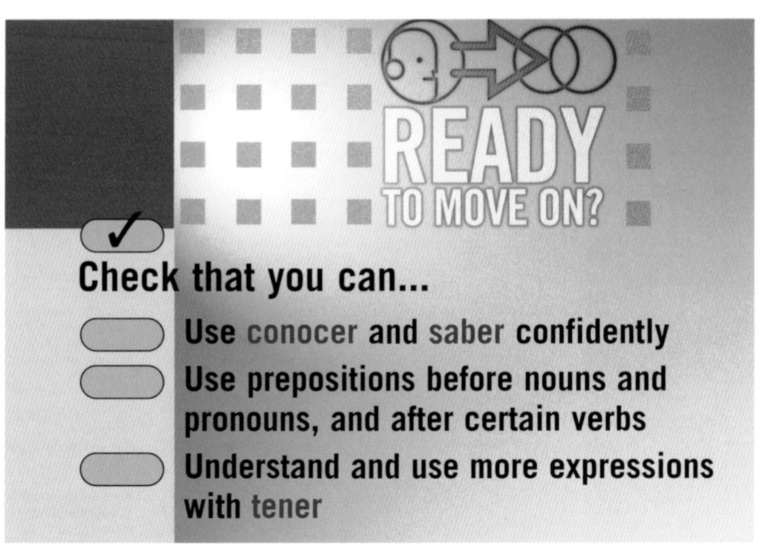

READY
TO MOVE ON?
Check that you can...
Use conocer and saber confidently
Use prepositions before nouns and pronouns, and after certain verbs
Understand and use more expressions with tener

6 ¿Dónde está el futuro de Internet?

A Junto con tu compañero, pon las letras en el orden correcto para formar palabras relacionadas con el ordenador y sus partes.

1 el dómem **el módem**
2 la lanptala
3 el cotelda
4 la sirpemora
5 el quiseted
6 el tóran

LEARNING TIP

With the emergence of new technologies, the Spanish language is quickly adopting and creating new vocabulary. Many of these words are derived from their English counterparts:

surfear/navegar, sala de chat/chatear ...

B Escribe cada respuesta en la línea correspondiente. Las respuestas las tienes en el cuadro de la derecha.

1	C
2	O
3	R
4	R
5	E
6	O
7	E
8	L
9	E
10	C
11	T
12	R
13	O
14	N
15	I
16	C
17	O

Vocabulario muy básico

La red / La malla
Correo electrónico
Dirección de correo electrónico
Emilio / Correl
Mensaje

Arroba @
Punto .
Guión medio -
Guión bajo _
Barra /

Teléfono móvil / Celular
Buzón de correo
Buzón de voz

Mensaje corte
Mensaje múltiple (CC)
Copia oculta (CCO)
Tono / Politono

Abrir un archivo
Aceptar
Adjuntar / Anexar fichero
Archivar
Borrar
Cancelar
Continuar
Copiar
Crear
Descargar archivos

Examinar
Enviar
Guardar
Imprimir
Iniciar sesión / Entrar
Mover (a)
Redactar / Escribir
Registrarse
Responder / Contestar
Teclear / Pinchar
Hacer clic

Usuario (nombre de usuario)
Contraseña
Para (el destinatario)
Asunto / Tema
Archivo adjunto
Bandeja de entrada
Libreta de direcciónes / Direcciónes

1 Un código secreto, conocido sólo por el usuario, que le permite acceder a un ordenador que está protegido mediante un sistema de seguridad.
2 Símbolo que se utiliza como separador de dos partes de una dirección de correo electrónico. Responde al sentido de '*at*' en inglés y 'en' en español.
3 Traducción del término técnico inglés '*forward slash*'.
4 Añadir un archivo (un documento, una imagen, un vídeo, o cualquier programa) a un correo electrónico. No era la única opción posible: se podía haber optado por 'anejar' o 'anexar' también.
5 Consiste en tomar o coger un documento, una imagen, un vídeo, música o cualquier otra cosa de la red y ponerla en un ordenador. La expresión es el calco del término técnico inglés '*download*'. También se puede optar por usar el término 'bajar'.
6 Parte de un mensaje de correo electrónico donde brevemente se informa del contenido del mismo. Indica de qué trata. Por lo general, es el remitente del primer mensaje el que pone un título a su contribución.
7 Sinónimo de 'escribir'.
8 Traducción del término inglés '*to type*'.
9 Sistemas de transmisión o cableado, que permiten la comunicación entre los usuarios de los equipos informáticos
10 Lugar donde se guardan los documentos: 'carpetas'.
11 Sinónimo de 'responder'.
12 Traducción del término inglés '*save*'.
13 Traducción del término inglés '*delete*'.
14 Traducción del símbolo técnico inglés '*dot*' o '.'
15 Traducción del símbolo técnico inglés '*hyphen*' o- *or* _ (Existen dos expresiones: ... 'medio' '-' y ... 'bajo' '_')
16 Sinónimo de 'empezar'. La expresión '... sesión' indica que se puede entrar en el sistema.
17 Lugar donde se acumulan los correos.

C  Lee esta página Web.

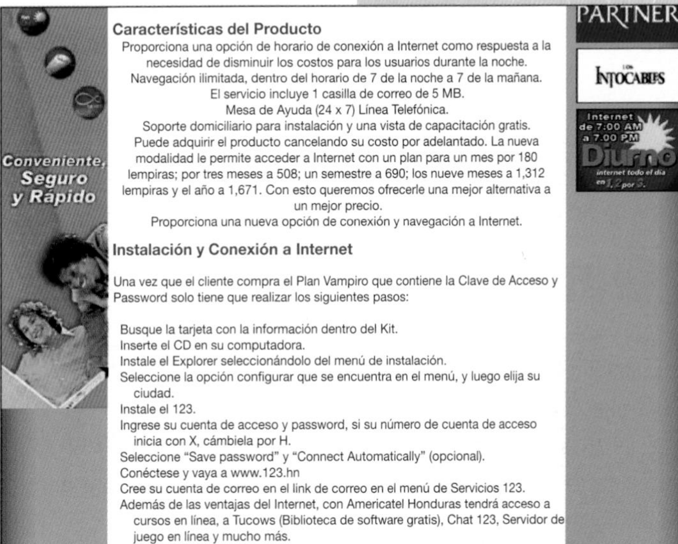

Características del Producto

Proporciona una opción de horario de conexión a Internet como respuesta a la necesidad de disminuir los costos para los usuarios durante la noche.
Navegación ilimitada, dentro del horario de 7 de la noche a 7 de la mañana.
El servicio incluye 1 casilla de correo de 5 MB.
Mesa de Ayuda (24 x 7) Línea Telefónica.
Soporte domiciliario para instalación y una vista de capacitación gratis.
Puede adquirir el producto cancelando su costo por adelantado. La nueva modalidad le permite acceder a Internet con un plan para un mes por 180 lempiras; por tres meses a 508; un semestre a 690; los nueve meses a 1,312 lempiras y el año a 1,671. Con esto queremos ofrecerle una mejor alternativa a un mejor precio.
Proporciona una nueva opción de conexión y navegación a Internet.

Instalación y Conexión a Internet

Una vez que el cliente compra el Plan Vampiro que contiene la Clave de Acceso y Password solo tiene que realizar los siguientes pasos:

Busque la tarjeta con la información dentro del Kit.
Inserte el CD en su computadora.
Instale el Explorer seleccionándolo del menú de instalación.
Seleccione la opción configurar que se encuentra en el menú, y luego elija su ciudad.
Instale el 123.
Ingrese su cuenta de acceso y password, si su número de cuenta de acceso inicia con X, cámbiela por H.
Seleccione "Save password" y "Connect Automatically" (opcional).
Conéctese y vaya a www.123.hn
Cree su cuenta de correo en el link de correo en el menú de Servicios 123.
Además de las ventajas del Internet, con Americatel Honduras tendrá acceso a cursos en línea, a Tucows (Biblioteca de software gratis), Chat 123, Servidor de juego en línea y mucho más.

1 Di si estas afirmaciones son verdaderas o falsas, y corrige las falsas.

Una vez que tienes la contraseña sólo tienes que:

- **a** Introducir la tarjeta y el CD en el ordenador.
- **b** En el menú seleccionar 'Explorer' e instalarlo.
- **c** Volver al menú y seleccionar configurar, a continuación teclear su ciudad.
- **d** Descargar 123.
- **e** Teclear el número de cuenta y la contraseña, y cambiar la X por la H.
- **f** Salvar la contraseña immediatamente.

2 Subraya las ventajas que ofrece el producto anterior.

3 ¿Por qué crees que se utiliza la palabra **vampiro**? ¿A qué se refiere?

D Contesta a las siguientes preguntas en español.

1 ¿Qué haces después de escribir un texto para que llegue a la persona deseada?

2 Quieres mandar un mensaje a varias personas, ¿qué haces?

3 ¿Qué puedes hacer si quieres añadir a tu texto escrito un documento o una imagen que tienes en el disco duro?

4 Estás buscando una dirección que tienes guardada para mandar un correo, ¿adónde vas?

5 Tienes un documento y quieres pasarlo a papel para leerlo mejor, ¿qué haces?

E Ahora escribe tú dos preguntas siguiendo el ejemplo de la actividad D para tu compañero.

F Escucha la grabación y copia las direcciones electrónicas que oigas.

G En grupos pequeños, cread un debate sobre el futuro de Internet y luego ponedlo en común con el resto de la clase.

Recuerda usar expresiones como:

pienso que ..., en mi opinión ..., creo que ..., a mí me parece que ..., estoy (totalmente o completamente) de acuerdo contigo, estoy (totalmente o completamente) de acuerdo con lo que dices

1 ¿Dónde está el futuro de Internet?
- En las redes inalámbricas.
- En la telefonía móvil.
- En otra red nueva, totalmente diferente.
- Continuará en la línea telefónica o en el cable.
- En otro lugar nuevo y distinto.

2 ¿Piensas que Internet se ha convertido o se puede convertir en una intromisión en la vida de los demás (Big Brother)?
- Todos pueden saber dónde estás (si estás en casa), qué haces, si estás conectado/a, ...

LEARNING TIP

@: La arroba – como se le conoce popularmente en español, francés y otros idiomas latinos – es obra del ingeniero Ray Tomlinson, quien la incluyó en un mensaje de correo electrónico, por primera vez, en 1971. En Internet se utiliza para separar la dirección de un correo electrónico (el nombre del usuario y el del servidor donde se encuentra la cuenta). Por ejemplo: 'maria.utrera@plaza-castilla.es' sería: 'maria.utrera', como usuario, en (@, *at*), el servidor de correo electrónico de una organización o empresa cualquiera.

La historia completa de la @ está genialmente contada en: http://www.anyan.com.ar/julio2001/laarroba.htm

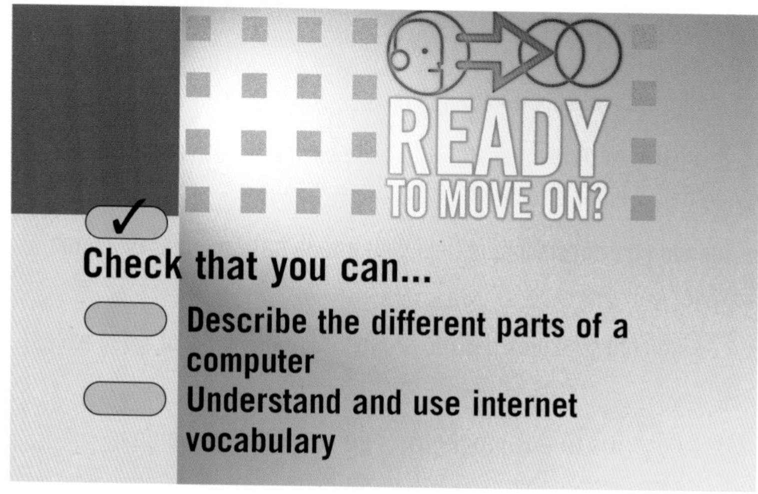
READY
TO MOVE ON?
Check that you can...
Describe the different parts of a computer
Understand and use internet vocabulary

For more activities on this unit, go to our website

Descubre el mundo HISPANO

dominio internet.uy

- Novedades
- Correo electrónico
- Conexión telefónica
- Internet las 24hs
- Roaming
- Páginas Web
- Dominio propio
- Internet a medida
- Registrarse
- Oportunidades de trabajo

NUEVO SERVICIO
ADSL
$ 290 Costo por minuto $0,59
Velocidad 256/64K
Incluye 20 horas por mes
Primeros 4 meses
$ 145 / mes

ADSL
Internet todo el día, todos los días y sin ocupar el teléfono

Banda Ancha
Sin costos de telefono

TARIFA PLANA 56K	INTERNET WEB	NOVEDADES
Tarifa plana de conexión a Internet Acceso telefónico a 56K Cobertura en todo el país Casilla de correo electrónico	Alojamiento de páginas Web Areas privadas, estadísticas de visitas Casilla de correo	NUEVO SERVICIO Acceso a Internet
$ 245,00	$ 171,00	$u 0,15 x min - Controle sus gastos -

Todos los precios están en Pesos Uruguayos, **IVA incluído**

TECNET CONSULTORES
A.Chucarro 1110 Ap.3 Montevideo 11300 Telefax. 7074252(*) info@tecnet.com.uy

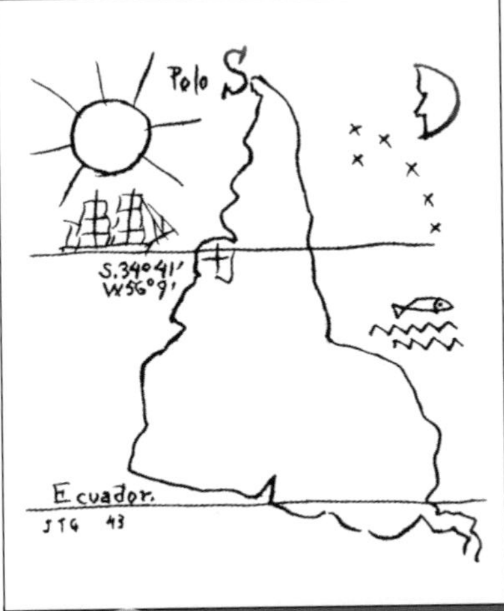

América invertida (1943) de Joaquín Torres García

A  Estudia esta página y explica en inglés qué quiere decir:

1 Sin ocupar el teléfono
2 Internet de banda ancha sin costos de teléfono
3 Casilla de correo electrónico
4 IVA incluido
5 Internet a medida

B  Lee este artículo sobre: Uruguay 'la Suiza Americana' (página 142). Observarás que los verbos están en el infinitivo; conjúgalos en el pretérito imperfecto para que el texto tenga sentido. Fíjate bien, porque no todos los infinitivos necesitan ser conjugados.

Hacia finales del siglo XIX Uruguay tener ya casi completada su organización y durante esta época empezar a consolidar su democracia y alcanzar altos niveles de bienestar, equiparables a los europeos. Debido a esto, Uruguay comenzar a ser conocido internacionalmente como la 'Suiza de América' o la 'tacita de plata'. Uruguay ir por delante de muchos países europeos siendo el primer país en establecer por ley el derecho al divorcio (1907) y uno de los primeros países en el mundo en establecer el derecho de las mujeres a sufragar.

A este desarrollo económico y político se le ir a sumar los Juegos Olímpicos de 1924 y 1928 donde se convertir en campeón olímpico de fútbol consecutivamente. Estas hazañas junto con los mundiales de 1930 (en Montevideo) y 1950 contribuir a lo que se pudo llamar la 'edad dorada' del Uruguay.

GLOSSARY

Sustantivos

actriz (f) actress
acuerdo (m) agreement
anexo (m) attachment
aparato (m) device
archivo (m) file, archive
arroba (f) the @ symbol
avaricia (f) avarice
banda (f) **ancha** broadband
banda (f) **sonora** soundtrack
barra (f) (here) forward slash
base (f) **de datos** database
bienestar (m) well-being
buena ventura (f) one's fortune (as told by a palm-reader)
buzón (m) mailbox
cableado (m) wiring
calco (m) semantic borrowing, grafting
camión (m) lorry, truck
carcasa (f) casing, framework
carpeta (f) file, folder
celos (m pl) jealousy
chasis (m) frame, chassis
cibercafé (m) cyber café
contraseña (f) password
cuenta (f) account
derecho (m) right (to do something); law degree
deseo (m) desire
dios (m) god
empresa (f) firm, company
entrevista (f) interview
época (f) age, era
equipo (m) team; equipment
escenario (m) scene, stage
éxito (m) success
gimnasio (m) gym, health club
hambre (f) hunger
imagen (f) image
infancia (f) infancy, childhood

GLOSSARY

injusticia (f)	injustice
inocentada (f)	hoax, practical joke
máquina (f)	machine
miedo (m)	fear
milagro (m)	miracle
mitad (f)	half
novedad (f)	novelty, something new
orquesta (f)	orchestra
paro (m)	unemployment, unemployment benefit
peligro (m)	danger
pobreza (f)	poverty
red (f)	net(work)
remitente (m/f)	sender
revista (f)	magazine
servidor (m)	server
tacita (f)	little cup
tarifa (f)	tariff
término (m)	term
tesoro (m)	treasure
tocadiscos (m sing)	record-player
vaso (m)	glass (tumbler)
ventilador (m)	fan (for blowing air)
verbena (f)	festival; popular fiesta
virtud (f)	virtue

Verbos

actuar	to act
adivinar	to guess
adjuntar	to attach
alegrarse de	to be glad about
andar	to walk
archivar	to file
bajar	to lower
borrar	to delete
charlar	to chat
crecer	to grow
derramar(se)	to spill
descargar	to download
deshacer	to undo (an action)
enviar	to send
facilitar	to facilitate, to make easier, to provide
firmar	to sign
fundar	to found
gastar una broma	to play a trick
guardar	to keep
hacer clic	to click
huir de	to flee from
imprimir	to print
lucir	to look good
moverse (o>ue)	to move
optar por	to choose to, to go for
proteger	to protect
relucir	to shine
repartir	to share out
subir	to go up
suceder	to happen
sufragar	to vote
tener prisa	to be in a hurry
tocar	to touch; (music/instrument) to play

Adjetivos

delgado	slim
dichoso	happy, blessed

GLOSSARY

equiparable	comparable
harto	fed up
inalámbrico	wireless
plano	flat
poderoso	powerful
tranquilo	quiet

Diversos

a caballo	on horseback
a causa de	because of
a fuerza de	by dint of
a medida	made to measure
a mi juicio	in my opinion
a pesar de	despite
a pie	on foot
bajo	under
cara a cara	face to face
debido a	owing to
dominio	domain
en lugar de	instead of
en vez de	instead of
entre	between, among
Érase una vez	Once upon a time
fuera de	outside of, away from
hacia	towards
hasta	until, up to, as far as
junto a	together with, next to
por medio de	by (means of)
previo	subject to
según	according to

LOOKING FORWARD

Antes y ahora

Observa los dibujos y únelos con la frase correspondiente.

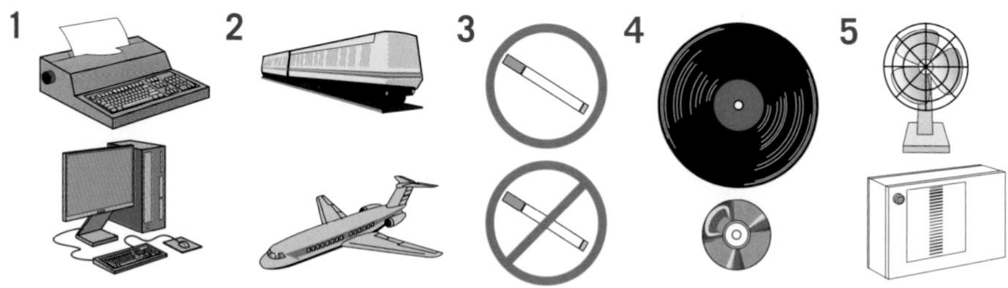

a Antes la gente escribía a máquina, hoy escribe en el ordenador.

b Antes la gente fumaba mucho, hoy fuma menos.

c Antes los discos se ponían en el tocadiscos, hoy se ponen en las mini cadenas.

d Antes mucha gente viajaba en tren, hoy más gente viaja en avión.

e Antes se usaba el ventilador cuando hacía calor, hoy se usa el aire acondicionado.

UNIT 8
Aquellos años maravillosos

By the end of this unit you will be able to:

- Talk about what you used to do, or what you were doing
- Contrast the present with the past
- Understand and use possessive pronouns **(mío, tuyo, suyo…)**
- Differentiate the uses of **por** and **para**
- Talk about the way people used to live

1 ¿Qué recuerdas?

A Rellena los huecos con el verbo o la preposición correcta.

1 Cuando yo era pequeño ______ al colegio ______ mi hermano.

2 Entonces ______ andando, porque no ______ transporte escolar.

3 ______ las mañanas ______ siempre clases importantes, pero las tardes ______ más relajadas.

4 ______ clase y clase siempre ______ un descanso de cinco minutos.

5 ______ mis padres yo era un buen estudiante, porque ______ un curso ______ otro.

6 Hoy pienso que ______ lugar a dudas éstos fueron los mejores años de mi vida.

B Ahora escucha y comprueba.

C **Busca a alguien que …**

Busca entre tus compañeros 'Quién, de pequeño, de joven …

- vivía en un pueblo pequeño
- jugaba al tenis
- iba de vacaciones a la playa
- cantaba y bailaba en un grupo de rock and roll
- practicaba el bricolaje
- llevaba minifalda
- tenía el pelo largo
- solía ir al cine los domingos.'

D Lee el artículo y busca los sinónimos o lugares donde puedas cambiar una de estas palabras o expresiones por otra del texto sin cambiar su significado:

El Heraldo.hn

Buscar

Al Frente | País | Metro | Opinión | Mundo | Economía | Vida | Sucesos | Zona Deportiva

SERIES
ENCUESTAS
DOCUMENTOS
APUNTES
PUBLICACIONES

ECONOMIA Telecomunicaciones

Más café Internet se abren en el país

Los negocios de café más internet se han multiplicado en la ciudad

Tegucigalpa. Los internet se han masificado en los años recientes. Estos negocios operan en las principales ciudades de Honduras y se han convertido en una vía económica alternativa para comunicarse, además una fuente para estudio de todos los niveles educativos.

Ese fenómeno ha provocado que Conatel haya autorizado su regulación para ejercer un mejor control sobre los servicios que ofrecen al público, los

El internet es muy útil para los estudiantes en sus tareas de investigación.

INICIO

Los cyber café comenzaron a aparecer a finales del siglo anterior, en Honduras, y fue en el centro de Tegucigalpa, donde se instalaron los primeros negocios dedicados al comercio de llamadas internacionales, principalmente hacia EE UU. Se dice que fue un ex gerente de Hondutel el primero en abrir un café net, lo que causó mucha sensación.

CONTROL

La proliferación de los centros de llamada e Internet en varias ciudades del país obligó al Estado, a través de Conatel, a exigir la inscripción de esos negocios para ejercer una mayor vigilancia sobre las actividades que prestaban. El Estado ha emitido una serie de medidas para diseñar lo que los cyber café pueden ofrecer al público a bajos precios.

Mía
Adrenalina
Click
Tic-Tac
Siempre

ENLACES
Radio Nederland Wereldomroep
MARCA

1 han aumentado
2 en los últimos años
3 y se han transformado
4 reglamentado
5 surgir
6 pasado
7 de la capital de Honduras
8 impresión
9 forzó
10 ha publicado

2 Antes o ahora

A Contesta siguiendo el ejemplo.

Ejemplo:
¿Tomas el metro para ir a trabajar?
No, pero antes lo tomaba todos los días.

1 ¿Haces crucigramas? No, pero antes …
2 ¿Escuchas la radio?
3 ¿Ves la televisión?
4 ¿Cocinas y comes en casa?
5 ¿Practicas algún deporte?
6 ¿Fumas?
7 ¿Sueñas *(dream)* con viajar?
8 ¿Lees mucha prensa *(press)*?

B El mes pasado te tocó la lotería. Imagina los cambios que se han producido en tu vida. Usando las listas, haz una lista de los cambios siguiendo el ejemplo.

Cuéntanos, ¿cómo ha cambiado tu vida al ganar la lotería?

Ejemplo:

Antes era pobre y ahora soy rico.

Antes

- pobre
- trabajar mucho
- piso pequeño interior
- restaurantes baratos
- camping (vacaciones)
- fútbol o 'footing'
- transporte público
- discotecas y bares

Ahora

- rico
- no trabajar
- casa con jardín y piscina
- restaurantes caros
- cruceros
- tenis, padel, squash
- coche, moto y jet
- clubs privados

C De Marisol a Pepa Flores, de antes a ahora

1 ¿La conoces?, ¿has oído hablar de ella? En pequeños grupos tratad de buscar información sobre Marisol/Pepa Flores e intercambiadla.

Ejemplo:

- Era buena actriz, qué tipo de papeles hacía
- Cantaba bien
- Era o sigue siendo atractiva …

2 Lee el artículo y conjuga los verbos en infinitivo, en el presente o el imperfecto según correspondan.

DE MARISOL A PEPA FLORES

Marisol, la eterna niña prodigio. Fenómeno sociológico representativo de la España de los años sesenta.

Estábamos ya en la España del desarrollo, del *(SEAT)* 600, del turismo, la televisión, la música pop, la minifalda, 'los guateques'[1], los hippies, la emigración, el final de la posguerra, los grises[2] y Franco.

Cuando aparecer Marisol; tener diez años, ser una niña mona que bailar, cantar y mover el traje de flamenca. Marisol ir de moderna, aunque con un toque folklórico andaluz. Todos tener una hermana que se peinar como Marisol y una prima que cantar como Marisol.

Hoy Pepa Flores vivir retirada del mundo de la fama. Pero a pesar de su retirada sin explicaciones, a pesar del paso del tiempo, a pesar de todos los pesares, seguir siendo una mina de oro.

Al separarse de su segundo esposo Antonio Gades en 1986, Marisol (ya Pepa Flores) decidir retirarse del mundo artístico y regresar a Málaga con sus tres hijas, María, Tamara y Celia.

En una entrevista con motivo de su 50 cumpleaños hablar sobre su presente: 'hacer una vida como cualquier madre de familia y ocupar mi tiempo en sacar adelante a tres hijas. De vez en cuando hacer actividades que no tener nada que ver con el cine y que son cosas personales.'

Una retirada a tiempo siempre merecer el enorme aplauso del público. El público ya no la aplaudir, pero la respetar y la seguir estimando.

Nombre: Pepa Flores
Nombre artístico: Marisol
Fecha y lugar de nacimiento: Málaga, 4 de febrero de 1948
Profesión: Actriz y Cantante
Actualidad: Ahora, pasados los 50 años de edad y aunque estaba retirada de la vida pública, ha abandonado este retiro para regalar su voz y su imagen a la Asociación Malagueña de Esclerosis Múltiple (AMEM).

LEARNING TIP

[1]**Guateque:** name given by the Spanish to domestic parties in the sixties where they danced and used to find boyfriends or girlfriends.

[2]**Grises:** nickname that Spanish university students gave to the Spanish National Police in the sixties because of the colour of their uniform.

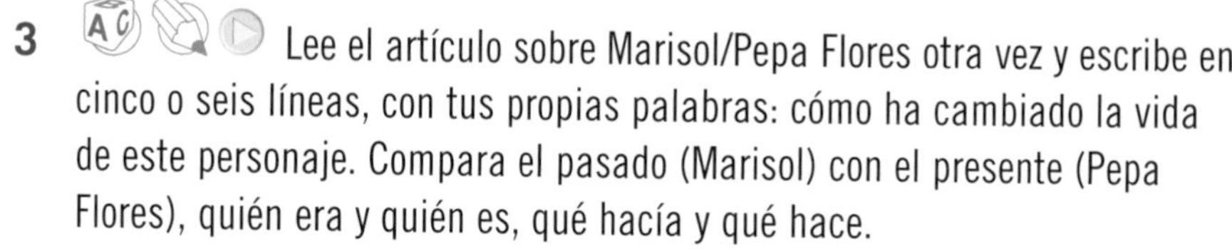

3 Lee el artículo sobre Marisol/Pepa Flores otra vez y escribe en cinco o seis líneas, con tus propias palabras: cómo ha cambiado la vida de este personaje. Compara el pasado (Marisol) con el presente (Pepa Flores), quién era y quién es, qué hacía y qué hace.

D Escribe una carta a un amigo/a contándole cómo era tu vida antes y cómo es ahora; cuéntale los cambios.

E El artículo de la actividad C empezaba así:

Estábamos ya en la España del desarrollo, del *(SEAT)* 600, del turismo, la televisión, la música pop, la minifalda, 'los guateques', los hippies, la emigración, el final de la posguerra, los grises y Franco.

En grupos pequeños, cread dos columnas con hechos positivos y negativos, que sucedían en España durante los años 60. Explicadlos.

Hechos positivos	**Hechos negativos**
• El (SEAT) 600 aparecía como medio de transporte familiar, accesible a la gran mayoría	

Recuerda usar expresiones como:

pienso que ..., en mi opinión ..., creo que ..., a mí me parece que ..., estoy (totalmente o completamente) de acuerdo contigo, estoy (totalmente o completamente) de acuerdo con lo que dices

F 'Un Ramito de Violetas' – *Letra de Cecilia*

1. Escucha la canción y ordena los versos de la letra.
2. Subraya los diferentes tiempos que encuentres en la letra.
3. ¿Qué tiempo verbal predomina en cada verso?
4. Vuelve a escucharla y contesta a las siguientes preguntas:
   - **a** ¿Desde cuándo recibe las cartas?
   - **b** ¿Cuándo recibe las flores?
   - **c** Describe al marido y al amante.
   - **d** ¿Quién le envía las cartas? Explica tu respuesta.

A veces sueña y se imagina
Cómo será aquel que tanto la estima
Sería un hombre más bien de pelo cano
Sonrisa abierta y ternura en las manos
No sabe quién sufre en silencio
Quién puede ser su amor secreto
Y vive así de día en día
Con la ilusión de ser querida

Quién le escribía versos dime quién era
Quién le mandaba flores por primavera
Quién cada nueve de noviembre
Como siempre sin tarjeta
Le mandaba un ramito de violetas

Y cada tarde al volver su esposo
Cansado del trabajo la mira de reojo
No dice nada porque lo sabe todo
Sabe que es feliz, así de cualquier modo
Porque él es quién le escribe versos
Él, su amante, su amor secreto
Y ella que no sabe nada
Mira a su marido y luego calla

Quién le escribía versos dime quién era
Quién le mandaba flores por primavera
Quién cada nueve de noviembre
Como siempre sin tarjeta
Le mandaba un ramito de violetas

Era feliz en su matrimonio
Aunque su marido era el mismo demonio
Tenía el hombre un poco de mal genio
Y ella se quejaba de que nunca fue tierno
Desde hace ya más de tres años
Recibe cartas de un extraño
Cartas llenas de poesía
Que le han devuelto la alegría

Quién le escribía versos dime quién era
Quién le mandaba flores por primavera
Quién cada nueve de noviembre
Como siempre sin tarjeta
Le mandaba un ramito de violetas

'Un Ramito de Violetas' por Evangelina Sobredo Galanes

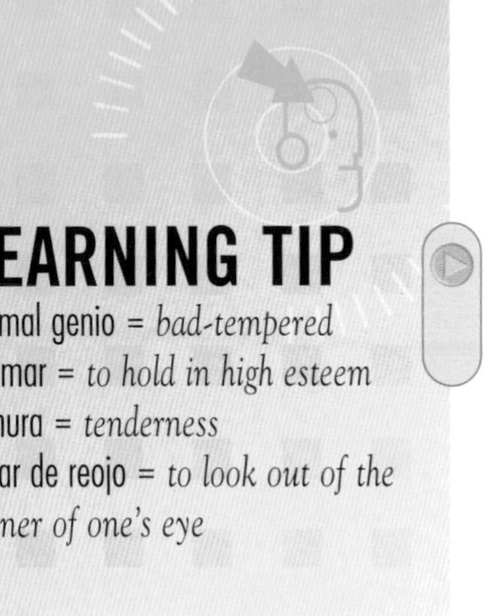

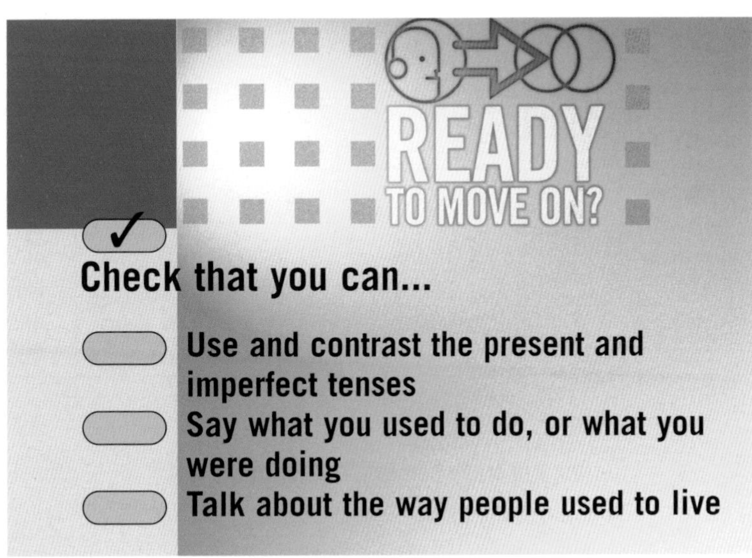

READY
TO MOVE ON?
Check that you can...
Use and contrast the present and imperfect tenses
Say what you used to do, or what you were doing
Talk about the way people used to live

3 ¿Son tuyas estas fotos?

LANGUAGE FOCUS

Los posesivos

In Spanish and English the possessive is used to express ownership. There are two types of possessives: adjectives and pronouns. In Unit 3 of *Access Spanish 1* you learnt how to indicate possession by using 'unstressed' possessive adjectives **(mi, tu, su ...)**.

In Spanish the 'stressed' form of the possessive is used to emphasise, and is the equivalent of the English *(of) mine*, *(of) yours*, etc. It often functions as a pronoun, substituting for the omitted noun. When used as a pronoun, the stressed possessive adjective is preceded by a definite or indefinite article.

Remember: possessives must agree in gender and number with the nouns they modify.

Stressed possessive adjectives			***Possessive pronouns***
One person, one object	*One person, more than one object*		*One person and one or more objects*
mío/a	míos/as	*my, (of) mine*	el mío / la mía los míos / las mías
tuyo/a	tuyos/as	*your, (of) yours*	el tuyo / la tuya los tuyos / las tuyas
suyo/a	suyos/as	*his, (of)his...*	el suyo / la suya los suyos / las suyas
More than one person, one object	*More than one person, more than one object*		*More than one person and one or more objects*
nuestro/a	nuestros/as	*our, (of) ours*	el nuestro / la nuestra los nuestros / las nuestras
vuestro/a	vuestros/as	*your, (of) yours*	el vuestro / la vuestra los vuestros / las vuestras
suyo/a	suyos/as	*their, (of) theirs*	el suyo / la suya los suyos / las suyas

A Termina la frase con la forma correcta del posesivo, siguiendo el ejemplo.

Ejemplo:
Las películas de Marisol, son suyas.

1 La minifalda de Pepa, es ...
2 Los discos de Antonio, son ...
3 Mi televisión es ...
4 Las fotos de mi familia, son ...
5 Tus libros de español, son ...
6 Este coche es de mi novio y mío, es ...

B Contesta afirmativamente a estas frases siguiendo el ejemplo.

Ejemplo:
¿Vas a comprar mis libros?
Sí, voy a comprar los tuyos.

1 ¿Prefieres usar tu cámara?
2 ¿Vas a leer mi revista?
3 ¿Conduces tú normalmente vuestro coche?
4 ¿Les gusta escuchar sus discos?
5 ¿Buscas a nuestros amigos?

C Rellena los huecos con los posesivos correspondientes.

A ¿Son ______ estas fotos de la barbacoa?
B Sí, son ______. ¿Y tú, no has revelado todavía ______?
A No, no las he revelado, porque he perdido mi cámara.
B Julián ha encontrado una cámara, quizás es ______.
A No, me la ha enseñado y no es ______.
B Si quieres puedo mandarte un correo con ______.
¿Cuál es tu correo electrónico?
A Gracias, eres muy amable. Mi correo es: Oleole@promail.com.
¿Y ______?
B ______ es Penas999@promail.com. También tengo un vídeo grabado.
A ¡Ah! Era ______ el vídeo.
B No, ______ no se grabó bien y Marta me mando una copia d______.

D Ahora escucha y comprueba.

LEARNING TIP

Remember: the possessive pronouns have the same form as the stressed possessive adjectives and they are preceded by a definite article.

Go to our website for further activities

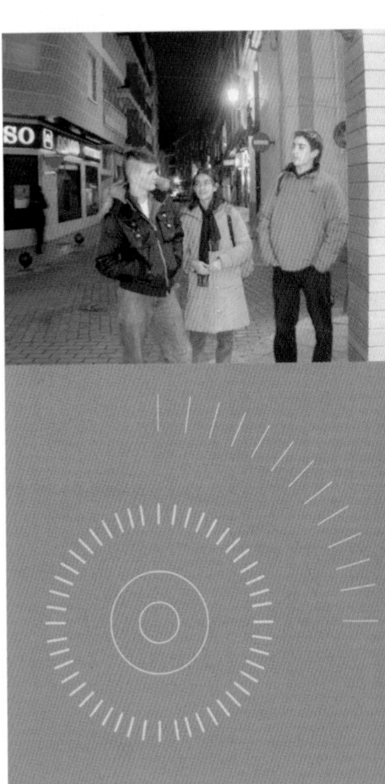

4 *Para* mañana / *Por* la mañana

LANGUAGE FOCUS

In *Access Spanish 1* (p.116) we met some of the uses of **para** and **por**. We have seen in this book that these two words have a number of other uses and meanings. Here is a more comprehensive list:

para

a Purpose (*in order to/for*):
Estudio para aprender. / Compré el regalo para mi madre.

b Employment (*for*):
Trabajo para una multinacional.

c Destination, in the direction of (*for/to*):
Salgo para Cuenca mañana.

d Specific time, time by which (*by*):
Quiero el coche para mañana.

e Concession (*for/to*):
Para ser tan joven es muy responsable.
Mis problemas me los guardo para mí.

f To give one's opinion (*for*):
Para mí es el mejor, para Juan es el peor.

g With words like:
bastante ... para (*enough ... for/to*)
demasiado ... para (*too much ... for/to*)
suficiente ... para (*enough ... for/to*)
Era bastante/demasiado importante para dejarlo así.

por

a Duration of time (*for/in/during*):
Estudié allí por dos años.

b Motion (*through, along*):
Pasó por Córdoba.

c Means by which something is done (*by/by way of/by means of*):
Lo llamé por teléfono.

d Object of a search (*for/in search of*):
Fue por ella al aeropuerto.

e In exchange (*for*):
Vendieron la casa por 100 mil libras esterlinas.

f Multiplication and unit of measurement (*times/by/per*):
5 por 5 son veinticinco / El coche corre a 200 km por hora.

g In place of (*for/on behalf of*):
Trabajo por Luis, que está enfermo.

h Reason (*because of*):
Llegamos tarde por el tráfico.

i Cause (*out of/by*):
Por no estudiar, no aprobará los exámenes.

- Idioms:
por fin, por eso, por ejemplo, por supuesto, por casualidad, por favor, por lo visto, por regla general, por todas partes, por lo menos ...
(See activity D)
tomar por — *to take for*
pasar por — *to be considered*

A Lee y estudia las frases con las preposiciones **para** y **por** y pon la letra (del **Language Focus**) de la razón por la que se utiliza **para** o **por**.

g */on behalf of* 1 Todos los lunes sacaba a pasear al perro por mi hermano.

2 Antes me felicitaban por correo y ahora por e-mail.

3 Entones cada hora salía un autobús para Londres, ahora hay autobuses para Londres cada quince minutos.

4 Los ejercicios tienen que estar hechos para el lunes que viene.

5 Para ser italiano no hablas muy bien español.

6 Antes hacía de canguro por cinco euros la hora, ahora lo hago por diez.

7 Durante el verano trabajaba para una cadena de hoteles muy conocida.

8 El cincuenta por ciento de los españoles quiere veranear en agosto.

9 Me traspasaron el negocio por ciento veinticinco mil euros.

10 No conseguía tener amigos por su carácter.

11 Por no cambiar su carácter, no tenía amigos.

12 Vivíamos allí por cinco años, cuando nos trasladamos a Trujillo.

13 Para mí Trujillo es mejor que Ciudad Real.

14 Por el mal servicio de información en el aeropuerto perdí el vuelo.

15 El conductor del coche que causó el accidente iba a más de 200 km por hora.

For more practice, go to our website

B Rellena los huecos con las preposiciones **por** o **para**.

Antes ( ) las mañanas salía de casa temprano. Quería tomar el primer tren ( ) Callao, que pasaba ( ) Moncloa. Allí siempre estaba ella esperando el tren. Al pasar ( ) delante notaba suave perfume. Yo quería acercarme ( ) hablar con ella, pero no sabía qué decirle. Entonces ( ) poder hablar con ella, sólo un minuto, ( ) un minuto, lo había dado todo. ( ) mí era la mujer más bella del mundo.

C Explica la diferencia de significado en estas frases.

1 Voy a comprar flores para mi madre / Voy a comprar flores por mi madre.
para mi madre *(to give to her)* / por mi madre *(on behalf of her)*
2 Íbamos para Madrid / Íbamos por Madrid.
3 Para ser italiano no habla bien el español / Por ser italiano no habla bien el español.
4 Trabajaba para sus hijos / Trabajaba por sus hijos.
5 Me dio dinero para las flores / Me dio dinero por las flores.
6 Salía gente para todas partes / Salía gente por todas partes.

LEARNING TIP

Often we can use either **por** or **para** in the same sentence, but the meaning of the sentence changes, depending on which one is used.

D Establece una relación de significado entre las dos columnas.

1 Por fin	a Por azar encontró los documentos.
2 Por eso	b Esa es la razón de mi situación
3 Por supuesto	c Finalmente voy a despedirme
4 Por casualidad	d Como mínimo veo a mis padres una vez por semana.
5 Por lo visto	e Aparentemente todo está solucionado
6 Por regla general	f Casi siempre voy al cine los domingos
7 Por todas partes	g Naturalmente todo ha cambiado
8 Por lo menos	h Veo gente continuamente

Check that you can...

- Use possessive pronouns (mío, el mío, tuyo, el tuyo, suyo...)
- Differentiate and use por and para

For more activities on this unit, go to our website

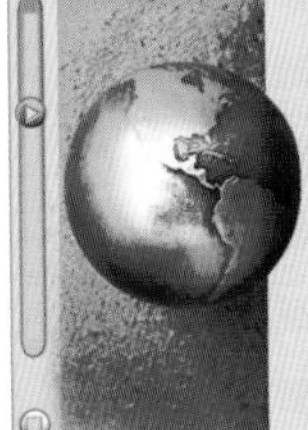

Descubre el mundo HISPANO

El Golfo de Fonseca, una enorme bahía, compartida entre El Salvador, Honduras y Nicaragua

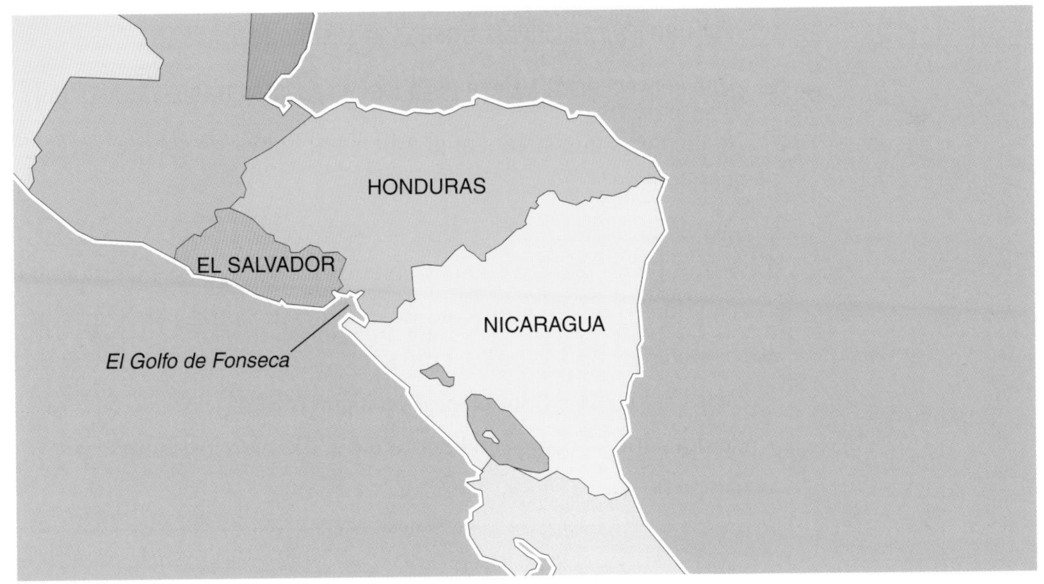

Pescadores artesanales en el Golfo de Fonseca, región compartida entre El Salvador, Honduras y Nicaragua

Evaluación de la pesca artesanal en el Golfo de Fonseca

La pesca artesanal en el Golfo de Fonseca constituye una de las principales actividades de las que depende la economía de miles de pescadores a lo largo de todo el golfo; representando para la mayoría la única alternativa que provee ingresos al sustento familiar.

Los Recursos Marino Costeros del Golfo de Fonseca es un patrimonio compartido por Honduras, El Salvador y Nicaragua, que además se ha convertido en la región en un problema de orden político-militar entre los tres países. El agotamiento y la sobreexplotación que han tenido lugar sobre los bancos de pesca han provocado que los pescadores traspasen los límites fronterizos, por lo que con frecuencia son capturados, teniendo como resultado la pérdida material y económica de su equipo productivo.

A Lee el texto y contesta a las preguntas. Usa el diccionario si es necesario.

1 Según el artículo, ¿por qué es importante para la economía en el golfo la pesca artesanal?

2 En tu opinión, ¿a qué crees que se refiere el artículo cuando habla de problemas 'políticos y militares'?

3 ¿Por qué los pescadores traspasan sus límites?

4 ¿Qué consecuencias tiene para los pescadores traspasar los límites?

5 ¿A qué crees que se refiere el artículo al hablar de sobreexplotación o agotamiento?

Estos tres países no sólo comparten la bahía, también comparten: la lengua (el castellano), la religión (Católica), el día de la independencia (15 de septiembre de1821) y quizás, un tesoro (según la leyenda, el corsario inglés Francis Drake enterró sus tesoros en algunas islas del Golfo de Fonseca).

Pero ¿cuánto sabemos realmente sobre El Salvador, Honduras y Nicaragua?

B En grupos tratad de hacer este quiz sobre estos tres países. La respuesta será siempre uno o dos de los mencionados países.

Ejemplos:

Ernesto Cardenal, poeta, escultor y sacerdote, es originario de ***Nicaragua***.
No existe frontera terrestre entre ***Nicaragua y El Salvador***.

1. Violeta Chamorro fue presidenta de ______.
2. ¿Cuál de estos tres países tiene su capital en Tegucigalpa? ______
3. ¿A cuál de estos países corresponde la traducción literal *'the saviour'*? ______.
4. El córdoba es la moneda oficial de ______.
5. El nombre de uno de estos países es sinónimo de profundidad, ¿cuál es? ______
6. ¿A cuál se le conoció durante un tiempo con el seudónimo de 'República Banana'? ______
7. ¿Qué país goza de tener uno de los lagos más grandes del mundo, aún impoluto y con especies exóticas como 'el tiburón de agua dulce'? ______
8. El venado de cola blanca es un animal originario de ______.
9. La orquídea Brassavola es la flor oficial de ______.
10. ¿A cuál de ellos se le llamaba ya 'Valle de las Hamacas' en tiempos coloniales por sus terremotos? ______
11. El dólar estadounidense (USA) es la moneda oficial de ______.

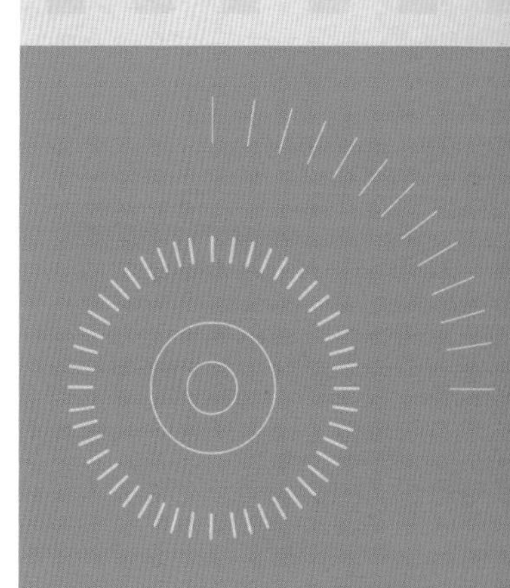

12 ¿Cuál de ellos es una mezcla de las culturas maya, azteca e ibérica? ( )

13 ¿Dónde se fundaron las dos primeras ciudades españolas en el Nuevo Mundo (León y Granada) en 1524? ( )

14 Las cordilleras de Dipilto y Jalapa sirven de frontera entre: ( ) y ( ).

15 El Guardabarranco es el ave nacional de ( ).

16 La lempira es la moneda nacional de ( ).

17 En 1969 se produjo una breve guerra, conocida como la 'Guerra de las 100 Horas' o 'Guerra del Fútbol', entre ( ) y ( ).

18 Por su rápido crecimiento económico, hoy El Salvador se ha puesto por encima de ( ).

19 'Los Bolsones' es un área fronteriza que siguen disputándose: ( ) y ( ).

20 El colón es la moneda oficial de ( ).

GLOSSARY

Sustantivos

agotamiento (m)	exhaustion of supply
amante (m/f)	lover
aplauso (m)	applause (round of)
ave (f)	bird
bahía (f)	bay
barbacoa (f)	barbecue
cadena (f)	chain
cantante (m/f)	singer
cordillera (f)	mountain range
corsario (m)	corsair, pirate
crecimiento (m)	growth
crucero (m)	cruise
crucigrama (m)	crossword
demonio (m)	devil
descanso (m)	rest
escultor (m)	sculptor
extraño (m)	stranger
fama (f)	fame
footing (m)	jogging
gerente (m/f)	manager
golfo (m)	gulf, bay
isla (f)	island
leyenda (f)	legend
mal genio (m)	bad mood
mina (f) **de oro**	gold mine
minifalda (f)	miniskirt
negocio (m)	business
orquídea (f)	orchid
padel (m)	paddle tennis (Spanish game similar to tennis played on a small court)
patrimonio (m)	heritage
pesca (f)	fishing
pescador (m)	fisherman
prodigio (m)	prodigy
ramito (m)	little bunch (of flowers)
sacerdote (m)	priest
sonrisa (f)	smile
sustento (m)	means of support
ternura (f)	tenderness, sweet nature
toque (m)	touch
venado (m)	deer

Verbos

acercarse a	to approach
aplaudir	to applaud, to clap
compartir	to share
convertirse (e>ie) **en**	to become
ejercer	to exercise
enterrar (e>ie)	to bury
exigir	to demand
gozar de	to enjoy, to have
grabar	to record
hacer un papel	to play a role
masificarse	to become overcrowded/ widespread
merecer	to deserve

GLOSSARY

peinarse	to comb one's hair
preferir (e>ie)	to prefer
revelar	to develop (photos)
trasladarse	to move (house/premises)
traspasar	to go beyond
veranear	to spend the summer

Adjetivos

amable	pleasant, friendly
artesanal	using traditional methods
bello	beautiful
de pelo cano	grey-haired, white-haired
fronterizo	border
impoluto	unpolluted
mono	pretty, cute
originario de	originating in, native to
tierno	tender, sweet-natured

Diversos

a lo largo de	throughout, all the way along
además	anyway, besides, moreover
de reojo	out of the corner of one's eye
por casualidad	by chance
por eso	for that reason
por fin	finally
por lo menos	at least
por lo visto	seemingly, as far as can be seen
por regla general	as a general rule
por supuesto	of course, naturally
por todas partes	everywhere

LOOKING FORWARD

Descríbelo.

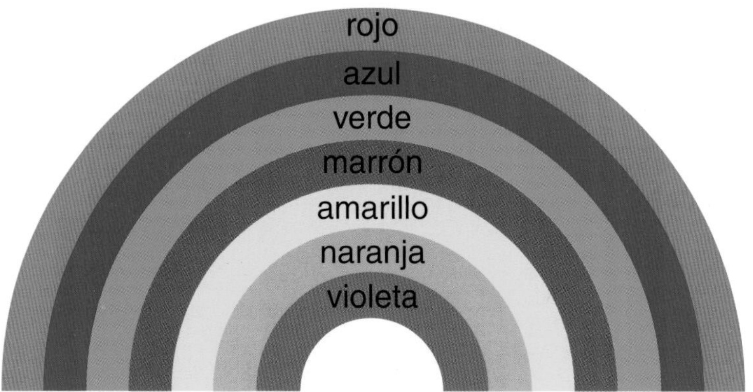

UNIT 9
Esto es un atraco

By the end of this unit you will be able to:

- Talk about what has happened; describe conditions, circumstances, people
- Say what was happening or what you were doing, when an incident or event occurred (imperfect and preterite)
- Use adverbs more confidently
- Use the neutral pronoun **lo**
- Understand more about the use of direct and indirect object pronouns
- Deal with post, orders and delivery problems

1 ¿Qué recuerdas?

A Rellena los huecos con la preposición correcta.

___ principios ___ los sesenta, estábamos ya ___ la España del desarrollo. ___ los duros años ___ la posguerra, los españoles empezaban ___ preocuparse ___ su bienestar. Había más dinero y trabajo ___ todos. ___ aquella época llegaba a España el turismo 'exterior', aparecía el gran fenómeno ___ la televisión, el consumo: las vacaciones, el automóvil, la vivienda, nuevas preocupaciones …

B En esta entrevista al presidente del gobierno sobre los años sesenta, han sido separadas las preguntas de las respuestas. Léelas y trata de unirlas.

1 ¿En su opinión cual es el hecho más importante de la década de los sesenta?

2 ¿Cuáles fueron las causas y las consecuencias del progreso económico español?

3 ¿Cuál era emblema o lema de los sesenta y por qué?

4 ¿Qué lugar ocupaba la música en los jóvenes?

5 ¿Qué hechos o señales nos daban a entender que estábamos ante los comienzos de la apertura española?

6 ¿Afectó de alguna manera el boom de la televisión a la cinematografía?

7 ¿Dónde estaba el secreto de la TVE?

a Bueno, ésta es una década muy rica en acontecimientos, pero si tenemos que destacar uno yo diría que: La llegada del hombre a la luna, el 20 de julio de 1969.

b El 14 de diciembre de 1966 se votaba en referéndum nacional la Ley de Sucesión al Estado, el primero desde 1936. Apareció el bikini como signo de apertura, pero por otro lado se cerraron universidades por las protestas estudiantiles.

c Los españoles estaban inmersos en la España ye-ye, el 'Yesterday' de los Beatles, el twist o 'Satisfaction' de los Rolling Stones; también triunfaban grupos españoles como: los Pekenikes, los Brincos, los Relámpagos, los Bravos …

d En España cada año se duplicaban los turistas. Sus divisas de los turistas y las que enviaban los emigrantes españoles en Europa, hicieron florecer la economía. Las ciudades se llenaban de vespas. Enseguida se empezó a cantar aquello de: 'Adelante hombre del 600, la carretera nacional es tuya …'

e

No sé, en la televisión el éxito lo firmaban los programas: 'Estudio 1', 'Reina por un día', 'Un millón para el mejor'… o las series de 'Perry Mason', 'Bonanza', 'El fugitivo', 'El santo'…

f

Los Estados Unidos entraron en la guerra de Vietnam. Esto dio lugar a la aparición de movimientos pacifistas como los hippies, que propugnaban 'haz el amor y no la guerra'.

g

No, los españoles hacían cola en el cine para ver *Lawrence de Arabia*, *Doctor Zhivago* o películas españolas como *El verdugo* y *La gran familia*.

C Ahora escucha la entrevista en la radio y comprueba.

D En grupos comparad estas fotos.

2 Esto es un atraco

A El fin de semana pasado hubo un robo en el banco de España.

La policía está interrogando a los posibles autores. En parejas, pregunta y contesta, ayudándote de los dibujos. (Uno/a es el/la policía y el/la otro/a es el/la sospechoso/a.)

Observe the tense used for the question; answer using the same tense.

Ejemplo:
Tu compañero: ¿Dónde estaba ayer a las ocho de la tarde?
Tú: Estaba en casa, había un partido de fútbol y quería verlo.

1 ¿Quién jugaba?
2 ¿Qué equipo iba ganando sobre las ocho?
3 ¿Había alguien con usted?
4 ¿Cuál fue el primer equipo en meter un gol?
5 ¿De qué color eran la camiseta, el pantalón y los calcetines del portero?
6 ¿Quién metió el primer gol?
7 ¿Qué anuncios (*TV adverts*) hubo durante el descanso?
8 ¿Qué hizo después del partido?

LANGUAGE FOCUS

Pretérito indefinido o *pretérito imperfecto*

The choice of preterite or imperfect tense is not arbitrary. It depends on the context and the speaker's point of view.

Remember:

- The **preterite** is used to describe, express or narrate the beginning and end of actions, events and conditions completed in the past:
  Ayer salí de casa hacia el trabajo, tomé el metro pero aun así llegué tarde. Mi jefe se enfadó conmigo y no me habló en todo el día.
- The **imperfect** tense is used to describe actions, events and conditions that were in progress or occurred habitually or repeatedly in the past, with no reference to their beginning or end; also to describe physical, emotional and mental states in the past:
  Normalmente caminaba deprisa hacia el trabajo. Si iba mal de tiempo tomaba el metro. No me gustaba llegar tarde porque mi jefe se enfadaba y no me hablaba en todo el día.

The imperfect and the preterite can be used in two different clauses in the same sentence. The imperfect expresses the background, a continuing action or an ongoing state, against which a completed action or event takes place:
Los ladrones corrían por la calle y uno se cayó *(fell)*.

Now study the two time-lines. As you can see, the preterite line has a beginning and an end point and also you can see exactly when the actions happen (marked with the short arrows).

In the imperfect line, there is no beginning or end because there is no time reference: we cannot point to a concrete moment on this line.

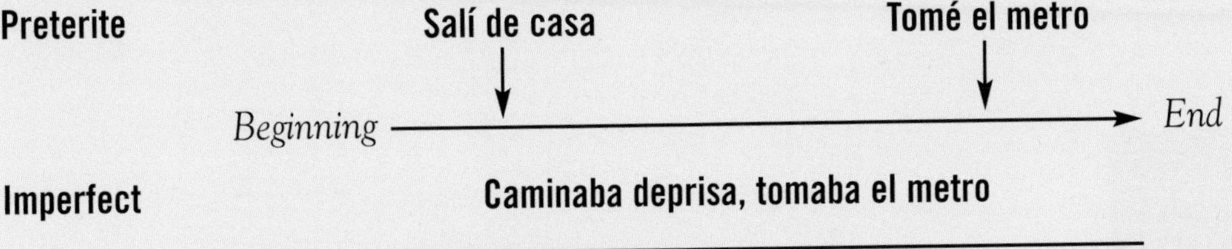

Preterite
Salí de casa
Tomé el metro
Beginning
End
Imperfect
Caminaba deprisa, tomaba el metro

No reference to when this happens, apart from some time on this time-line

→

Summary

Preterite:

- Actions viewed as completed
- Beginning or end of past actions
- Series of past actions

Imperfect:

- On-going past actions
- Habitual or repeated past actions
- Mental, physical and emotional states in the past

B Vuelve a la actividad 2A e intenta colocar las diferentes acciones y situaciones en esta línea.

Try pointing to the specific moment when the actions and situations were happening on the line below.

7:00pm 8:00pm 9:00pm

Observarás que algunas se pueden marcar directamente y para otras no existe un punto concreto donde marcarlas.

You will see that some actions can be placed precisely, but for others there is no specific point when they can be placed.

Go to our website for further practice

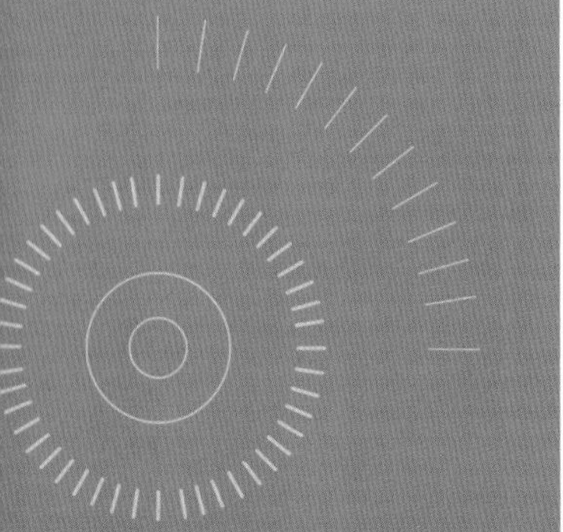

C Doña Encarna vio el robo en el banco de España desde su ventana. Con tu compañero mira y estudia estas viñetas, luego ponlas en el orden correcto y cuenta tu versión de lo sucedido.

1

2

3

4

D Ahora escucha y comprueba que tu versión de lo sucedido es la misma que la de Doña Encarna. Comprueba si tienes también las viñetas en el orden correcto. Marca las diferencias entre tu versión y la de Doña Encarna.

E Imagínate que tú eres Doña Encarna y estás contando lo sucedido. Rellena los huecos con el tiempo correcto del pasado (*preterite*/pretérito indefinido o *imperfect*/pretérito imperfecto).

El fin de semana pasado hubo un robo en el banco de España

Doña Encarna lo vio todo desde su ventana; ésta es su declaración

Yo estaba sentada al lado de la ventana del comedor de mi casa. **1** Hacía un día estupendo, la calle **2** ______ llena de gente. A las ocho **3** ______ como dos hombres y una mujer **4** ______ de un coche blanco. Los hombres **5** ______ un traje azul con corbata, uno de ellos **6** ______ barba y bigote, el otro **7** ______ muy alto y delgado. La mujer también **8** ______ un traje de chaqueta rojo con una falda bastante corta y unos zapatos de tacón muy alto a juego, **9** ______ rubia con el pelo largo.

Más tarde **10** ______ como los tres **11** ______ calle abajo, un policía les **12** ______, **13** ______ detenerlos pero no **14** ______ porque **15** ______ muy rápidos, la gente los **16** ______ pero no **17** ______ nada.

Luego cuando **18** ______ en el coche blanco que los **19** ______ el policía **20** ______ de correr, **21** ______ su radio y …

ser x3 hacer x2✓ ver x2 llevar x2 estar tener bajarse subirse correr seguir intentar poder mirar esperar dejar sacar

LEARNING TIP

If the action is unfinshed you use the imperfect, but if it is finished you use the preterite.

F Vamos a intentar aclararlo más. Estudia los dibujos y analiza la diferencia entre el pretérito indefinido y el pretérito imperfecto.

Se subían en el coche cuando llegó la policía.

Se subieron en el coche cuando llegó la policía.

Ahora decide cuál es la forma verbal apropiada según la interpretación del hablante.

Ejemplos:

1 Se subían en el coche cuando llegó la policía.

a They were getting into the car as the police arrived.

2 Se subieron en el coche cuando llegó la policía.

b They got into the car and then the police arrived.

1	Cuando llegué a Madrid empezó a llover.	a	I arrived in Madrid and then it began to rain.
2	Cuando llegaba a Madrid empezó a llover.	b	As I was arriving in Madrid it began to rain.
3	Llovía mucho cuando salimos de excursión.	a	It was raining hard when we left on the excursion.
4	Llovió mucho cuando salimos de excursión.	b	It rained hard and then we left on the excursion.
5	Después del accidente sabíamos lo que teníamos qué hacer inmediatamente.	a	After the accident we knew what to do.
6	Después del accidente supimos qué hacer inmediatamente.	b	After the accident we found out what to do.
7	La última película de Almodóvar nos pareció buena.	a	While we were watching the latest Almodóvar film, we thought it was good.
8	La última película de Almodóvar nos parecía buena.	b	After watching the latest Almodóvar film, we thought it was good.

LEARNING TIP

Certain verbs have a different meaning depending on the tense used:

- Tenía una carta = *I had a letter in my possession*
  Tuve una carta = *I received a letter*
- Nos conocíamos = *We knew each other*
  Nos conocimos = *We met*
- Yo sabía la verdad = *I knew the truth*
  Supe la verdad = *I found out the truth*
- No quería hacerlo = *I didn't want to do it*
  No quise hacerlo = *I refused to do it*
- Podía hablar con él = *I was able to speak to him (I had the possibility but the outcome is uncertain)*
  Pude hablar con él = *I was able to speak with him (and I did)*

G Traduce las siguientes frases al inglés o al español, según corresponda.

1 Juan conocía a Teresa / Juan conoció a Teresa.
2 Pedro sabía el precio / Pedro supo el precio.
3 Tenían muchos deberes / Tuvieron muchos deberes.
4 No podíamos llegar para la cena / No pudimos llegar a la cena.
5 Ana no quería salir con Raúl / Ana no quiso salir con Raúl.
6 I wanted to discuss the price but the agent refused.
7 I wasn't able to speak with the boss, my colleague (tried but) couldn't speak with him either.
8 I thought my colleague knew the agent, but he only met him this morning.
9 The agent found out the real price five minutes before the meeting, but I knew it all the time.
10 I had a good childhood because I had very good parents.

3 Adverbios para un testigo inseguro

testigo = *witness*
inseguro = *uncertain*

A Han pasado ya varias semanas del robo en el banco de España y a Doña Encarna le empieza a fallar la memoria y comienzan las dudas. Lee el texto y subraya los adverbios de duda que veas.

Policía: ¿A qué hora estaba sentada en su ventana?
D. Encarna: A las nueve más o menos.
Policía: Pero el robo fue a las ocho.
D. Encarna: Bueno, a lo mejor eran las ocho.
Policía: ¿Está segura que eran dos hombres y una mujer?
D. Encarna: No sé, tal vez eran sólo un hombre y una mujer de edad media.

Policía: ¿De qué color iban vestidos?

D. Encarna: Creo que los dos hombres llevaban vaqueros y camiseta roja.

Policía: Pero usted dijo que llevaban un traje azul.

D. Encarna: No, llevaban vaqueros y camiseta roja.

Policía: ¿Está segura?

D. Encarna: Sin duda.

Policía: ¿Y dice que también había un coche blanco?

D. Encarna: No sé, quizás era negro.

LEARNING TIP

Adverbs and adjectives help develop the ability to narrate stories and reports.

Remember in Unit 4 we talked about adverbs that are used to describe a verb, an adjective or another adverb:

Llegó **tarde** a la reunión (adverb describing verb)
Iba **muy** guapa a la fiesta (adverb describing adjective)

Estaba allí **debajo** (adverb describing adverb)
Here are some other types:

Affirmation: sí, claro, también, ciertamente
Negation: no, ni, jamás, nunca, tampoco
Doubt: seguro, seguramente, posiblemente, quizás, tal vez, a lo mejor

B Rellena las frases con un adverbio. Ten en cuenta *(bear in mind)* que el adverbio tiene que encajar *(fit)* en el crucigrama.

	1	2	3	4	5	6	7	8	9	10	11	12	13	14	15
1															
2										N	O				
3															
4															
5															
6															
7															
8															
9															
10															
11															
12															
13															
14															
15															

HORIZONTAL

2 **Ejemplo:** No lo sé.

4 Dijo, ______ que no iba a estar.

6 ______ escucha a nadie.

8 ______ ya han terminado, pero no estoy seguro.

12 A mí, ______ me gusta mucho, pero no podemos hacer nada.

14 ______ que no hay nadie.

VERTICAL

3 ______, así es.

6 Fue culpa mía ______.

9 ______ que me gustaba vivir aquí.

10 ______ te olvidaré.

12 ______ come ______ deja comer. *(use the same adverb twice)*

14 ______ lo hace por amor al arte.

C La coartada perfecta de un sospechoso. Lee el texto y pon el relato en orden, entonces vuelve a contar el relato interponiendo los adverbios siguientes.

1 Allí estaban mis amigos esperándome
2 Cogí un taxi al trabajo porque era tarde
3 En el camino al trabajo me encontré con un viejo amigo, hacía años que no nos veíamos
4 Estuvimos hablando un rato y
5 Fui a trabajar
6 Me duché, desayuné y
7 Me levanté temprano como siempre,
8 Me tomé unas copas con ellos
9 Salí de trabajar y fui al bar de la esquina,
10 Volví a casa y me acosté

primero
luego
después
finalmente

D Ahora escucha y comprueba.

E Escribe una carta o un correo electrónico a un/a amigo/a contándole con detalle un robo, una pérdida, un accidente o cualquier otro suceso que has vivido. Describe el incidente y a las personas que lo protagonizaron.

READY TO MOVE ON?

Check that you can...

- **Describe and report what has happened**
- **Talk about what people, conditions, circumstances were like**
- **Understand when to use the preterite and imperfect tenses**
- **Use adverbs more confidently**

4 ¿Te lo recordamos?

A Ordena estas palabras para que las frases tengan sentido.

1 siempre mis regalaban lo padres me
2 la pasada devolví lo semana se
3 iba lo a nos dejar seguramente
4 le no quizás se rompió a él
5 olvidar le nunca se a iba
6 a lo te posiblemente también ti dijeron
7 que claro me dejó lo
8 los enseñaron jamás nos

LEARNING TIP

lo – the neuter pronoun

The neuter **lo** is often inserted to refer to neutral things, events or ideas:

¿Quién **lo** vió? Juan **lo** vio todo.	*Who saw? Juan saw it all.*
Lo siento, no **lo** sabía.	*I'm sorry, I didn't know.*

It is also often used after verbs such as **ser**, **estar** and **parecer**:

Julián parece una buena persona, es tranquilo aunque está muy nervioso estos días por los exámenes.
No, no **lo** es, ni **lo** está. *No he's not, and he isn't.*

English tends to leaves out the word 'it' in these circumstances.

See the Language Summary p213 for a complete list of the direct and indirect object pronouns.

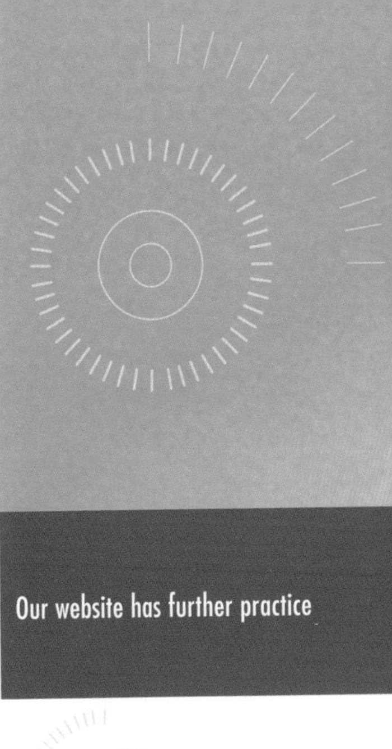

B Lee el diálogo, subraya los pronombres y di a quién se refieren.

Ejemplo:
¿Cuándo la vio por última vez? (La refers to 'her', the missing person)

Policía: ¿Cuándo la vio por última vez?
Testigo: No lo recuerdo, quizás el lunes de la semana pasada.
Policía: ¿Estaba sola?
Testigo: No lo sé, yo no vi a nadie con ella.
Policía: ¿Se le ocurre alguna razón para su desaparición?
Testigo: No se me ocurre nada, yo casi no la veía últimamente. Creo que no voy a poder ayudarle mucho con este caso.
Policía: Hay testigos que aseguran haberles visto juntos hace dos días.
Testigo: No es cierto, como le he dicho antes, hace tal vez una semana que no la he visto, y puedo probarlo ante un tribunal si es necesario.
Policía: Bueno, en este caso nos pondremos en contacto con usted.

C Ahora escucha el diálogo y presta atención a los pronombres directos e indirectos.

D Recuerdas que aprendiste en las unidades 4 y 6 sobre el uso de los pronombres directos e indirectos. (Remember that you also learnt how to use both together in the same sentence.)

Rellena los huecos con los pronombres correctos.

La noche anterior puse el despertador pero no ____ oí. A las diez sonó el teléfono, era Luisa. ____ dijo que estaba esperándome abajo. Me arreglé corriendo y bajé. Había una bicicleta en la puerta, pero como iba tan deprisa no ____ vi, tropecé y me caí. Al caer al suelo ____ abrió el bolso y fue entonces cuando creo que perdí el monedero con las tarjetas de crédito. Era un monedero rojo de piel con varios departamentos para las tarjetas de crédito. ____ había regalado mi mejor amiga por Navidad. Tenía y tiene un gran valor sentimental para mí.

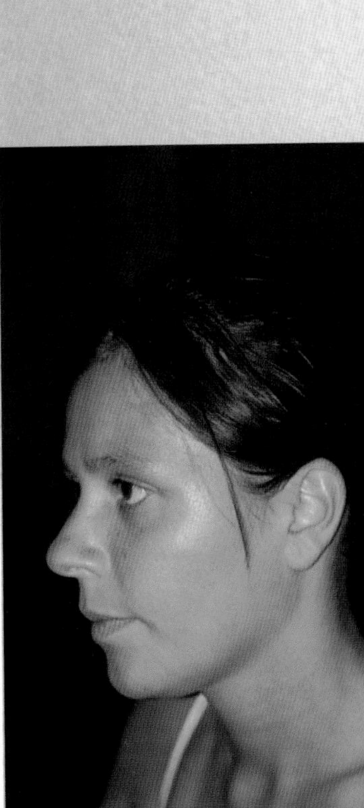

E Ahora escucha y comprueba.

F Escribe una carta a la oficina de objetos perdidos contándoles cómo, cuándo y dónde perdiste el monedero. Describe el bolso y su contenido también.

5 En la oficina de Correos

A Estudia el contenido de esta serpiente y encontrarás cinco expresiones relacionadas con el mundo de Correos.

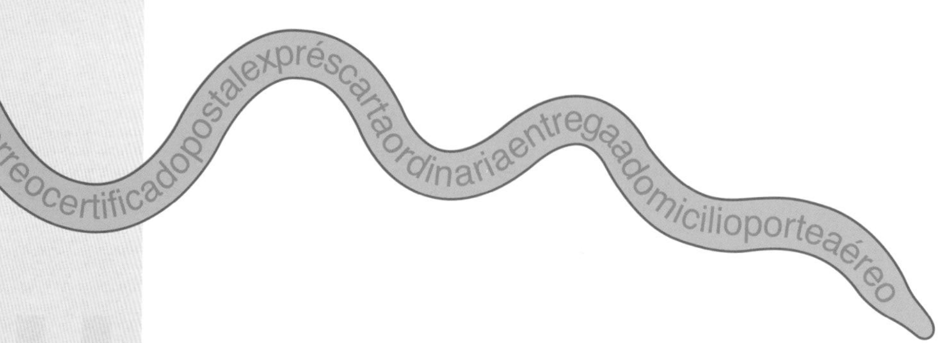

B Rellena los huecos usando las palabras procedentes de la serpiente para completar el diálogo.

Empleado: Buenos días, ¿en qué puedo ayudarle?

Cliente: Buenos días, tengo que enviar unos documentos muy importantes urgentemente. ¿Qué servicio me recomienda?

Empleado: El servicio ______. Es un servicio de ______ muy rápido.

Cliente: ¿Es éste el más rápido y seguro que tienen?

Empleado: Sí, con toda seguridad.

Cliente: ¿Hacen la ______?

Empleado: Sí, la entrega es domiciliada. Pero, si el destinatario no está, se le deja un aviso para que recoja el paquete en el plazo de una semana en la oficina de Correos correspondiente.

Cliente: ¿Puede decirme la diferencia en el precio, si lo envío como una ______ y por ______ normal?

Empleado: Naturalmente, pero la diferencia de precio es mínima, y para mayor tranquilidad, yo le recomiendo el postal express.

Cliente: ¿Puedo pagar con cheque?

Empleado: No, lo siento. Postal express sólo se puede pagar en efectivo o con tarjeta de crédito.

Cliente: ¿Puedo mandarlo a contra reembolso?

Empleado: No, lo siento. ¿Puede poner el sobre en la balanza?

C Ahora escucha y comprueba.

D ¿Qué expresiones o palabras utiliza el diálogo para expresar...?

1 ¿qué desea?
2 mandar
3 inmediatamente
4 lo llevan a casa
5 lo opuesto a remitente
6 sin certificar
7 metálico
8 báscula

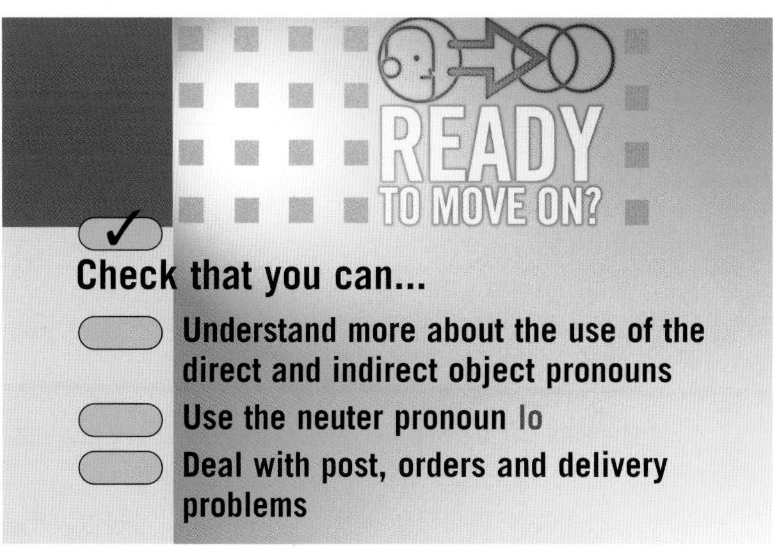

Check that you can...

- Understand more about the use of the direct and indirect object pronouns
- Use the neuter pronoun lo
- Deal with post, orders and delivery problems

For more activities on this unit, go to our website

Descubre el mundo HISPANO

Conozca Ecuador desde la mitad del mundo

La República del Ecuador está ubicada en el noroeste de América del sur. Al oeste, limita con el Océano Pacifico, al norte con Colombia y al suroeste con Perú.

Quito, la capital, tiene una población de más de nueve millones de habitantes. Su idioma oficial es el español. También se hablan otras lenguas indígenas como el quechua, la lengua mas hablada en los Andes.

Aunque Ecuador es uno de los países más pequeños de Latinoamérica, ofrezce una enorme diversidad humana, geográfica y cultural. Por eso hay muchísimas cosas y lugares para ver y visitar.

El Ecuador es muy rico en recursos naturales y minerales. Su moneda es el Sucre y su economía depende de la exportación de petróleo, banana, camarón, café, cacao y flores.

A Estudia esta página Web y el articulo (página 181) y haz una ficha técnica sobre La República del Ecuador. Incluye otros datos que tú conozcas. (Puedes tomar como referencia algunas de las fichas técnicas que hemos visto en las unidades anteriores.)

A la mitad exacta de los polos hay dibujada una línea imaginaria que se llama el ecuador y que marca una línea divisoria entre el hemisferio norte y el hemisferio sur. El planeta entero circula alrededor del ecuador. La línea ecuatorial o cinturón mide 40,075,004 kilómetros y establece la latitud 0° para dividir los dos hemisferios.

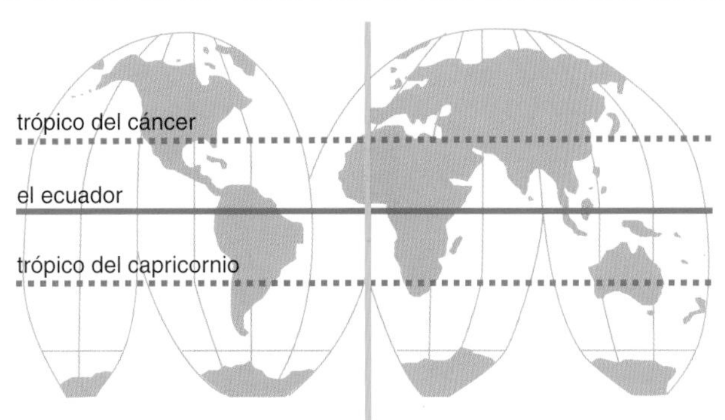

En América del Sur, La República del Ecuador está situada sobre la línea ecuatorial, y por eso tiene territorio en ambos hemisferios. El monumento que marca la línea o cinturón ecuatorial está en el pueblo de San Antonio, a veintidós kilómetros de Quito, la capital. Es una torre imponente que tiene dentro un museo etnográfico que demuestra la diversidad cultural ecuatoriana y tiene en su exterior imágenes de personajes y países que ayudaron a encontrar la posición exacta del ecuador.

Atractivos turísticos de Quito

Principal
Mitad del Mundo
El Panecillo
Palacio de Gobierno
Teatro Sucre
Capilla del Hombre
Volcán Cotopaxi
Quito moderno
Quito colonial
Guayllabamba zoo
Teleferico
Iglesias & Catedrales
Parques de la ciudad

Historia de la Mitad del Mundo

En el año de 1736, llega al país la primera Misión Geodésica que tuvo como objetivo medir un arco de meridiano para comprobar la forma de la tierra. A los científicos franceses Bouguer, Godín y La Condamine se unieron los españoles Jorge Juan y Antonio de Ulloa, insignes marinos; ya en tierras ecuatorianas se unió por sus conocimientos de geografía y geodesia el científico ecuatoriano, Pedro Vicente Maldonado, quien colaboró estrechamente para asegurar el éxito de la Misión. A más de los aportes a la Ciencia de la Primera Misión Geodésica que fue calificada en esos tiempos como la empresa más grande jamás intentada; hay otras que repercutieron directamente en el país, como el haber dado a conocer al mundo con el nombre de Ecuador a nuestro territorio, así también estudios que divulgaron aspectos sociales, culturales y antropológicos. Aquí, los sabios franceses, dieron origen al sistema métrico universal.

Monumento a la Linea Ecuatorial en Quito Ecuador

En 1836, el geógrafo ecuatoriano, Luis Tufiño, localizó las señales dejadas por la primer grupo de científicos. Este monumento histórico de 10 metros de altura estuvo ubicado en este sitio por 43 años, hasta 1979, en que fue trasladado a la población de Calacalí a 7 km al Occidente, por donde también atraviesa la Línea Ecuatorial.

B Lee la historia de la mitad del mundo y contesta a las siguientes preguntas:

1 Explica la relevancia del título 'Historia de la mitad del mundo'.
2 ¿Cuál era el objetivo de la Primera Missión Geodésica?
3 ¿Qué nacionalidades participaron en esta Misión?
4 Explica la relevancia de esta expedición con relación al sistema métrico.
5 ¿Dónde se encuentra hoy día ubicado el monumento que señala la línea ecuatorial?

Teléfonos celulares

En lo que tiene que ver con telefonía celular, se puede decir que existe una cobertura eficaz en todo el país. A pesar de nuestra difícil geografía es posible comunicarse desde áreas remotas como la selva amazónica o las Islas Galápagos, sin embargo, en algunos puntos aislados como en los páramos o en los manglares no se garantiza la conexión. En los aeropuertos internacionales, gasolineras, centros comerciales, avenidas, calles concurridas y restaurantes existen cabinas de teléfonos celulares, que funcionan con monedas o tarjetas; también existen almacenes y locales que proveen este servicio.

ARRIBA

Internet

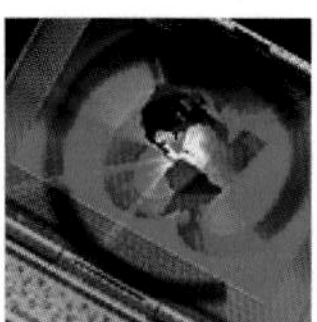

El Internet es bastante popular sobretodo en las zonas urbanas. Existen cientos de café-nets con servicio de net2phone, Email, Internet y fax a precios bastante accesibles en la mayoría de zonas comerciales y turísticas. Las computadoras se alquilan por horas y las tarifas dependen mucho de la categoría del local. Sin embargo el Internet se está expandiendo rápidamente y se puede encontrar centros de cómputo, prácticamente en cada barrio de las grandes ciudades.

ARRIBA

Correos

Otro servicio bastante confiable es el correo. Existen oficinas de correos en todas las zonas urbanas donde suele ser más rápido y efectivo. En zonas rurales el servicio es un poco más lento, por lo que es más recomendable llegar a un lugar con mayor movimiento para franquear una carta. Los buzones públicos no son muy populares en el Ecuador. Si se desea mandar una carta o un paquete hay que acercarse a una oficina de correo, que normalmente tienen varias sucursales en cada ciudad. El servicio de correo no es caro si se lo compara con otros países de la región. También existen una amplia oferta de correos privados cuyas tarifas varían de acuerdo al servicio.

C Lee la página Web sobre los medios de comunicación y contesta con tus propias palabras a estas preguntas:

1 Describe el servicio de correos en Ecuador.
2 ¿Qué es más recomendable hacer a la hora de enviar una carta o un paquete?
3 ¿Existen otros servicios? ¿Son económicos?
4 ¿Cuál es la situación de la red y los cibercafés?
5 ¿Hasta dónde llega la red telefónica de Ecuador?

GLOSSARY

Sustantivos

apertura (f) opening
aporte (m) contribution
atraco (m) attack
atractivo (m) attraction, attractiveness
autor (m) author; (here) perpetrator
aviso (m) notice, warning
balanza (f) scales (for weighing)
barba (f) beard
báscula (f) scales (for weighing)
bigote (m) moustache
bolso (m) handbag
bufete (m) lawyer's office, law firm
cabina (f) kiosk, booth

GLOSSARY

calcetín (m)	sock
camarón (m)	shrimp
carretera (f) **nacional**	main road
coartada (f)	alibi
comedor (m)	dining room
computadora (f)	computer
conocimientos (m, pl)	knowledge
corbata (f)	tie
declaración (f)	statement
descanso (m)	rest, break; (here) half-time
despertador (m)	alarm clock
destinatario (m)	addressee
divisas (f pl)	(foreign) currency
dote (f)	talent
ecuador (m)	equator
entrega (f)	delivery
ficha (f) **técnica**	technical specification
gasolinera (f)	petrol station
globo (m)	globe, balloon
hemisferio (m)	hemisphere
lema (m)	motto
local (m)	premises
luna (f)	moon
manglar (m)	mangrove swamp
monedero (m)	purse
páramo (m)	moor
petróleo (m)	oil, petroleum
Polo (m)	Pole (North or South)
robo (m)	robbery, mugging
secretariado (m)	secretarial work
selva (f)	jungle
señal (f)	sign
serpiente (f)	snake
sospechoso (m)	suspect
sucursal (f)	branch (of shop, bank etc.)
tacón (m)	heel
tamaño (m)	size
teleférico (m)	cable railway
testigo (m)	witness
torre (f)	tower
tranquilidad (f)	peace and quiet
vaqueros (m pl)	jeans
verdugo (m)	hangman, executioner
Vespa (f)	Vespa scooter

Verbos

asegurar	to assure
ayudar	to help
caer(se)	to fall
coronar	to crown
dar lugar (m) **a**	to give way to; to give rise to, to provoke
destacar	to stand out
detener (e>ie)	to detain; (here) to arrest
divulgar	to circulate/spread
encajar	to fit into place
enviar	to send
expandirse	to expand
fallar	to fail (of sight)
florecer	to blossom, to flourish
franquear	to frank, to stamp
hacer cola (f)	to queue up
intentar	to try
ir ganando	to be winning
mandar	to send
medir (e>i)	to measure

GLOSSARY

meter un gol	to score a goal
propugnar	to support, propose
protagonizar	to take part in, to be the main figure in
remitir	to send
repercutir en	to have an effect on
sonar (o>ue)	to go off, to sound (of alarm clock)
triunfar	to triumph
tropezar	to stumble
valorar	to value

Adjetivos

a juego	matching
anterior	previous
concurrido	busy
confiable	trustworthy
de edad media	middle-aged
inseguro	uncertain
solo	alone
terráqueo	earth
ubicado	located

Diversos

a contra reembolso	cash on delivery
a lo mejor	maybe
calle abajo	down the street
en efectivo	in cash
en el camino	on the way
en función de	on the basis of, according to
en metálico	in cash
enseguida	straight away
estrechamente	closely
por otro lado	on the other hand
quizá(s)	perhaps
sobre todo	especially

LOOKING FORWARD

Se busca …

Lee este anuncio y explica:

- ¿Qué tipo de trabajo es?
- ¿Qué se necesita para solicitarlo?
- ¿Qué deben hacer las personas interesadas?

IMPORTANTE FIRMA DE ABOGADOS BUSCA
SECRETARIA LEGAL
PARA SU BUFETE

Se requiere:
- Experiencia mínima de tres años
- Dotes de organización y coordinación
- Formación en secretariado
- Se valora el conocimiento de otros idiomas

Se ofrece:
- Incorporación inmediata
- Contrato de trabajo y Seguridad Social
- Otros beneficios sociales
- Salario en función de experiencia
- Posibilidades de desarrollo profesional

Interesados remitir Currículum Vitae a:
recursoshumanos@laleydeleyes.com

UNIT 10
El mundo que nos rodea

By the end of this unit you will be able to:

- Talk about your job and your professional experience, and write a CV
- Read and understand job adverts
- Talk about your professional qualities and skills
- Write a job application letter
- Talk about your dreams
- Understand other uses of the conditional
- Exchange opinions about environmental issues

1 ¿Qué recuerdas? 

A Lee y rellena los huecos con las formas correctas de los tiempos pasados.

El Semanal
Viernes 1 de mayo de 200-

UN TRÁGICO ACCIDENTE EN LA OPERACIÓN SALIDA

Eva Peñasco, **Madrid**

El jueves por la tarde ______ la operación salida del puente de mayo. Y a las nueve y media de la noche, se ______ el primer accidente trágico, de este puente de mayo, que ______ la vida a cinco personas y en el que ______ veinte heridos graves, y unos cincuenta leves. El accidente ______ al chocar un autobús contra un camión en la M40. El conductor del autobús ______ al camionero de frenar bruscamente por lo que no le ______ tiempo a parar, ni a él, ni al coche que ______ detrás de él, el cual ______ contra el autobús.

Según fuentes policiales la prueba de la alcoholemia ______ negativa. Parece ser que el conductor del camión ______ dormido.

LEARNING TIP

Puente means 'bridge' but is also used to refer to a bank holiday when there is a working day between two holiday days. For example, if 1st May (a bank holiday) is on a Tuesday, many people will also take the Monday as a holiday – this is the **puente** between Sunday and Tuesday.

B Escucha el programa de radio. Vuelve a leer el texto anterior y señala ocho errores en el texto que cambian los hechos del accidente. ¿Cuáles son?

C Lee este chiste. ¿Puedes explicar la doble intención del chiste?
Can you explain the 'double meaning' of the joke below?

2 Un puesto de trabajo

A Dividid la clase en grupos. El/La profesor(a) sacará una letra de un sobre y la dirá en alto; desde ese momento tenéis treinta segundos para escribir una lista de profesiones con esa letra. El grupo con la lista más larga es el ganador.

Ejemplo:
La C: contable, cantante, cajero, camarero, cocinero, carnicero, carpintero, científico ...

B Aquí tienes dos listas: una con profesiones/trabajos y la segunda con requisitos necesarios para ellas/os. Relaciónalas.

Trabajos:

1 Abogado ——— a
2 Azafata/Auxiliar de vuelo
3 Bombero
4 Cantante
5 Gerente
6 Peluquero
7 Profesor/Maestro
8 Reportero
9 Secretario
10 Veterinario

Requisitos:

a Tener una licenciatura en leyes y buen dominio del lenguaje
b Tener buen oído y conocimientos musicales
c Tener espíritu de aventura, excelente dominio del lenguaje oral y escrito
d Saber utilizar el proceso de datos, las hojas de cálculo
e Ser licenciado en la rama de ciencias o letras, ser comunicativo, ser paciente con capacidad de enseñanza
f Tener conocimiento de otros idiomas, tener buena presencia, flexibilidad de horario, disponibilidad para viajar y don de gentes
g Tener una excelente forma física, llevar uniforme, disponibilidad para un horario muy flexible. Con capacidad para combatir fuegos
h Tener una licenciatura y una gran pasión por los animales
i Don de gentes, buena capacidad de organización y mando
j Tener imaginación y ser creativo para adaptar un corte de pelo o un peinado a la persona

C Escribe una pequeña descripción de una o dos profesión(es) cualesquiera, siguiendo los ejemplos de la actividad B. Luego léelas en alto para que la adivinen tus compañeros.

D Elige la palabra adecuada para completar las frases.

1 Mañana tendremos una ______ todo el equipo para discutir el lanzamiento del nuevo producto.
   a reunión   **b** entrevista   **c** cita

2 Me interesa este contrato porque me ofrecen altos ______ sociales.
   a ascenso   **b** informes   **c** beneficios

3 Quisiera encontrar un trabajo a ______ para poder seguir con mis estudios por las tardes.
   a tiempo completo   **b** tiempo parcial   **c** prácticas laborales

4 En esta empresa la edad de ______ es a los 60 años.
   a despido   **b** contrato   **c** jubilación

5 Tras el escándalo producido por alto directivo de la empresa, el director no tuvo más remedio que ______ de su puesto.
   a dimitir   **b** renunciar   **c** dejar

6 Inmediatamente después de ver el anuncio en el periódico llamé para pedir una ______ (de trabajo).
   a solicitud   **b** informe   **c** sueldo

E Escribe una pequeña descripción sobre ti mismo; menciona a qué te dedicas *(what you do for a living)*, dónde trabajas, y describe tu profesión mencionando algunos aspectos positivos y negativos sobre ella.

Ejemplo:
si está o no bien pagado, si el horario es bueno o no, si está cerca o lejos de tu casa...

3 Un Currículum Vitae

A Lee este CV y busca en el diccionario las expresiones que no entiendas.

DATOS PERSONALES	
Nombre:	Carmen López Tello
Dirección:	C/ Seis de Junio, 9 Valdepeñas (C. Real), España
Teléfono:	926 31 21 49
Dirección electrónica:	clopez@Iberomail.com
Fecha de Nacimiento:	03 12 1980
D.N.I.	70465283-Q
EXPERIENCIA PROFESIONAL	
2003 (hasta la fecha)	Periodista, *El Canfali* Ciudad Real
2001–2002	Contrato de un año, en el periódico *El Pueblo*, haciendo prácticas laborales a tiempo parcial
FORMACIÓN ACADÉMICA	
2002–2003	Master en 'Periodismo Audiovisual', Universidad de Alcalá
1998–2002	Licenciatura en 'Ciencias de la información' (Periodismo), Universidad Complutense de Madrid
CURSOS Y SEMINARIOS	
2003	Curso de Imagen, Universidad Autónoma de Madrid
OTROS CONOCIMIENTOS	
Idiomas:	Español (Lengua Materna) e inglés 'Diploma de la Escuela Oficial de Idiomas (Nivel Avanzado)'
Informática:	Windows, Excel y PowerPoint a nivel usuario

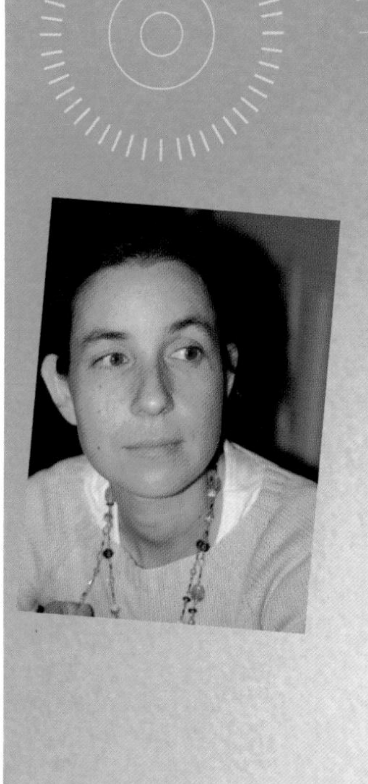

hispanic world

LEARNING TIP

- *To drive* = conducir (in Spain) / manejar (in Latin America).
- *Driving licence* = permiso de conducir (in Spain) / Licencia de manejar (in Latin America).

B Imagina que eres Carmen. Lee estos anuncios de trabajo. ¿Cuál de ellos solicitarías y por qué?

1

EMPRESA MULTINACIONAL EN EL SECTOR FOTOGRÁFICO

Desea incorporar en plantilla:
UN TÉCNICO DE IMAGEN

Se exige:
- Formación profesional rama imagen a nivel medio
- Edad 25-35 años
- Disponibilidad para viajar
- Experiencia mínima de dos años en un puesto similar

Se valora:
- Vehículo propio
- Alta capacidad de relación
- Personalidad dinámica y revolucionaria

Se ofrece:
- Incorporación inmediata
- Retribución fija más incentivos
- Posibilidades de desarrollo personal
- Un mes de vacaciones

Interesados enviar currículum y carta de presentación al apartado de Correos 671 28067 Madrid.

2

IMPORTANTE CADENA DE TELEVISIÓN
BUSCA
CORRESPONSAL

PARA SU SECCION DE NOTICAS EXTRANJERAS

Se requiere:
- Experiencia mínima de tres años en cualquier campo de la información
- Dotes de organización y coordinación
- Formación en Periodismo a nivel superior
- Se valora el conocimiento de informática, otros idiomas

Se ofrece:
- Incorporación inmediata
- Contrato de trabajo y Seguridad Social
- Otros beneficios sociales (plan de jubilación)
- Salario en función de experiencia
- Cuatro semanas de vacaciones
- Posibilidades de desarrollo profesional

Interesados remitir Currículum Vitae a:
recursoshumanos@elpueblo.es

3

GRUPO EDITORIAL
Necesita
REDACTOR JEFE

Buscamos:
Un profesional de edad media, con iniciativa, alto nivel de responsabilidad, capacidad de organización y comunicación. Con una experiencia mínima de diez años en el sector y con una formación académica a nivel superior.

Ofrecemos:
Incorporación inmediata a una editorial líder dentro del mercado. Salario entorno a 80.000€ anuales brutos con posibilidad de revisión a los dos años y beneficios sociales (seguro de salud y vida, así como un excelente plan de jubilación).

Interesados remitir currículum vitae y carta de presentación al apartado de correos 13300 (28050 Madrid), indicando en el sobre: Ref. RJ676

4

¡OPORTUNIDAD ÚNICA!

Buscamos jóvenes entre 18 y 23 años, para ayudar con niños de 8 a 15 años en campamentos de verano organizados por toda España.

Requisitos: Don de gentes, capacidad comunicativa y organizativa, habilidad de animar y motivar grupos y por supuesto afición a los deportes.

Valoramos: Una buena formación cultural, el permiso de conducir y los conocimientos de otros idiomas.

Interesados llamar al teléfono 91 316 15 50 para pedir una solicitud de trabajo o descargarla de nuestra página Web campamentosdeverano@todaespaña.es

website has further practice

C Escucha estas tres entrevistas de trabajo. ¿Cuál de ellas es de Carmen? ¿Por qué? ¿A qué anuncios de la actividad B corresponden las otras dos entrevistas? ¿Por qué?

D Lee estas cartas escritas en dos estilos distintos para acompañar el currículum de Carmen. Señala la carta que nunca enviarías acompañando un currículum vitae y explica por qué.

1

Sevilla, 30 de mayo de 200-

Muy Señores míos:

Les escribo en respuesta a su anuncio publicado en el diario de hoy, referente al puesto de corresponsal. A continuación paso a informarles de mis estudios y experiencia profesional.

Tengo un master en 'Periodismo Audiovisual' por la Universidad de Alcalá y una licenciatura en 'Periodismo' por la Universidad Complutense. Como verán durante el 2001-2 hice mis prácticas laborales en su periódico. Actualmente trabajo en *El Canfali* donde pueden conseguir si lo desean referencias de mis jefes. Para cualquier aclaración, no duden en ponerse en contacto conmigo.

Adjunto mi currículum vitae, fotocopias de mi licenciatura y master.

En espera de sus noticias les saluda atentamente.

Carmen López Tello
C/ Seis de Junio, 9
Valdepeñas (C. Real)
España

2

Sevilla, 30 de mayo de 200-

Queridos Señores:

He visto vuestro anuncio publicado en el diario de hoy, referente al puesto de corresponsal. A continuación paso a informaros de mis estudios y experiencia profesional.

Terminé un master en 'Periodismo Audiovisual' por la Universidad de Alcalá en el año 2003. También tengo una licenciatura en 'Periodismo' por la Universidad Complutense. Como veréis, durante el 2001–2 hice mis prácticas laborales con vosotros. En este momento trabajo en *El Canfali* donde podéis conseguir si lo deseáis referencias de mis jefes.

Os puedo asegurar que soy trabajadora, responsable, puntual, sociable y trabajo bien en equipo.

Os mando mi currículum vitae, fotocopias de mi licenciatura y master.
Hasta pronto.

Carmen

E Escribe tu currículum vitae y una carta que lo acompañe.

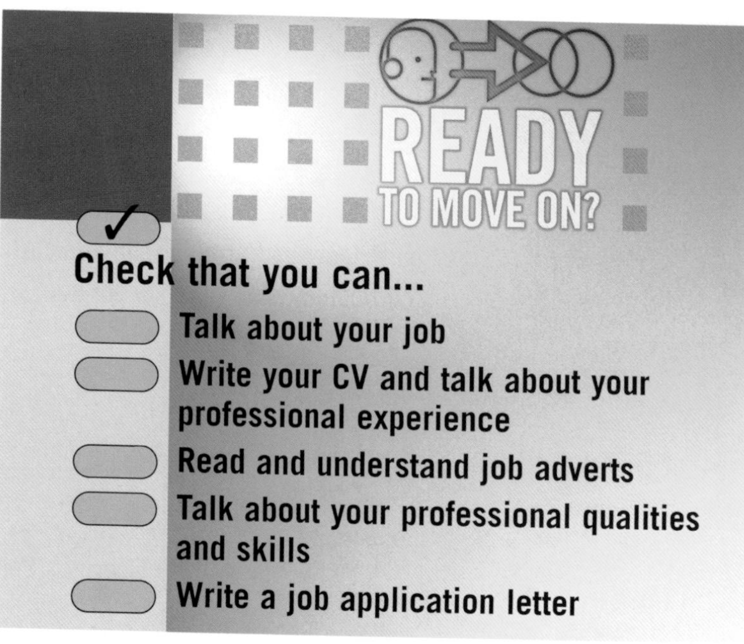

Check that you can...

- Talk about your job
- Write your CV and talk about your professional experience
- Read and understand job adverts
- Talk about your professional qualities and skills
- Write a job application letter

LEARNING TIP

Ya sabíais:

You have already met (in Unit 5) the expression **Me gustaría**, *I would like:*
Me gustaría encontrar un buen trabajo. *I would like to find a good job.*

You have also met useful phrases for giving advice, such as **yo en tu lugar, yo que tú** *(if I were you)* and **deberías** *(you should)*:
Yo que tú pediría un aumento de sueldo o cambiaría de trabajo.
Deberías tomar una solución pronto.

And polite ways of asking for things:
¿Podría(s) ...?
Would you be able to ...?
¿Podría ayudarme con esta solicitud de trabajo?
¿Sería(s) tan amable de ...?
Would you be so kind as to...?
¿Sería tan amable de ponerme con el Señor Romero, director de Marketing?
¿Le/Te importaría ...?
Would you mind ...?
¿Le importaría explicarme el plan de jubilación que tienen?
¿Le/Te molestaría ...?
Would it bother you to ...?
¿Le molestaría enseñarme otra vez cómo se hace?

4 Le daría un consejo de cortesía

A ¿Qué dirías en las siguientes situaciones?

Ejemplo:
Tu amigo tose y fuma constantemente.
Yo en tu lugar dejaría de fumar.

1 Llamas por teléfono a un hotel y quieres hablar con la habitación 276.
2 Estás en el metro, has llegado a tu parada, la puerta está llena de gente y quieres salir.
3 Estás con tu amigo, él está muy disgustado, ha ido a la farmacia y ha engordado otros cinco kilos.
4 Quieres salir media hora antes del trabajo y vas a hablar con tu jefe.
5 Tu madre está leyendo un libro, pero tiene el libro demasiado cerca de los ojos.
6 Son las dos de la mañana, quieres dormirte pero tus vecinos tienen el volumen de la tele muy alto.
7 Necesitas 100€ y llamas a un amigo.

LANGUAGE FOCUS

El condicional

In English hypothetical ideas are expressed with the word 'would' and in Spanish with the conditional tense.

As with the future tense, the conditional is formed with the whole infinitive, to which endings are added as follows:

VERBOS REGULARES		
yo tú usted, él/ella nosotros/as vosotros/as ustedes, ellos/ellas	**contratar** **responder** **despedir**	**ía** **ías** **ía** **íamos** **íais** **ían**

Ejemplo:
Yo **despediría** y **contrataría** a otra persona más competente, pero el sindicato **respondería** con otra huelga.

Remember:

- The same endings are used for the three conjugations: **-ar**, **-er** and **-ir**.
- The conditional has an accent on all forms.
- In English we use 'would' or 'should' followed by a main verb to form the conditional, but in Spanish we use one word only:
  Nunca trabajaría por amor al arte. *I would never work for the love of it.*

Irregular conditionals

As with the future tense, there are few irregular verbs in the conditional, and they are only irregular in the stem, not in the endings. To form the conditional, just add the endings to the irregular stem.

VERBOS IRREGULARES			
caber	**cabr**		
decir	**dir**		
haber	**habr**		
hacer	**har**	(yo)	**ía**
poder	**podr**	(tú)	**ías**
poner	**pondr**	(usted, él/ella)	**ía**
querer	**querr**	(nosotros/as)	**íamos**
saber	**sabr**	(vosotros/as)	**íais**
salir	**saldr**	(ustedes, ellos/ellas)	**ían**
tener	**tendr**		
valer	**valdr**		
venir	**vendr**		

The conditional of **hay** is **habría**:
Habría que leer el contrato otra vez.

Compare the table with the future tense in Unit 6 (pp107–109). What do you notice?

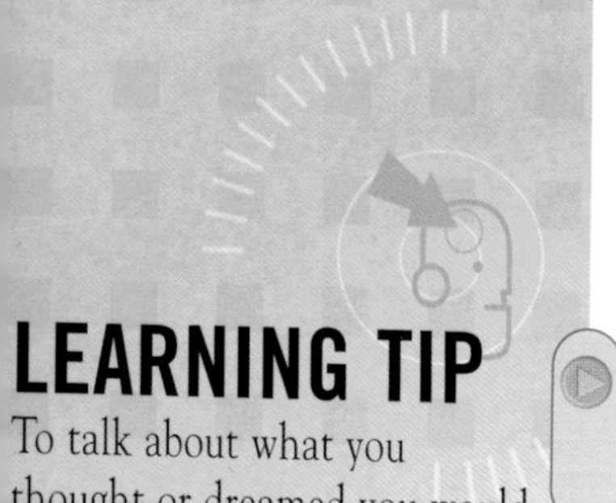

LEARNING TIP

To talk about what you thought or dreamed you would do, you can use the imperfect tense followed by the conditional:

Antes **soñaba** que un día **tendría, iría, hablaría, viviría, cantaría, me casaría, estudiaría, trabajaría**…

You will find further practice on our website

B Lee el texto y rellena los huecos con el condicional del verbo correspondiente.

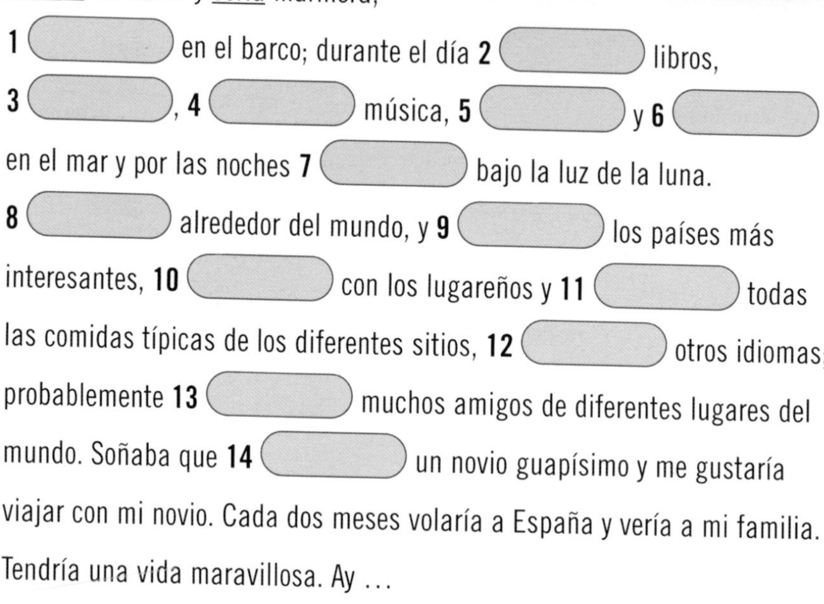

Cuando era pequeña soñaba que un día:

tendría un barco y sería marinera, **1** ______ en el barco; durante el día **2** ______ libros, **3** ______, **4** ______ música, **5** ______ y **6** ______ en el mar y por las noches **7** ______ bajo la luz de la luna. **8** ______ alrededor del mundo, y **9** ______ los países más interesantes, **10** ______ con los lugareños y **11** ______ todas las comidas típicas de los diferentes sitios, **12** ______ otros idiomas; probablemente **13** ______ muchos amigos de diferentes lugares del mundo. Soñaba que **14** ______ un novio guapísimo y me gustaría viajar con mi novio. Cada dos meses volaría a España y vería a mi familia. Tendría una vida maravillosa. Ay …

aprender **visitar** **pescar** **cantar** **leer** **nadar** **navegar** **probar** **tener x2** **hablar** **cenar** **escuchar** **vivir**

C Ahora escucha y comprueba. Recuerda, a veces puede haber más de un verbo correcto en un hueco. ¿Ha sido éste tu caso? *Has this been your experience?*

D ¿Qué harías? Haz una encuesta en la clase sobre vuestros sueños *(dreams)* y apunta los más comunes.

LANGUAGE FOCUS

More uses of the conditional

- As with the future tense, Spanish speakers also use the conditional to speculate, to express probability with a question, or with expressions such as 'I wonder'. In the case of the future, the speculation is in the present, but in the conditional it is in the past:

  ¿Quién ganaría las elecciones? *(I wondered) who would win the elections.*
  ¿Qué tal le iría a Elena con la entrevista? *I wondered how Elena would do in the interview.*
  ¿Le ofrecerían el trabajo? *Would they offer her the job?*

- The conditional is also used to express what would happen in a particular situation, given a particular set of circumstances.

  ¿Qué harías después de empezar un nuevo trabajo? *What would you do after starting a new job?*
  Pediría una hipoteca y me compraría un piso. *I would ask for a mortgage and buy a flat.*

- As we have already seen, it can also be used to give suggestions or advice and make polite requests:

  Yo en tú lugar …; Yo, que tú …; Deberías …
  ¿Podría ayudarme con …? ¿Sería tan amable de …?

E Estás en casa leyendo un artículo en el periódico sobre una reunión que hubo ayer entre el ayuntamiento y un grupo de activistas ecológicos que tú conoces. Escribe una lista del tipo de preguntas que te harías a ti mismo/a, sobre el transcurso de la reunión, antes de hablar con ellos. Puedes ayudarte con el vocabulario del recuadro.

Ejemplo:
¿Qué tal les iría la reunión con el alcalde y los concejales?

¿Hablarían de …, conseguirían …, discutirían …?
- el transporte público, los humos/la congestión
- las tres erres 'reducir, reutilizar, reciclar'
- el problema con los residuos
- los centros/bancos de reciclaje de envases, latas, papel, vidrios

F Imagina que te nombran presidente del gobierno. ¿Qué harías para resolver algunos de estos problemas (elige cuatro)?

1 La deforestación de los bosques
2 El efecto invernadero
3 El calentamiento de la tierra
4 La destrucción de la capa de ozono
5 La contaminación del aire o lluvia ácida
6 El agotamiento de recursos naturales
7 La erosión de las montañas
8 La desaparición de especies animales, vegetales o plantas
9 El derretimiento de los polos
10 La subida del nivel del mar

For more activities on this unit, go to our website

G Estableced un debate e intercambiad opiniones sobre problemas medioambientales y ecológicos.

Recuerda usar expresiones como:

- pienso que …, en mi opinión …, creo que …, a mí me parece que …, estoy (totalmente o completamente) de acuerdo contigo
  estoy (totalmente o completamente) de acuerdo con lo que dices
- por ejemplo *(to support an opinion)*
- pero, aunque, por otro lado, sin embargo *(to contrast an opinion)*

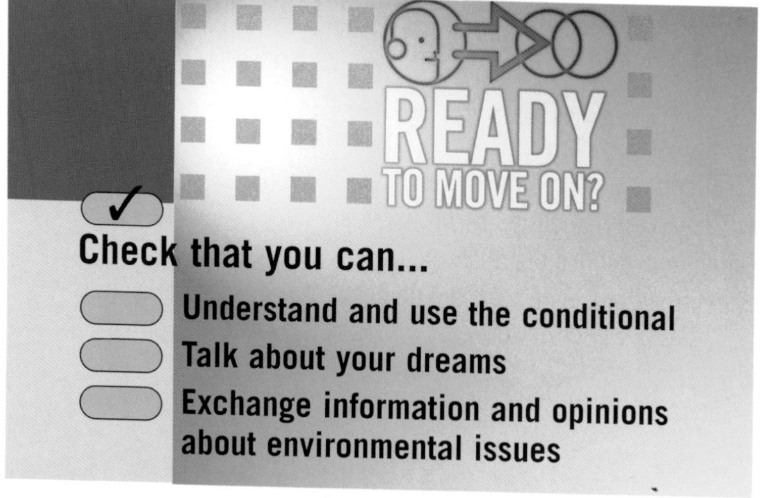

READY
TO MOVE ON?
Check that you can...
Understand and use the conditional
Talk about your dreams
Exchange information and opinions about environmental issues

Descubre el mundo HISPANO

Quiz sobre el mundo hispano

¿Cuánto sabemos sobre España y Latinoamérica?

Ejemplo:
Ernesto Guevara 'el Che' nació en
a Cuba **b** Bolivia **c** Argentina ✓

1 ¿En cuál de estos países encontramos el español como segunda lengua oficial?
a Malta
b Estados Unidos
c Canadá

2 ¿Dónde podemos encontrar la lengua española como lengua oficial en África?
a Guinea Ecuatorial
b Sudáfrica
c Congo

3 ¿Cuál de estas lenguas no se habla en Latinoamérica?
a el quechua
b el guaraní
c el saharaui

4 Las Islas Canarias se encuentran en:
a el Mar Mediterráneo
b el Océano Atlántico
c el estrecho de Gibraltar

5 ______ es el nombre oficial de España.
a República Española
b Reino de España
c España Constitucional

6 Por primera vez en la historia, en ______ Venezuela conquistó los títulos de Miss Mundo y Miss Universo en el mismo año.
a 1981
b 2000
c 1952

7 El ______ es el baile típico dominicano.
a flamenco
b rumba
c merengue

8 La cocina 'Tex-Mex' es una cocina típica:
a mexicana
b americana
c ninguna

9 ¿Con cuál de estos países no limita Chile?
a Perú
b Bolivia
c Uruguay

10 En Perú podemos encontrar el punto ferroviario más alto del mundo y el lago navegable más alto de mundo, llamados

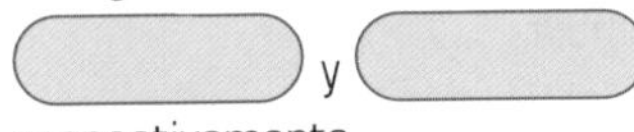

respectivamente.
a La Raya y Titicaca
b Cuzco y Titicaca
c Machu y Picchu

11 La península del Yucatán se encuentra en
a California
b Florida
c México

12 El ejército costarricense fue abolido en 1948, por lo que este presupuesto lo invierten en
a mejoras sociales
b compra de armamento
c ayudar al tercer mundo

13 ¿Quién de estos personajes no es un argentino?
a Jorge Luis Borges
b Salvador Allende
c Carlos Gardel

14 Colombia no es el primer productor en cantidad pero sí en calidad de
- **a** maíz
- **b** chocolate
- **c** café

15 Hoy día la medicina alternativa y la utilización de hierbas está mucho más arraigada en ______ que en cualquier país del continente americano.
- **a** Bolivia
- **b** Costa Rica
- **c** República Dominicana

16 El único país en Latinoamérica que no tiene salida al mar es
- **a** Paraguay
- **b** Uruguay
- **c** Nicaragua

17 En 1903 Panamá se independizó de
- **a** Colombia
- **b** Estados Unidos
- **c** España

18 El ______ es el deporte nacional de Cuba.
- **a** fútbol
- **b** baloncesto
- **c** béisbol

19 La capital de Paraguay es
- **a** Asunción
- **b** Montevideo
- **c** La Paz

20 ¿A cuál de estos países se le conoció durante un tiempo con el seudónimo de 'República Banana'?
- **a** Honduras
- **b** Cuba
- **c** República Dominicana

21 La moneda oficial de El Salvador es:
- **a** la lempira
- **b** el colón
- **c** el peso

22 En ______ podemos encontrar el tiburón de agua dulce:
- **a** Nicaragua
- **b** México
- **c** Venezuela

23 ¿Cuál de estos países está situado entre los dos hemisferios?
- **a** Panamá
- **b** Paraguay
- **c** Ecuador

24 Tegucigalpa es la capital de
- **a** Costa Rica
- **b** Honduras
- **c** Colombia

25 ¿Cuál de estas civilizaciones se desarrolló en Perú?
- **a** azteca
- **b** inca
- **c** maya

GLOSSARY

Sustantivos

abogado (m) lawyer
anuncio (m) announcement, advert
apartado de correos (m) PO Box
bombero (m) firefighter
cajero (m) cashier
calentamiento (m) warming
camarero (m) waiter
camionero (m) lorry-driver
campamento (m) camp
carnicero (m) butcher
carpintero (m) carpenter
chiste (m) joke
científico (m) scientist
cita (f) date, appointment
cocinero (m) cook
conductor (m) driver
contable (m/f) accountant
corresponsal (m/f) correspondent
derretimiento (m) melting
desaparición (f) disappearance
despido (m) sacking (from a job)
dominio (m) mastery
don (m) **de gentes** good interpersonal skills
editorial (f) publishing house
efecto (m) **invernadero** greenhouse effect
especie (f) type, species
estilo (m) style
fecha (f) date
formación (f) training
herido (m) injured person, casualty
hoja (f) **de cálculo** spreadsheet
horario (m) timetable, schedule
huelga (f) strike
informática (f) IT
jubilación (f) retirement
jefe (m) chief, boss
lanzamiento (m) launch
lenguaje (m) language
licencia de manejar driving licence (in Latin America)
licenciado (m) graduate
licenciatura (f) university degree
líder (m) leader
maestro (m) teacher
mando (m) leadership
nacimiento (m) birth
oído (m) ear (for music)
operación (f) **salida** police operation to ensure safe traffic flow at the start of the holiday season
parada (f) (bus) stop
peinado (m) hairstyle
peluquero (m) hairdresser
periodismo (m) journalism
periodista (m/f) journalist

GLOSSARY

permiso (m) **de conducir** — driving licence (in Spain)
prácticas (f pl) — work placement
presupuesto (m) — budget
prueba (f) **de la alcoholemia** — breath test
puente (m) — bridge; (here) long weekend holiday
rama (f) — branch
redactor (m) — editor
reloj (m) — watch, clock
requisito (m) — requisite
retribución (f) — pay
sindicato (m) — trade union
solicitud (f) — application
tiburón (m) — shark
vecino (m) — neighbour

Verbos

adjuntar — to attach
chocar — to crash
dimitir (de) — to resign from
discutir — to discuss, argue
engordar — to put on weight, to get fat
frenar — to brake
parar — to stop
renunciar (a) — to resign (from); to give up, to relinquish
solicitar — to apply for

Adjetivos

bruto — gross (wage etc.); ignorant (person)
disgustado — upset
ferroviario — railway
fijo — fixed
grave — serious
leve — slight
lugareño — local
navegable — navigable
propio — of one's own

Diversos

a tiempo parcial — part-time
bruscamente — sharply
en torno a — around
sin embargo — however, nevertheless

LANGUAGE SUMMARY

NOUNS

Spanish has two genders. Nouns are either masculine or feminine:

mesa *table* (feminine)
libro *book* (masculine)

In general, if a noun ends in **o**, it is masculine, and if it ends in **a**, it is feminine.

There are other types of noun ending in Spanish: some end in **-e**, others with a consonant. Some of these are masculine and others feminine, e.g.:

coche	*car*	(masculine)
calle	*street*	(feminine)
hotel	*hotel*	(masculine)
catedral	*cathedral*	(feminine)

In the case of animals and people e.g. **hermano** (*brother*) and **hermana** (*sister*) or **perro** (*male dog*) and **perra** (*female dog*), the sex decides the gender of the noun. In a few cases, as in English there is a different form for each, e.g. **hombre** (*man*) / **mujer** (*woman*), **caballo** (*stallion*) / **yegua** (*mare*).

Some nouns referring to people (nationalities, occupations) have both a masculine and a feminine form, e.g.:

español	*Spanish man*	española	*Spanish woman*
hijo	*son*	hija	*daughter*
profesor	*male teacher*	profesora	*female teacher*
arquitecto	*architect (m)*	arquitecta	*architect (f)*

But others have the same form for masculine and feminine, e.g.:

canadiense	*Canadian*
estudiante	*student*
artista	*artist*

See rules for adjectives on page 202 for how to change from masculine to feminine.

General rules for forming the plural:

- ending in a vowel: add an **-s**
  primos *cousins*
- ending in a consonant: add **-es**
  españoles *Spanish people*

ARTICLES

The definite article

The article *the* is translated into Spanish by **el**, **la**, **los** or **las**, depending on whether the noun is masculine or feminine, singular or plural.

el pollo (*the chicken*)	masculine singular
la naranja (*the orange*)	feminine singular
los guisantes (*the peas*)	masculine plural
las verduras (*the vegetables*)	feminine plural

The indefinite article

un pollo (*a chicken*)	masculine singular
una naranja (*an orange*)	feminine singular
unos guisantes (*some peas*)	masculine plural
unas verduras (*some vegetables*)	feminine plural

In Spanish, the words for *a* or *an* are not used when talking about jobs or occupations.

Soy profesor. *I'm a teacher.*

ADJECTIVES

Spanish adjectives agree in gender and number with the nouns they describe. The form you see in the dictionary is usually the masculine singular form.

To make the feminine form, you may need to change the adjective:

1. Adjectives ending in **-o** change to **-a**:
   chin**o** → chin**a**
2. Adjectives ending in **-e** do not change:
   estadounidense → estadounidense
3. Most adjectives ending in a consonant add **-a**:
   español → español**a**
   trabajador → trabajador**a**
   encantador → ecantador**a**

Adjectives (including nationalities) that have an accent on the last syllable lose the accent in the feminine form:
japonés → japonesa   inglés → inglesa

General rules for forming the plural:

- ending in a vowel add **-s**:
  lejan**o** lejano**s** (masc. pl.)
  extranjer**a** extranjera**s** (fem. pl.)
- ending in a consonant add **-es**:
  úti**l** útil**es** (masc. pl.)
  mayo**r** mayor**es**

VERBS

El presente / *Present tense*

The present tense is used to talk about what happens generally or about current situations:

Regular verbs

	-AR **estudiar** *(to study)*	-ER **leer** *(to read)*	-IR **escribir** *(to write)*
yo	estudi**o**	le**o**	escrib**o**
tú	estudi**as**	le**es**	escrib**es**
usted	estudi**a**	le**e**	escrib**e**
él/ella	estudi**a**	le**e**	escrib**e**
nosotros/nosotras	estudi**amos**	le**emos**	escrib**imos**
vosotros/vosotras	estudi**áis**	le**éis**	escrib**ís**
ustedes	estudi**an**	le**en**	escrib**en**
ellos/ellas	estudi**an**	le**en**	escrib**en**

Todos los días tomo un autobús. *Every day I catch a bus.*
Yo estudio español este año. *I am studying Spanish this year.*

Reflexive verbs

Most Spanish verbs can be reflexive. When the verb acts on the subject, we use the reflexive form. But if the verb acts on something else, we use the non-reflexive form.

When a verb is reflexive, it has an additional reflexive pronoun.

Reflexive	**Non-reflexive**
Carmen se baña.	Carmen baña al niño.

	Reflexive pronoun	levantar**se** *(to get up)*
yo	**me**	levanto
tú	**te**	levantas
usted	**se**	levanta
él/ella	**se**	levanta
nosotros/nosotras	**nos**	levantamos
vosotros/vosotras	**os**	levantáis
ustedes	**se**	levantan
ellos/ellas	**se**	levantan

Common reflexive verbs

acordarse (de) (o>ue)	*to remember*
acostarse (o>ue)	*to go to bed*
afeitarse	*to shave*
bañarse	*to take a bath, to bathe*
cepillarse	*to brush (one's hair)*
cuidarse	*to take care (of oneself)*
despedirse (de) (e>i)	*to say goodbye (to)*
despertarse (e>ie)	*to wake up*
dormirse (o>ue)	*to go to sleep*
ducharse	*to take shower*
enojarse (con)	*to get angry (with)*
irse	*to go away, to leave*
lavarse	*to wash (oneself)*
levantarse	*to get up*
llamarse	*to be called*
maquillarse	*to put on make-up*
peinarse	*to comb (one's hair)*
pintarse	*to put on make-up*
ponerse (la ropa)	*to put on (one's clothes)*
preocuparse (por)	*to worry (about)*
probarse (o>ue)	*to try on*
quedarse	*to stay, to remain*
quitarse (la ropa)	*to take off (one's clothes)*
secarse (el pelo, el cuerpo)	*to dry (one's hair, one's body)*
sentarse (e>ie)	*to sit down*
sentirse (e>ie)	*to feel*
vestirse (e>i)	*to get dressed*

Irregular verbs

There are many irregular verbs in Spanish.
Here are three of the most common:

	ser (*to be*)	**estar** (*to be*)	**ir** (*to go*)
yo	**soy**	**estoy**	**voy**
tú	**eres**	**estás**	**vas**
usted, él/ella	**es**	**está**	**va**
nosotros/as	**somos**	**estamos**	**vamos**
vosotros/as	**sois**	**estáis**	**vais**
ustedes, ellos/as	**son**	**están**	**van**

Some verbs have irregular **yo** forms:

hacer (*to do, make*)	hago
salir (*to go out*)	salgo
dar (*to give*)	doy
ver (*to see*)	voy
saber (*to know*)	sé
traer (*to bring*)	traigo
poner (*to put*)	pongo
conocer (*to know*)	conozco

Stem-changing verbs

Some verbs have a change to their stem vowel when the vowel is stressed, which in the present tense is in all except the **nosotros/as** and **vosotros/as** forms.

The change is **e** to **ie**, **o** to **ue**, **u** to **ue** or **e** to **i**:

	querer (ie) *to want/love*	**preferir (ie)** *to prefer*	**poder (ue)** *to be able*	**jugar (ue)** *to play*	**pedir (i)** *to ask (for)*
yo	qu**ie**ro	pref**ie**ro	p**ue**do	j**ue**go	p**i**do
tú	qu**ie**res	pref**ie**res	p**ue**des	j**ue**gas	p**i**des
Vd., él/ella	qu**ie**re	pref**ie**re	p**ue**de	j**ue**ga	p**i**de
nosotros/as	queremos	preferimos	podemos	jugamos	pedimos
vosotros/as	queréis	preferís	podéis	jugáis	pedís
Vds., ellos/as	qu**ie**ren	pref**ie**ren	p**ue**den	j**ue**gan	p**i**den

Some verbs have both irregularities: a change to the **yo** form as well as to the stem vowel:

	tener *to have*	**venir** *to come*	**decir** *to say/tell*	**oír** *to hear*
yo	**tengo**	**vengo**	**digo**	**oigo**
tú	t**ie**nes	v**ie**nes	d**i**ces	o**y**es
Vd.,él/ella	t**ie**ne	v**ie**ne	d**i**ce	o**y**e
nosotros/as	tenemos	venimos	decimos	oímos
vosotros/as	tenéis	venís	decís	oís
Vds.,ellos/as	t**ie**nen	v**ie**nen	d**i**cen	o**y**en

Other verbs in this category are: **servir, vestirse, dormirse**.

Uses of *ser* and *estar*

The verbs **ser** and **estar** both mean 'to be', but they are used to express different kinds of information. Here is a list of their uses:

Ser

• Name/identification	Soy Ana Hurtado. Es Doña Ana.
• Origin/nationality	Soy de Chile, soy chileno/a.
• Profession/occupation	Soy arquitecto/a.
• Permanent descriptions: physical or character	Soy alto/a, soy tímido/a. La casa es grande.
• What something is made of	La mesa es de madera.
• Dates and times	Es lunes, es el 12 de octubre, es la una de la tarde.
• Location of events	El examen es en el aula magna.
• Ownership	Este libro es mío y éste es para ti.

Estar

• Location	Juan está en su apartamento, su apartamento está en el centro de Madrid y Madrid está en España.
• Health	¿Cómo estás? Estoy enfermo.
• Emotion and physical conditions (changeable)	Eva está cansada y también está preocupada.
• Weather expressions	Está nublado, está despejado.
• Action in progress	Estoy estudiando.

Remember:

• Marital status	In Latin America you say **soy casado**. But in Spain you say **estoy casado**.

El futuro inmediato / *Immediate future*

The immediate future is used to say what you are going to do.
It is formed with the present tense of **ir** *(to go)* + **a** + infinitive:

yo	**voy**	**a** + infinitive
tú	**vas**	
usted, él/ella	**va**	
nosotros/as	**vamos**	
vosotros/as	**vais**	
ustedes, ellos/ellas	**van**	

Este año **voy a leer** literatura española, **voy a escribir** muchos ensayos en español y **voy a viajar** por toda América Latina.
This year, I'm going to study Spanish literature, I'm going to write lots of essays in Spanish and I'm going to travel through the whole of Latin America.

El presente continuo / Present continuous

The present continuous tense is used to emphasise an action that is in progress at that moment. It is formed with **estar** + present participle:

yo	**estoy**		
tú	**estás**		
usted	**está**	enseñ**ando**	
él/ella	**está**	aprend**iendo**	
nosotros/nosotras	**estamos**	describ**iendo**	
vosotros/vosotras	**estáis**		
ustedes	**están**		
ellos/ellas	**están**		

Irregular particples:	
leer	**leyendo**
oír	**oyendo**
dormir	**durmiendo**
pedir	**pidiendo**
seguir	**siguiendo**

¿Qué estás hac**iendo**? Estoy estud**iando**. *What are you doing? I am studying.*

El pretérito indefinido / Preterite (simple past)

The preterite or simple past tense is used to talk about past actions or events that are complete or that lasted a definite period of time and ended in the past.

There is one set of endings for **-ar** verbs and another for **-er** and **-ir** verbs.

Regular verbs

	-AR escuchar	**-ER entender**	**-IR discutir**
yo	escuch**é**	entend**í**	discut**í**
tú	escuch**aste**	entend**iste**	discut**iste**
usted, él/ella	escuch**ó**	entend**ió**	discut**ió**
nosotros/as	escuch**amos**	entend**imos**	discut**imos**
vosotros/as	escuch**asteis**	entend**isteis**	discut**isteis**
ustedes, ellos/ellas	escuch**aron**	entend**ieron**	discut**ieron**

Key words used with the preterite are: anoche, ayer, anteayer, hace unos días, la semana pasada, el mes pasado.

Irregular verbs

Some verbs are irregular in the preterite. Notice that the endings have no written accent, unlike regular preterite verbs.

andar	**anduv**		
estar	**estuv**		
decir	**dij**[2]		
hacer	**hic / hiz**[1]	(yo)	**e**
poder	**pud**	(tú)	**iste**
poner	**pus**	(Vd, él/ella)	**o**
querer	**quis**	(nosotros/as)	**imos**
saber	**sup**	(vosotros/as)	**isteis**
tener	**tuv**	(Vds, ellos/ellas)	**ieron**
traer	**traj**[3]		
venir	**vin**		

[1]With **hacer** the spelling changes from **c** to **z** in the third person singular: **hizo**.
[2/3]With verbs **decir** and **traer** the preterite stem ends in **j**, and the **i** is dropped in the third person plural: **dijeron**, **trajeron**.

The preterite of **hay** is **hubo**:
Hoy hay mucho trabajo, pero ayer **hubo** poco.

Spanish verbs ending in **-ar** and **-er** which are stem-changing in the present tense do not change their stem in the preterite. Verbs ending in **-ir** which are stem-changing in the present tense also change their stems in the preterite.

These are very easy to learn: the **-e** from the infinitive stem changes to **-i** and the **-o** to **-u** in the third person only.

p**e**dir (*to ask for*)		d**o**rmir (*to sleep*)	
Presente	***Pretérito indefinido***	***Presente***	***Pretérito indefinido***
yo pido	yo pedí	yo duermo	yo dormí
él pide	él p**i**dió	él duerme	él d**u**rmió
ellos/as piden	ellos/as pidieron	ellos/as duermen	ellos/as durmieron

Other verbs in this category are: **servir**, **morir**, **vestirse**.

El pretérito perfecto / Present perfect

The present perfect tense is used to talk about actions or events that have happened recently. The action has finished, but the period of time in which it happened is still ongoing.

Key words used with present perfect: hoy, esta semana, este mes, este año, ya, aún no, todavía no, nunca.

This tense is formed with the present tense of **haber** + past participle.

Past participles are formed from the stem of the verb. They have one ending for **-ar** verbs (**-ado**) and another for **-er** and **-ir** verbs (**-ido**).

Regular verbs

	haber *Auxiliary*	-AR **llegar** *Past participle*	-ER / -IR **perder/salir** *Past participle*
yo	**he**		
tú	**has**		
usted, él/ella	**ha**	lleg**ado**	perd**ido**
nosotros/as	**hemos**		sal**ido**
vosotros/as	**habéis**		
ustedes, ellos/ellas	**han**		

Esta mañana **he llegado** a la oficina tarde. **He perdido** el autobús.

This morning I arrived at the office late. I missed the bus.

Irregular past participles

Some verbs have irregular past participles. Here are some of the most common:

abrir *(to open)*	**abierto**	poner *(to put)*	**puesto**
decir *(to say, tell)*	**dicho**	romper *(to break)*	**roto**
escribir *(to write)*	**escrito**	ver *(to see)*	**visto**
hacer *(to do, to make)*	**hecho**	volver *(to return)*	**vuelto**

El pretérito imperfecto / Imperfect

The imperfect tense is used:

- To talk about repeated or habitual actions, events or conditions that occurred in the past or that were in progress in the past.
- To describe physical characteristics and mental and physical states and conditions in the past.

Key words used with the imperfect are: antes, entonces, de pequeño/joven, cuando, en aquella época, en aquellos años, en + date.

Like the other past tenses, the imperfect has two sets of endings: one for **-ar** verbs and another for **-er** and **-ir** verbs.

Regular verbs

	-AR **crear** *(to create)*	-ER **mover** *(to move)*	-IR **imprimir** *(to print)*
yo	cre**aba**	mov**ía**	imprim**ía**
tú	cre**abas**	mov**ías**	imprim**ías**
usted, él/ella	cre**aba**	mov**ía**	imprim**ía**
nosotros/as	cre**ábamos**	mov**íamos**	imprim**íamos**
vosotros/as	cre**abais**	mov**íais**	imprim**íais**
ustedes ellos/ellas	cre**aban**	mov**ían**	imprim**ían**

Note that **-ar** verbs have an accent only on the first **á** of the **nosotros** form but **-er** and **-ir** verbs have an accent on the first **í** of all endings.

Irregular verbs

There are only three verbs which do not follow the regular pattern:

	ser	ir	ver
yo	**era**	**iba**	**veía**
tú	**eras**	**ibas**	**veías**
usted, él/ella	**era**	**iba**	**veía**
nosotros/as	**éramos**	**íbamos**	**veíamos**
vosotros/as	**erais**	**ibais**	**veíais**
ustedes, ellos/ellas	**eran**	**iban**	**veían**

The imperfect of **hay** is **había**: Hoy hay mucho trafico pero antes **había** poco.

El futuro / Future

The future tense is used:

- To refer to future actions and events.
- To express intention, to speculate and to make predictions.

Key words used with the future tense: mañana, pasado mañana, en unos días, la próxima semana, el mes que viene.

Regular verbs

The regular future is formed with the whole infinitive, to which endings are added.

The same endings are used for **-ar**, **-er** and **-ir** verbs.

	Infinitive	*Future ending*
yo		**é**
tú	**bailar**	**ás**
usted, él/ella	**correr**	**á**
nosotros/as	**ir**	**emos**
vosotros/as		**éis**
ustedes, ellos/ellas		**án**

¿Quién ganará las elecciones?
(I wonder) who will win the elections?
¿Lloverá mañana?
Will it rain tomorrow?

Irregular verbs

A few verbs are irregular in the future, but they are only irregular in the stem, not in the endings. To form the future, just add the endings to the irregular stem.

	Stem		*Future ending*
caber	**cabr**		
decir	**dir**		
haber	**habr**		
hacer	**har**	(yo)	**é**
poder	**podr**	(tú)	**ás**
poner	**pondr**	(usted, él/ella)	**á**
querer	**querr**	(nosotros/as)	**emos**
saber	**sabr**	(vosotros/as)	**éis**
salir	**saldr**	(ustedes, ellos/ellas)	**án**
tener	**tendr**		
valer	**valdr**		
venir	**vendr**		

The future of **hay** is **habrá**: Hoy hay poco trabajo, pero mañana **habrá** mucho.

El condicional / Conditional

The conditional is used:

- To express hypothetical or conditional ideas – the English 'would'.
- To speculate in the past: 'I wondered ...'.
- To give suggestions or advice and make polite requests.

Like the future, the conditional of regular verbs is formed from the whole infinitive to which the endings are added.

Regular verbs

	Infinitive	*Conditional ending*
yo		**ía**
tú	**contratar**	**ías**
usted, él/ella		**ía**
nosotros/as	**responder**	**íamos**
vosotros/as	**despedir**	**íais**
ustedes, ellos/ellas		**ían**

Lo **despediría** y **contrataría** a otra persona más competente, pero el sindicato **respondería** con otra huelga.
I would dismiss him and contract someone more competent, but the union would respond with another strike.

Irregular verbs

As with the future tense, there are few irregular verbs in the conditional, and they are only irregular in the stem, not in the endings. To form the conditional, just add the endings to the irregular stem.

	Stem		*Conditional ending*
caber	**cabr**		
decir	**dir**		
haber	**habr**		
hacer	**har**	(yo)	**ía**
poder	**podr**	(tú)	**ías**
poner	**pondr**	(usted, él/ella)	**ía**
querer	**querr**	(nosotros/as)	**íamos**
saber	**sabr**	(vosotros/as)	**íais**
salir	**saldr**	(ustedes, ellos/ellas)	**ían**
tener	**tendr**		
valer	**valdr**		
venir	**vendr**		

The conditional of **hay** is **habría**:
Habría que leer el contrato otra vez.

El imperativo / Imperative

Imperatives are used for commands and instructions. There are different forms, depending on whether you are addressing the person as **tú** or **usted**, and whether you are giving positive or negative instructions. In this book we have used the informal forms to address you – the student, but you will also have come across the formal forms in some of the texts and reading passages.

Positive imperatives

	Informal		*Formal*	
	singular	*plural*	*singular*	*plural*
listen	**escucha**	**escuchad**	**escuche**	**escuchen**
read	**lee**	**leed**	**lea**	**lean**
write	**escribe**	**escribid**	**escriba**	**escriban**

Notes:

1 The positive imperative for **tú** is formed by removing the **-s** ending from the **tú** form of the present tense.
2 The positive imperative for vosotros/as is formed by replacing the **-r** ending of the infinitive with **-d**.
3 The imperative for **usted** is formed by changing the vowel of the **usted** ending:
From **-a** to **-e** for **-ar** verbs; from **-e** to **-a** for **-er** and **-ir** verbs.

The endings are the same as the **usted** forms of the present subjunctive (see below).

Here are some irregular positive imperatives:

	decir	**tener**	**ir**	**venir**	**hacer**	**poner**	**ser**
tú	**di**	**ten**	**ve**	**ven**	**haz**	**pon**	**sé**
usted	**diga**	**tenga**	**vaya**	**venga**	**haga**	**ponga**	**sea**

Negative imperatives

Informal		*Formal*	
singular	*plural*	*singular*	*plural*
no escuches	**no escuchéis**	**no escuche**	**no escuchen**
no leas	**no leáis**	**no lea**	**no lean**
no escribas	**no escribáis**	**no escriba**	**no escriban**

Note: Like the positive formal imperatives, both the formal and informal negative imperatives are forms of the present subjunctive (see below).

El subjuntivo presente / *Present subjunctive*

The subjunctive has many uses in Spanish. One of its main uses is to express emotion: doubt, disbelief, denial, will/influence, uncertainty and so on. Examples of expressions followed by the subjunctive are:

- Quiero que … *I want you to …*
- Espero que … *I hope that …*
- Dudo que … *I doubt that …*
- Es posible que … *It's possible that …*
- Es importante que … *It's important that …*
- Es urgente que … *It's urgent that …*
- Le agradecería que … *I'd be grateful if …*

The present subjunctive is formed from the first person singular of the present tense without the **-o** ending, and with the following endings:

	-AR escuchar	**-ER leer**	**-IR escribir**
yo	escuch**e**	le**a**	escrib**a**
tú	escuch**es**	le**as**	escrib**a**
usted, él/ella	escuch**e**	le**a**	escrib**as**
nosotros	escuch**emos**	le**amos**	escrib**amos**
vosotros	escuch**éis**	le**áis**	escrib**áis**
ustedes, ellos/ellas	escuch**en**	le**an**	escrib**an**

An easy way to remember the present subjunctive is that **-ar** verbs have **e** in the endings, and **-er** and **-ir** verbs have **a** in the endings.

NEGATIVES

Negation with no

no + verb

No soy inglesa, soy estadounidense.

Negation with other negative words

Either negative word + verb:

Nadie estudia. *Nobody studies.*

Or **no** + verb + negative word:

No estudia **nadie**. *Nobody studies.*
No habla **nadie**. *Nobody speaks.*

Note that at least one negative word comes before the verb and sometimes there are several negative words in one sentence:

No, no habla **nadie**. *No, nobody speaks.*
No dice **nada** a **nadie.** *She/He doesn't say anything to anyone.*

This does not constitute a double negative as it would in English.

Indefinite and negative words

Indefinite words like **alguién** (*somebody*) refer to people/ideas that are not specified. Their negative equivalent, e.g. **nadie** (*nobody*) are used in negtive sentences.

Indefinite words	*Negative words*
alguien	nadie
algo	nada
algún/alguno/a/s	ningún/ninguno/a/s
siempre	nunca, jamás
también	tampoco
o ... o	ni ... ni

- Use **algún/ningún** before a masculine singular noun:
  ¿Tienes **algún** amigo en España?
  Sí, tengo algunos amigos en Madrid y Sevilla, pero no tengo **ningún** amigo en el norte de España.
- To express 'too' or 'neither', when in agreement with the previous speaker, use a personal pronoun such as **yo** + **también/tampoco**:
  No tengo ningún amigo en el norte de España.
  Yo tampoco.
- To express the idea of 'neither ... nor', use **ni** ... **ni**:
  No tengo ningún amigo **ni** en el norte **ni** en el sur de España.

VERBS LIKE *GUSTAR*

To express likes and dislikes, you use the verb **gustar** (*to be pleasing / to like*). Remember that the thing which is liked is the subject of the verb so if that thing is singular, you use **gusta**; if it is plural, you use **gustan**. The pronoun before the verb indicates the person who does the liking.

me te le nos os les	gusta	*Singular:* (el/la) *Infinitive:*	Me gusta **el** vino. Me gusta **la** fruta. Me gusta **ver** películas.
	gustan	*Plural:* (los/las)	Me gustan **los** deportes. Me gustan **las** películas españolas.

The following verbs work in the same way as **gustar**:

aburrir	*to bore*
dar igual	*not to be bothered*
doler	*to hurt*
encantar	*to like very much*
faltar	*to lack, to need*
fascinar	*to fascinate*
importar	*to matter*
interesar	*to interest*
molestar	*to bother, to annoy*
quedar	*to be left /to suit (clothing)*

Me encantan los pantalones, pero no me quedan bien.
Me duelen las piernas y no me interesa el fútbol.
A Carmen no le molesta el trabajo, solo le importa ganar dinero.

PRONOUNS

Subject pronouns

yo	*I*
tú	*you* (informal)
usted	*you* (formal)
él	*he*
ella	*she*
nosotros/nosotras	*we*
vosotros/vosotras	*you* (pl. informal)
ustedes	*you* (pl. formal)
ellos/ellas	*they*

Tú is used with people you know, or people of your own age and in informal situations.

Usted is used with older people or in more formal situations.

Spanish speakers use **tutéame** when they want to be informal. It means *Please use the **tú** form with me.*

In Spanish, the personal pronouns are often omitted, as the verb will show you who is carrying out the action:

¿De dónde eres? – Soy española.
¿Dónde vives? – Vivo en Madrid.

Occasionally the personal pronouns are used for clarity or emphasis:
Yo soy de Madrid. ***I'm** from Madrid.*

Object pronouns

Indirect object pronouns These stand in for the indirect object of the verb, usually a person who is the beneficiary of the action.		*Direct object pronouns* These replace the direct object of the verb.	
me	*(to) me*	**me**	*me*
te	*(to) you* (informal)	**te**	*you* (informal)
le (se)[1]	*(to) you* (formal);	**le**	*you* (formal masc.)
	(to) him/her	**la**	*you* (formal fem.); *her; it* (fem.)
		lo[2]	*him; it* (masc.)
nos	*(to) us*	**nos**	*us*
os	*(to) you* (informal)	**os**	*you* (informal)
les (se)[1]	*(to) you* (formal);	**les**	*you* (formal masc.)
	(to) them	**las**	*you* (formal fem.); *them* (fem. people & objects)
		los[2]	*them* (masc. people & objects)

[1]Indirect object pronouns **le** and **les** always change to **se** when they are used together with a direct object pronoun beginning with **l**.

[2]In some parts of Spain and Latin America **le** and **les** are used instead of **lo** and **los** when referring to people.

Position of object pronouns

1 Object pronouns normally precede the verb. However, when they occur with an infinitive or the present continuous tense, they may either precede the verb or be attached to the end of it:

Carmen **lo** va a comprar. *Carmen is going to buy it.*
Carmen va a comprar**lo**.
Carmen **lo** está comprando. *Carmen is buying it.*
Carmen está comprándo**lo**.*

*The accent is added to maintain the proper stress.

2 When they occur with a positive imperative they always join on to the end of it, but with a negative imperative they precede it:

¿Las botas, las compro? ¡Sí, cómpra**las**! *Shall I buy the boots? Yes, buy them!*
No, no **las** compres. *No, don't buy them.*

3 When direct and indirect pronouns are used together, the indirect precedes the direct:

Subject	*Indirect object pronoun*	*Direct object pronoun*	*Verb*		
Carmen	**me**	**lo**	compró	a mí	*Carmen bought it for me.*
Yo	**se**	**lo**	compré	a ella	*I bought it for her.*

The same rule applies when the pronouns are added on to the infinitive or present participle:

Carmen va a comprár**melo**. *Carmen is going to buy it for me.*
Carmen está comprándo**melo**. *Carmen is buying it for me.*

For emphasis or to avoid ambiguity, you often need to add the preposition **a** plus the person, or add one of the following set of pronouns:

a mí	**a nosotros/as**
a ti	**a vosotros/as**
a él/ella/usted	**a ellos/ellas/ustedes**

Se lo compró a su madre. *She bought it for her mother.*
Se lo compró a **ella**. *She bought it for her.*

POSSESSIVES

Possessive adjectives

mi	*my*	**mi** libro = *my book*
mis	*my*	**mis** libros = *my books*
tu	*your*	**tu** libro = *your* (sing.) *book*
tus	*your*	**tus** libros = *your* (sing.) *books*
su	*his/her/its; your* formal	**su** libro = *his/her book / your book* (usted)
sus	*his/her/its; your* formal	**sus** libros = *his/her books / your books* (usted)
nuestro/a	*our*	**nuestro** libro = *our book*
nuestros/as	*our*	**nuestros** libros = *our books*
vuestro/a	*your* (pl.)	**vuestro** libro = *your* (pl.) *book*
vuestros/as	*your* (pl.)	**vuestros** libros = *your* (pl.) *books*
su	*their/your* (pl.) formal	**su** libro = *their/your book* (ustedes)
sus	*their/your* (pl.) formal	**sus** libros = *their/your books* (ustedes)

Possessive adjectives have to match the number and gender of the nouns they describe:
Nuestro hijo es muy alto pero **nuestra** hija no es alta. *Our son is very tall, but our daughter is not tall.*
Vuestros zapatos son blancos y **vuestras** chaquetas son negras. *Your shoes are white and your jackets are black.*

Stressed possessive adjectives and pronouns

Stressed possessive adjectives			*Possessive pronouns*
One person or object	*One person, more than one object*		*One person and one or more objects*
mío/a	**míos/as**	*my, (of) mine*	**el mío / la mía**
			los míos / las mías
tuyo/a	**tuyos/as**	*your, (of) yours*	**el tuyo / la tuya**
			los tuyos / las tuyas
suyo/a	**suyos/as**	*his, (of) his …*	**el suyo / la suya**
			los suyos / las suyas
More than one person or object	*More than one person or object*		*More than one person and one or more objects*
nuestro/a	**nuestros/as**	*our, (of) ours*	**el nuestro / la nuestra**
			los nuestros / las nuestras
vuestro/a	**vuestros/as**	*your, (of) yours*	**el vuestro / la vuestra**
			los vuestros / las vuestras
suyo/a	**suyos/as**	*their, (of) theirs*	**el suyo / la suya**
			los suyos / las suyas

DEMONSTRATIVE PRONOUNS

Demonstrative pronouns (*this/that/these/those*) agree in number as well as gender with the thing they refer to.

	Masculine	*Feminine*	
Singular	éste	ésta	*this (one)*
Plural	éstos	éstas	*these (ones)*

Quisiera vino tinto. — *I would like some red wine.*
– ¿Quiere **éste**? — *– Would you like this one?*

The words for *that (one)* and *those (ones)* work in a similar way.

	Masculine	*Feminine*	
Singular	ése	ésa	*that*
Plural	ésos	ésas	*those*
Singular	aquél	aquélla	*that (further away)*
Plural	aquéllos	aquéllas	*those (further away)*

Spanish has two words for *that*: **ése**, **aquél**. **Aquél** describes things that are further away from the speaker than **ése**.
Quisiera una manzana. *I'd like an apple.*
–¿**Ésa**? *– That one?*
No, **aquélla**. *No, that one (over there).*

When **este**, **ese**, **aquel** are used with the noun (as adjectives), they don't have an accent. When they replace the noun (as pronouns), they have the accent. The accent doesn't affect the way you say the word.

ADVERBS

An adverb can accompany a verb, an adjective, or another adverb. Used with a verb it describes how, when or where an action has taken place. With an adjective or another adverb it modifies or intensifies their meaning.

Verb + adverb: Marina dibuja bien.
Adverb + adjective: El cuadro es muy bonito.
Adverb + adverb: Marina dibuja muy bien.

Note: Many adverbs in Spanish are formed by adding **-mente** (equivalent to '-ly' in English) to the feminine adjective. If the adjective does not have a feminine form, just add it to the standard form:

perfecto	perfect**a**mente	alegre	alegremente
lento	lent**a**mente	feliz	felizmente

Adverbs ending in **-mente** generally accompany a verb but those used with another adverb or adjective precede it.

Adverbs of affirmation, negation and doubt

Affirmation: sí, claro, también, ciertamente
Negation: no, ni, jamás, nunca, tampoco
Doubt: seguro, seguramente, posiblemente, quizás, tal vez, a lo mejor

COMPARATIVES

There are three main ways of comparing things in Spanish.

1 Equality (*as … as …*)
If the comparison is based on an adjective, the expression to use is:

tan + adjective + **como**

Alaska es **tan** fría **como** la Tierra del Fuego.	*Alaska is as cold as Tierra del Fuego.*

If the comparison is based on a noun, use:
tanto/a/os/as + noun + **como**

En Buenos Aires hay **tantos** teatros **como** en Nueva York.	*In Buenos Aires, there are as many theatres as in New York.*

2 Superiority (*bigger/more … than*)
Use:
más + adjective/noun + **que**

Perú es **más** grande **que** Ecuador.	*Peru is bigger than Ecuador.*
Chile tiene **más** costa **que** Ecuador.	*Chile has more coastline than Ecuador.*

3 Inferiority (*smaller/less … than*)
Use:
menos + adjective/noun + **que**

Ecuador es **menos** grande **que** Perú.	*Ecuador is smaller than Peru.*
Ecuador tiene **menos** costa **que** Chile.	*Ecuador has less coastline than Chile.*

PREPOSITIONS

por and *para*

para

- Purpose *(in order to/for)*:
  Estudio para aprender. / Compré el regalo para mi madre.
- Employment *(for)*:
  Trabajo para una multinacional.
- Destination, in the direction of *(for/to)*:
  Salgo para Cuenca mañana.
- Specific time, time by which *(by)*:
  Quiero el coche para mañana.
- Concession *(for/to)*:
  Para ser tan joven es muy responsable.
  Mis problemas me los guardo para mí.
- To give one's opinion *(for)*:
  Para mí es el mejor, para Juan es el peor.
- With words like:
  bastante … para *(enough … for/to)*
  demasiado … para *(too much … for/to)*
  suficiente … para *(enough … for/to)*
  Era bastante/demasiado importante para dejarlo así.

por

- Duration of time *(for/in/during)*:
  Estudié allí por dos años.
- Motion *(through, along)*:
  Pasó por Córdoba.
- Means by which something is done *(by/by way of/by means of)*:
  Lo llamé por teléfono.
- Object of a search *(for/in search of)*:
  Fue a por ella al aeropuerto.
- In exchange *(for)*:
  Vendieron la casa por 100 mil libras esterlinas.
- Multiplication and unit of measurement *(times/by/per)*:
  5 por 5 son veinticinco. / El coche corre a 200 km. por hora.
- In place of *(for/on behalf of)*:
  Trabajo por Luis, que está enfermo.
- Reason *(because of)*:
  Llegamos tarde por el tráfico.
- Cause *(out of/by)*:
  Por no estudiar, no aprobará los exámenes.

Other prepositions

a = *to, at, in, on, … away*

- *To* when referring to destination:
  ¿A la estación de RENFE, por favor?
- *Away* when referring to distance:
  Está a diez kilómetros.
- *At* when expressing time and cost:
  Ayer a las seis y media./ La libra estaba a 1,50€.
- *in* when referring to a place:
  Llego a Madrid mañana.
- Means of transport:
  Fuimos a pie la primera mitad del camino y a caballo la segunda.
- Frequency:
  Voy al gimnasio dos veces a la semana.
- Giving an opinion:
  A mi juicio no es el mejor.
- 'Personal a'
  ¿Conoces a mi hermano?

bajo = *under*
Está bajo los efectos del alcohol.

con = *with, to*
Tú hablas con el taxista y nos vamos con él.

contra = *against*
¿Contra quién juega el Sevilla? Contra el Atleti.

de = *from, of, made of, in*

- Origin *(from)*:
  Jordi es de Barcelona.
- Possession:
  El coche es de Carmina.
- Content:
  Un bocadillo de chorizo.
- Description, material:
  La niña de los ojos azules tiene unos guantes azules de piel.
- Time expressions:
  ¿Llegas a las siete de la tarde o de la mañana?

desde = *from, since*
Desde el año pasado va andando, desde aquí hasta su casa.

en = *in, on (inside or on top)*:
Mi bolso está en el coche y el coche está en la plaza.

entre = *between, among*
Se lo podemos regalar entre los dos, entre tú y yo.

hacia = *towards*
Vamos hacia el norte.

hasta = *until, as far as, even*
Preposition of place and time with a sense of end:
Todo recto hasta el final de la calle. *(until)*
Voy hasta Londres. *(as far as)*
Hasta los niños están cansados. *(even)*

según = *according to*
Según los últimos resultados no podemos clasificarnos.

sin = *without*
Ramón toma el café sin azúcar.

sobre = *on, over, around, about*

- A place *(on, over, on top of)*:
  El libro está sobre la mesa.
- Time *(around)*:
  El avión llega sobre las siete.
- *on, about, concerning:*
  La policía lo sabe todo sobre ti.

tras = *after*
Uno tras otro salieron todos.

NUMBERS

1	uno	8	ocho	15	quince	22	veintidós	50	cincuenta
2	dos	9	nueve	16	dieciséis	23	veintitrés	60	sesenta
3	tres	10	diez	17	diecisiete	30	treinta	70	setenta
4	cuatro	11	once	18	dieciocho	31	treinta y uno	80	ochenta
5	cinco	12	doce	19	diecinueve	32	treinta y dos	90	noventa
6	seis	13	trece	20	veinte	33	treinta y tres	100	cien
7	siete	14	catorce	21	veintiuno	40	cuarenta		

The numbers from 0 to 30 are written as one word, e.g. **veintitrés**. From 31, the numbers are written separately with **y** (*and*), e.g. **setenta y seis**.
Note that you don't need to put **uno** in front of **cien**: **cien** = *one/a hundred*

101 to 199 are formed using the word **ciento**:

101 ciento uno
102 ciento dos
123 ciento veintitrés
145 ciento cuarenta y cinco

200 to 999 are formed using the suffix **cientos**:

200 doscientos
300 trescientos
400 cuatrocientos
500 quinientos
600 seiscientos
700 setecientos
800 ochocientos
900 novecientos

209 doscientos nueve
437 cuatrocientos treinta y siete
568 quinientos sesenta y ocho
715 setecientos quince
925 novecientos veinticinco

Be careful with **quinientos** (500), **setecientos** (700) and **novecientos** (900), which don't follow the normal pattern of adding **cientos** to the number.

Here are some examples of how to form numbers over 999:

1.000 mil
2.000 dos mil
39.000 treinta y nueve mil
548.000 quinientos cuarenta y ocho mil
1.000.000 un millón

Mil is used for dates, when said or written in full.

Cristóbal Colón descubrió America en **mil cuatrocientos noventa y dos**.
Christopher Columbus discovered America in 1492.

En **mil novecientos sesenta y nueve** el hombre aterrizó en la luna.
In 1969, man landed on the Moon.

Remember that in Spain and other European countries, thousands are divided with a dot and commas are used for decimals:

3.976€ tres mil novecientos setena y seis euros
3, 97€ tres euros con noventa y siete céntimos

TIME

- For times on the hour, use **Son/Es la(s) ... en punto**.
  Es la una en punto. 1:00 / 13:00
  Son las dos en punto. 2:00 / 14:00
  Son las seis en punto. 6:00 / 18:00
- For half past the hour, use **Son/Es la(s) ... y media**.
  Es la una y media. 1:30 / 13:30
  Son las tres y media. 3:30 / 15:30
  Son las siete y media. 7:30 / 19:30
- For quarter past the hour, use **Son/Es la(s) ... y cuarto.**
  Es la una y cuarto. 1:15 / 13:15
  Son las cuatro y cuarto. 4:15 / 16:15
- For other times past the hour, use **Son/Es la(s) ... y ...**
  Es la una y veinte. 1:20 / 13:20
  Son las cuatro y cinco. 4:05 / 16:05
  Son las cinco y diez. 5:10 / 17:10
- For quarter to the hour, use **Son/Es la(s) ... menos cuarto.**
  Es la una menos cuarto. 12:45 / 00:45
  Son las cuatro menos cuarto. 3:45 / 15:45
- For other times to the hour, use **Son/Es la(s) ... menos ...**
  Es la una menos veinticinco. 12:35 / 00:35
  Son las once menos veinte. 10:40 / 22:40

If you want to ask the time, use **¿Qué hora es?**
The response will be **Es la ... / Son las ...**
Es la ... is used for one o'clock (singular) only.
For all other times, use **Son las ...**
Es la una y cinco.
Son las tres menos diez.
La(s) is used because the word **hora(s)** is understood, but not stated.

If you want to ask what time something happens, use **¿A qué hora ... ?**

¿A qué hora sale el autobús?
What time does the bus leave?
¿A qué hora llega el autobús?
What time does the bus arrive?

DAYS AND MONTHS

Capital letters are not used for months or days of the week in Spanish.

Days of the week

lunes	*Monday*
martes	*Tuesday*
miércoles	*Wednesday*
jueves	*Thursday*
viernes	*Friday*
sábado	*Saturday*
domingo	*Sunday*

Months of the year

enero	*January*
febrero	*February*
marzo	*March*
abril	*April*
mayo	*May*
junio	*June*
julio	*July*
agosto	*August*
septiembre (also: setiembre)	*September*
octubre	*October*
noviembre	*November*
diciembre	*December*

Notice that to say the date, you use **el** + day of the month + **de** + month + **de** + year:
el 2 de diciembre de 2007

If the date includes the day of the week or is preceded by a place name, **el** is not used:

lunes, 29 de abril de 2006
madrid, 18 de marzo de 2007

SPANISH–ENGLISH WORDLIST

A

Spanish	English	Unit
abogado *(m)*	lawyer	1, 10
abrigo *(m)*	coat	6
aburrirse	to get bored	2
acelerado	fast	3
acercarse a	to approach	8
acostarse (o>ue)	to go to bed	2
actitud *(f)*	attitude	2
actriz *(f)*	actress	7
actuar	to act	7
acuerdo *(m)*	agreement	7
adelgazar	to slim	4
además	anyway, besides, moreover	8
adentrarse en	to extend further into	5
adivinar	to guess	7
adjuntar	to attach	7, 10
adosado	semi-detached (house)	5
afeitarse	to shave	2
afición *(f)*	hobby; liking, fondness	6
afirmación *(f)*	statement	1
agotamiento *(m)*	exhaustion of supply	8
agradecer	to be grateful (for), to thank	4
ahorrar	to save	1
aire *(m)* acondicionado	air conditioning	5
ajeno	from elsewhere, alien, foreign	2
alberca *(f)*	swimming pool (Mex.)	2
alcoba *(f)*	bedroom	5
alegrarse de	to be glad about	7
alejarse	to distance oneself	3
algodón *(m)*	cotton	4
alguien	somebody	1
alguna vez	occasionally	2
alimentación *(f)*	food	1
aliñar	to dress (salad etc.)	3
almorzar (o>ue)	to have lunch	2
alojarse	to board, to stay (somewhere)	3
alquilar	to rent/hire	4
alquiler *(m)*	rent	5
alrededor (de)	around	5
alterar	to alter; to disturb	4
alubia *(f)*	bean	3
aluminio *(m)*	aluminium	4
amable	pleasant, friendly	8
amante	lover	8
ambientación *(f)*	atmosphere	3
amparo *(m)*	shelter, protection	5
amplio	wide	3
amueblado	furnished	5
añadir	to add	2
analgésico *(m)*	painkiller	3
andar	to walk	7
andino	Andean	2
anexo *(m)*	attachment	7
anillo *(m)*	ring (finger)	5
anoche	last night	5
anotar	to make a note of, jot down	4
anteayer	the day before yesterday	5
anterior	previous	9
anticatarro *(m)*	anti-catarrh medicine	3
antigüedad *(f)*	antiquity, (old) age	4
antiinflamatorio *(m)*	anti-inflammatory	3
antiséptico *(m)*	antiseptic	3
antojarse	to take a fancy to	2
anunciar	to announce, advertise	5
anuncio *(m)*	announcement, advert	10
aparato *(m)*	device	7
apariencia *(f)*	appearance	2
apartado *(m)* de Correos	PO Box	10
apenas	scarcely, hardly	3
apertura *(f)*	opening	9
apetecer	to fancy, feel like	2
aplaudir	to applaud, to clap	8
aplauso *(m)*	applause (round of)	8
aporte *(m)*	contribution	9
apreciar	to appreciate, be aware of	4
aprendizaje *(m)*	process of learning	4
aprobar (o>ue)	to pass (exam)	6
apurar	to rush (something)	6
archivar	to file	7
archivo *(m)*	file, archive	7
arena *(f)*	sand	6
armario *(m)*	cupboard, wardrobe	5
arraigado	deep-rooted	3
arraigarse	to take root	5
arrancar	to start (car)	4
arreglarse	to get ready	2
arrendador *(m)*	landlord	5
arrendatario *(m)*	tenant	5
arriba	above, upwards, on top	4
arroba *(f)*	the @ symbol	7
artesanal	using traditional methods	8
ascensor *(m)*	lift (elevator)	5
asegurar	to assure	9
aseo *(m)*	toilet	5
así	in this way	4
asignatura *(f)*	academic subject	2
aspiradora *(f)*	vacuum cleaner	1
atender (e>ie)	to attend to; to answer the phone (Mex.)	2
Atentamente	Yours sincerely	4
atraco *(m)*	robbery (bank)	9

atractivo *(m)*	attraction, attractive	9
audición *(f)*	act of listening	2
aula *(f)* magna	main lecture theatre	3
aumentar	to increase	4
aún	yet, still	6
autor *(m)*	author; perpetrator	9
avaricia *(f)*	avarice	7
ave *(f)*	bird	8
averiar	to fail (mechanically)	4
averiguar	to check, find out	4, 6
aviso *(m)*	notice, warning	9
ayudar	to help	9
azulejo *(m)*	tile	5

B

bahía *(f)*	bay	8
bailable	good to dance (of music)	6
bajar	to download, to lower	7
bajo	under	7
balanza *(f)*	scales (weighing)	9
bañarse	to bathe, swim	3
banda *(f)* ancha	broadband	7
banda *(f)* sonora	soundtrack	7
baño *(m)*	bath	5
barba *(f)*	beard	9
barbacoa *(f)*	barbecue	8
barnizar	to varnish	5
barra *(f)*	forward slash	7
barrer	to sweep	1
barrio *(m)*	neighbourhood	5
báscula *(f)*	scales (weighing)	9
base *(f)* de datos	database	7
basura *(f)*	rubbish	1
bebida *(f)*	drink	6
bello	beautiful	8
bienestar *(m)*	well-being	7
bigote *(m)*	moustache	9
blindado	reinforced	5
boca *(f)*	mouth	3
boda *(f)*	wedding	5
bodega *(f)*	wine cellar	4
bolsillo *(m)*	pocket	4
bolso *(m)*	handbag	9
bombero *(m)*	firefighter	10
borrar	to delete	7
bosque *(m)*	wood, forest	5
bote *(m)*	jar	3
botón *(m)* de acceso	enter key	6
botón *(m)* de encendido	'on' switch	6
boxeo *(m)*	boxing	6
brazo *(m)*	arm	3
bricolaje *(m)*	DIY	5
bruscamente	sharply	10
bruto	gross (wage etc.); ignorant (person)	10
bucear	to go diving	5
buena ventura *(f)*	one's fortune (told by palm-reader)	7
bufete *(m)*	lawyer's office, law firm	9
búho *(m)*	owl; nickname for Madrid's night buses	6
buró *(m)*	bureau; bedside table (Mexico)	5
buzón *(m)*	mailbox	7

C

caballero *(m)*	gentleman	4
caballo: a caballo	horse, on horseback	7
caber	to fit	6
cabeza *(f)*	head	3
cabina *(f)*	kiosk, booth	9
cableado *(m)*	wiring	7
cadena *(f)*	chain	8
caer(se)	to fall	9
caja *(f)*	box, checkout	4
cajero *(m)*	cashier	10
cajero *(m)* automático	cashpoint	6
calcetín *(m)*	sock	9
calco *(m)*	semantic borrowing, grafting	7
calefacción *(f)*	heating	4
calentamiento *(m)*	warming	10
callarse	to keep quiet, shut up	2
calle abajo	down the street	9
cama *(f)*	bed	5
camarero *(m)*	waiter	10
camarón *(m)*	shrimp	9
camión *(m)*	lorry, truck	7
camionero *(m)*	lorry-driver	10
campamento *(m)*	camp	10
campesino *(m)*	country-dweller	2
canguro	baby-sitter, nanny	2
cantante	singer	8
cántaro *(m)*	pitcher, jug, bucket	6
cápsula *(f)*	capsule	3
cara *(f)*	face	3
cara a cara	face to face	7
caracol *(m)*	snail	3
carcasa *(f)*	casing, framework	7
cargo: a cargo de	in the care of; to be paid by	5
carnicero *(m)*	butcher	10
carpeta *(f)*	file, folder	7
carpintero *(m)*	carpenter	10
carrera *(f)*	career; university degree; race	5
carretera *(f)*	main road (nacional)	9
carril *(m)*	lane	6
targeta de felicitación	greetings card	5
cartera *(f)*	wallet	4
casarse	to get married	5
¡qué casualidad!	what a coincidence!	2
catarro *(m)*	cold, catarrh	3
a causa de	because of	7
celebrarse	to take place	6
celos *(mpl)*	jealousy	7
celular	cell (phone), mobile	4
ceniza *(f)*	ash	6
centenario *(m)*	centenarian	3
céntrico	central, in or close to the city centre	5
cepillar	to brush	3
cerdo *(m)*	pig	5
césped *(m)*	lawn	1
charlar	to chat	7
chasis *(m)*	frame, chassis	7
chiste *(m)*	joke	10
chocar	to crash	10
cibercafé *(m)*	cyber café	7
científico *(m)*	scientist	10
cifra *(f)*	figure (number)	4
circulación *(f)*	traffic	6
cita *(f)*	date, appointment	10
ciudadano *(m)*	citizen	5
clave	key	4
coartada *(f)*	alibi	9
cobertura *(f)*	coverage	4
cochera *(f)*	garage	5
cocina *(f)*	kitchen; cooker	5
cocinero *(m)*	cook	10
código *(m)*	code	4
coger el teléfono	to answer/pick up the phone	4
colgar el teléfono	to hang up the phone	4

cólico *(m)*	colic	3
colocar	to position, to place	1
colono *(m)*	colonist	2
coloreado	coloured	6
comedor *(m)*	dining room	5, 9
compartir	to share	8
comprimido *(m)*	tablet	3
comprobar (o>ue)	to check	1
computadora *(f)*	computer	9
concurrido	busy	9
conductor *(m)*	driver	10
conferencia *(f)*	phone call	4
confiable	trustworthy	9
conocimientos *(mpl)*	knowledge	9
conseguir (e>i)	to achieve, to obtain	1
consejo *(m)*	advice, piece of advice	5
constipado	having a cold, blocked	3
constiparse	to catch a cold, get blocked up	3
consulta *(f)*	surgery, office	3
contable *(m/f)*	accountant	10
contar (o>ue)	to tell, recount	3
contar (o>ue) con	to have, be equipped with, count on	6
a continuación	following on	2
contraseña *(f)*	password	7
convertirse (e>ie) en	to become	8
corbata *(f)*	tie	9
cordillera *(f)*	mountain range	8
coronar	to crown	9
correo *(m)* electrónico	e-mail	2
Correos *(m)*	post office	6
corresponsal	correspondent	10
corsario *(m)*	corsair, pirate	8
cortijo *(m)*	country estate	5
cráneo *(m)*	cranium	3
crecer	to grow	7
crecimiento *(m)*	growth	8
creencia *(f)*	belief	2
cruce *(m)*	crossing	5
crucero *(m)*	cruise	8
crucigrama *(m)*	crossword	8
cuadro *(m)*	picture	1
cualidad *(f)*	quality, characteristic	3
cualquier(a)	any	5
cuarto *(m)*	room	5
cuarto *(m)* de baño	bathroom	5
cucharada *(f)*	spoonful	3
cuello *(m)*	neck	3
cuenta *(f)*	account	7
cuenta *(f)* corriente	current account	6
cuenta *(f)* de ahorro	savings account	6
cuero *(m)*	leather	4
cuidado *(m)*	care	6
cultivo *(m)*	cultivation	2
cumpleaños *(m)*	birthday	1
cumplir	to obey, adhere to	2
curandero *(m)*	traditional healer	3
curaquemaduras *(m)*	remedy to treat burns	3
curativo	curative	3

D

daño *(m)*	harm, damage	3
dar a	to overlook, to have a view over	5
dar igual	not to matter	2
dar lugar *(m)* a	to give way to; to give rise to, to provoke	9
de acuerdo	agreed, OK	2
de antemano	in advance	4
de cuadros	checked (pattern)	4
de edad media	middle-aged	9
de listas	striped	4
de pelo cano	grey-haired, white-haired	8
de rayas	striped	4
de reojo	out of the corner of one's eye	8
de vez en cuando	from time to time	2
deberes *(mpl)*	homework	2
debido a	owing to	7
declaración *(f)*	statement	9
dedo *(m)*	finger	3
dedo del pie	toe	3
deforestación *(f)*	deforestation	5
delgado	slim	7
demonio *(m)*	devil	8
departamento *(m)*	department; apartment	5
deporte *(m)*	sport	6
depositar	to deposit	6
deprimido	depressed	1
deprisa	quickly	3
derecho *(m)*	right (to do something); law degree	7
derramar(se)	to spill	7
derretimiento *(m)*	melting	10
desaparición *(f)*	disappearance	4, 10
desarrollo *(m)*	development	2
desayunar	to have breakfast	2
descanso *(m)*	rest, break; half-time	8, 9
descarga *(f)*	download	4
descargar	to download	7
descontar (o>ue)	not to include	6
desdeñable	insignificant	6
deseo *(m)*	desire	7
deshacer	to undo (an action)	7
deslizamiento *(m)* de tierra	landslide	5
desordenado	untidy	6
despedirse (e > i)	to say goodbye	4
despejado	clear	3
despertador *(m)*	alarm clock	9
despido *(m)*	sacking (from job)	10
desprender	to give off	6
destacado	distinguished	6
destacar	to stand out	9
destinatario *(m)*	addressee	9
detener (e>ie)	to detain; to arrest	9
detrás de	behind	1
devolver	to give back	5
diario	daily	2
diarrea *(f)*	diarrhoea	3
dibujo *(m)*	drawing	2
dichoso	happy, blessed	7
diente *(m)*	tooth	3
difundir	to spread	1
dimitir (de)	to resign from	10
dios *(m)*	god	7
dirigirse a	to approach (person/place); to address (in writing)	4
disco *(m)* compacto	CD	6
disco *(m)* duro	hard drive	6
disculpa *(f)*	apology	4
disculparse	to apologise	4
discutir	to discuss, argue	10
disfrutar (de)	to enjoy	3
disgustado	upset	10
disminuir	to decrease	1
disponer de	to make use of, to have	6
disponibilidad *(f)*	availability	4
disponible	available	5
disquete *(m)*	diskette	6
disquetera *(f)*	disk drive	6
divisas (f pl)	(foreign) currency	9
divorciarse	to get divorced	4

divulgar	to circulate, to spread	9
docena *(f)*	dozen	5
doler (o>ue)	to hurt, be painful	3
dolor *(m)*	pain	3
dominio *(m)*	domain, mastery	7, 10
don *(m)* de gentes	good interpersonal skills	10
dormir (o>ue)	to sleep	2
dormitorio *(m)*	bedroom	5
dotar de	to equip (something) with	4
dote *(f)*	talent	9
dudar en	to hesitate to	6

E

echar de menos:	to be missed:	
te echo de menos	I miss you	3
ecuador *(m)*	equator	9
edad *(f)*	age	3
edificio *(m)*	building	6
editorial *(f)*	publishing house	10
efecto *(m)* invernadero	greenhouse effect	10
egoísta	selfish	1
ejercer	to practise	8
electrodomésticos *(mpl)*	household electrical goods	5
elegir (e>i)	to choose	2
elevador *(m)*	lift	5
embajador *(m)*	ambassador	4
emocionado	excited	6
empresa *(f)*	company	7
en blanco	blank (mind etc.)	2
en efectivo	in cash	6, 9
en el camino	on the way	9
En esperas de (sus noticias)	Looking forward to (your reply)	4
en función de	on the basis of, according to	9
en lugar de	instead of	7
en metálico	in cash	9
en torno a	around	3, 10
en vez de	instead of	7
enamorarse (de)	to fall in love (with)	6
encajar	to fit into place	9
encargarse de	to be in charge, take charge of	2
encendedor *(m)*	cigarette lighter	6
encuesta *(f)*	survey, questionnaire	6
enfadado	angry	4
enfadarse	to get angry	2
enfermo	ill	2
engordar	to put on weight, to get fat	1, 10
enlace *(m)*	link	5
enojarse	to get angry	2
ensayo *(m)*	essay	1
enseguida	straight away	9
enseñar	to show, teach	5
enterrar (e>ie)	to bury	8
entrada *(f)*	entrance; ticket	2, 6
entre	between, among	7
entrega *(f)*	delivery	9
entrevista *(f)*	interview	7
envase *(m)*	bottle, can	5
envejecimiento *(m)*	ageing	3
enviar	to send	7, 9
envidia *(f)*	envy, jealousy	3
época *(f)*	age, era	7
equilibrado	balanced	3
equiparable	comparable	7
equipo *(m)*	team; equipment	7
equivocarse	to be wrong, dial the wrong number	4
Erase una vez	Once upon a time	7
escenario *(m)*	scene, stage	7
esclusa *(f)*	sluice, lock	5
escoger	to choose	2
escritor *(m)*	writer	1
escritorio *(m)*	writing desk	5
escuchar	to listen to	6
escultor *(m)*	sculptor	8
esfumarse	to evaporate	6
espacio *(m)*	space	5
espalda *(f)*	back	3
especie *(f)*	type, species	10
esposa *(f)*	wife	4
esquiar	to ski	6
esquina *(f)*	corner	2, 4
estampado	patterned	4
estantería *(f)*	bookshelves	5
estar a dieta	to be on a diet	3
estar a favor de	to be in favour of	6
estar en contra de	to be against	6
estigmatizar	to stigmatise	3
estilo *(m)*	style	10
Estimado …	Dear … (at start of letter)	4
estómago *(m)*	stomach	3
estornudar	to sneeze	3
estrechamente	closely	9
estrenar: a estrenar	brand new	5
estreñido	constipated	3
estreñimiento *(m)*	constipation	3
exigir	to demand	8
éxito *(m)*	success	7
expandirse	to expand	9
expulsar	to expel, throw out	3
extranjero	foreign	1
extraño *(m)*	stranger	8

F

facilitar	to facilitate, to make easier, to provide	7
factura *(f)*	bill, invoice	4
faena *(f)*	housework, task	6
falda *(f)*	skirt	4
fallar	to fail (of sight)	9
fama *(f)*	fame	8
fecha *(f)*	date	10
felicitación *(f)*	congratulations, greetings	5
felicitar	to congratulate	5
feo	ugly	2
ferroviario	railway	10
ficha *(f)* técnica	technical specification	9
ficticio	fictitious	1
fiebre *(f)*	fever, a temperature	3
fijo	fixed	10
finanzas *(fpl)*	finances	6
finca *(f)*	farm, estate	5
firmar	to sign	7
florecer	to blossom, to flourish	9
flotante	floating	4
fontanero *(m)*	plumber	5
footing *(m)*	jogging	8
formación *(f)*	training	10
formato *(m)*	layout	4
foro *(m)*	forum	6
fósforo *(m)*	match(stick)	6
franquear	to stamp	9
fregadero *(m)*	sink	5
fregar (e>ie)	to wash the dishes	1
frenar	to brake	10
frente a	opposite	2
frigorífico *(m)*	fridge	5
frontera *(f)*	border	5
fronterizo	border	8
fuente *(f)*	source, fountain	5
fuera de	outside of, away from	7

Spanish	English	Unit
a fuerza de	by dint of	7
fundar	to found	7
G		
gafas *(fpl)*	spectacles	2
gallina *(f)*	hen	5
gallo *(m)*	cock	5
ganar	to win, beat	6
ganar(se) el pan	to earn one's living	2
ganas *(fpl)*	desire, keenness	3
garbanzo *(m)*	chickpea	3
garganta *(f)*	throat	3
gasolinera *(f)*	petrol station	9
gastar	to spend	2
gastar una broma	to play a trick	7
gastos *(mpl)* de comunidad	service charge (e.g. block of flats)	5
gerente	manager	8
gimnasio *(m)*	gym, health club	7
girar	to turn	3
globo *(m)*	globe, balloon	9
gobernante	governor	5
golfo *(m)*	gulf, bay	8
gozar de	to enjoy, to have	8
grabación *(f)*	recording	1
grabar	to record	8
gracioso	funny	3
gratuito, gratis	free	3
grave	serious	10
gripe *(f)*	flu	3
guardar	to keep	7
guía *(f)*	guide(book)	6
guión *(m)*	film script	3
H		
habitación *(f)*	bedroom	5
hablante	speaker	1
hacer clic	to click	7
hacer cola *(f)*	to queue up	9
hacer un papel	to play a role	8
hacia	towards	7
hacienda *(f)*	country estate	5
hambre *(f)*	hunger	7
harto	fed up	7
hasta	until, up to, as far as	7
hazaña *(f)*	feat	5
hemisferio *(m)*	hemisphere	9
herido *(m)*	injured person, casualty	10
hierba *(f)*	grass; herb	3
hipoteca *(f)*	mortgage	5
hogar *(m)*	home	5
hoja *(f)* de cálculo	spreadsheet	10
homenaje *(m)*	homage	4
horario *(m)*	timetable, schedule	2, 10
hortalizas *(fpl)*	vegetables, garden produce	3
hueco *(m)*	gap	1
huelga *(f)*	strike	10
huerta *(f)*	vegetable garden, orchard	3
huevo *(m)*	egg	5
huir de	to flee from	7
humo *(m)*	smoke	5
I		
idear	to think up, come up with (an idea)	3
al igual que	in the same way as	3
ilusión *(f)*	dream, illusion; excitement	5
imagen *(f)*	image	7
impoluto	unpolluted	8
impresora *(f)*	printer	6
imprimir	to print	7
inacabado	unfinished	4
inalámbrico	wireless	7
inalcanzable	unreachable, unachievable	4
indígena	native, indigenous	2
infancia *(f)*	infancy, childhood	7
iInformática *(f)*	IT	10
ingeniería *(f)*	engineering	5
ingenio *(m)*	ingenuity	5
ingresar	to enter	3
injusticia *(f)*	injustice	7
inocentada *(f)*	hoax, practical joke	7
inodoro *(m)*	toilet	5
inquilino *(m)*	tenant	5
inseguro	uncertain	9
intentar	to try	9
invertir (e>ie)	to invest	6
ir ganando	to be winning	9
isla *(f)*	island	8
istmo *(m)*	isthmus	5
IVA *(m)* = Impuesto sobre el Valor Añadido	VAT	6
J		
jamás	never	2
jarabe *(m)*	syrup	3
jardinería *(f)*	gardening	6
jefe *(m)*	chief, boss	10
joya *(f)*	jewel	5
jubilación *(f)*	retirement	10
a juego	matching	9
a mi juicio	in my opinion	7
junto a	together with, next to	7
L		
al lado de	next to	5
lamentar	to regret	4
lámpara *(f)*	lamp	5
lana *(f)*	wool	4
lanzamiento *(m)*	launch	10
a lo largo de	throughout, all the way along	8
lastimarse	to hurt oneself	3
lata *(f)*	tin/can	5
lavabo *(m)*	washbasin	5
lavadora *(f)*	washing machine	2, 5
lavavajillas *(m)*	dishwasher	2, 5
lechera *(f)*	milk-maid	5
lectura *(f)*	reading	5
legado *(m)*	legacy	3
lejano	distant, far away	1
lema *(m)*	motto	9
lengua *(f)* materna	mother tongue	1
lenguaje *(m)*	language	10
lenteja *(f)*	lentil	3
lento	slow	4
leve	slight	10
leyenda *(f)*	legend	8
libre	free	2
licencia de manejar	driving licence (LA)	10
licenciado *(m)*	graduate	10
licenciatura *(f)*	university degree	10
líder *(m)*	leader	10
liga *(f)*	league	6
lijar	to sand	5
lino *(m)*	linen	4
liso	smooth, plain	4
listo	(with ser) clever; (with estar) ready	3
llamada *(f)*	phone call	4
llanura *(f)*	plain, prairie	2
llave *(f)*	key	4
lleno	full	6
llorar	to cry	1
llover *(o>ue)*	to rain	6
lluvia *(f)* ácida	acid rain	5
local *(m)*	premises	9
lucir	to look good	7

luego	then, next, later	2
lugareño	local	10
luna *(f)*	moon	9
luna *(f)* de miel	honeymoon	5
lunar *(m)*	spot (in a pattern)	4

M

madera *(f)*	wood (material)	3
maestro *(m)*	teacher	10
a lo mejor	maybe	9
mal genio *(m)*	bad mood	8
maleta *(f)*	suitcase	4
mandar	to send	9
mando *(m)*	leadership	10
manejo *(m)*	use, operation, management	3
manglar *(m)*	mangrove swamp	9
manitas	handyman/woman	5
mano *(f)*	hand	3
máquina *(f)*	machine	7
marcador *(m)*	indicator, marker	4
mareado	dizzy, seasick	3
marítimo	maritime, sea	4
mármol *(m)*	marble	4
más o menos	more or less, approximately	4
mascota *(f)*	mascot; pet	6
masificarse	to become overcrowded/ widespread	8
matar	to kill	3
matricularse	to enrol, sign up	1
mayor	greater, larger, older, bigger	1
medalla *(f)*	medal	6
mediante	by means of	5
a medida	made to measure	7
medio	half; average	6
medio ambiente *(m)*	environment	5
medir *(e>i)*	to measure	9
mejora *(f)*	improvement	5
mejorar	to improve	1, 6
memoria USB	memory stick	6
mensaje *(m)*	message	4
a menudo	frequently	2
merecer	to deserve	8
mesita *(f)* de noche	bedside table	5
mestizaje *(m)*	mixing of races	2
meter un gol	to score a goal	9
mezcla *(f)*	mixture	2
miedo *(m)*	fear	7
milagro *(m)*	miracle	7
mina *(f)* de oro	gold mine	8
minifalda *(f)*	miniskirt	8
mitad *(f)*	half	7
mochila *(f)*	rucksack	6
mojar	to wet	3
moneda *(f)*	coin; unit of currency	5
monedero *(m)*	purse	9
mono	pretty, cute	8
montañismo *(m)*	mountain climbing	6
montar en bicicleta	to ride a bike	6
moraleja *(f)*	moral of a story	6
moverse (o>ue)	to move	7
móvil *(m)*	mobile (phone)	3
mudarse	to move house	5
muebles *(mpl)*	furniture	5
muela *(f)*	tooth, molar	3
muestra *(f)*	sample	6
mula *(f)*	mule	2
musa *(f)*	muse	3
Muy señor mío …	Dear Sir …	4

N

nacer	to be born	3
nacimiento *(m)*	birth	10
nadar	to swim	6
nadie	nobody	1
nariz *(f)*	nose	3
naturaleza *(f)*	nature, the natural world	5
navegable	navigable	10
navegante *(m/f)*	mariner	5
navegar	to sail	6
Navidad(es) *(f)*	Christmas	1
negocio *(m)*	business	8
nervioso	nervous	2
nevar (e>ie)	to snow	3
nivel *(m)*	level	3
novedad *(f)*	novelty, something new	7
novio *(m)*	boyfriend	5
nublado	cloudy	3
nunca	never	2

O

ocio *(m)*	leisure	5
oído *(m)*	ear (organ, linguistic/ musical skill)	3, 10
ojo *(m)*	eye	3
olvidar	to forget	2
omitir	to omit, leave out	2
operación *(f)* salida	police traffic operation at start of holiday season	10
optar por	to choose to, to go for	7
ordenador *(m)*	computer	2
oreja *(f)*	ear (external)	3
orgullo *(m)*	pride	2
origen *(m)*	origin	1
originario de	originating in, native to	8
orografía *(f)*	relief	5
orquesta *(f)*	orchestra	7
orquídea *(f)*	orchid	8
OVNI *(m)* = objeto volador/volante no identificado	UFO	5
oxidarse	to rust	3

P

padel *(m)*	paddle tennis (Spanish tennis game on small court)	8
paga *(f)*	pay, wage	2
panfleto *(m)*	pamphlet, brochure	6
pantalla *(f)*	screen	2
papel *(m)*	paper; role	2
parada *(f)*	(bus) stop	10
parador *(m)*	state-run hotel (in historic building)	6
paraguas *(m)*	umbrella	4
páramo *(m)*	moor	9
parar	to stop	10
pareja *(f)*	couple, pair; partner	2
paro *(m)*	unemployment, unemployment benefit	7
párrafo *(m)*	paragraph	5
partido *(m)* (de fútbol etc.)	match (football etc.)	2
partido *(m)* político	political party	6
pasado mañana	the day after tomorrow	6
pasear	to stroll	2
pasillo *(m)*	corridor	5
pasivo	passive	6
pasto *(m)*	lawn	2
patrimonio *(m)*	heritage	8
pedazo *(m)*	piece	3
peinado *(m)*	hairstyle	10
peinarse	to comb one's hair	8
película *(f)*	film	3
peligro *(m)*	danger	7

Spanish	English	Unit
pelota *(f)*	ball (for sport)	2
peluquero *(m)*	hairdresser	10
pena *(f)*	pity, shame; sorrow	3
pendiente	pending	5
periodismo *(m)*	journalism	10
periodista	journalist	10
permiso *(m)* de conducir	driving licence (Sp)	10
personaje *(m)*	character, important person	2
a pesar de	despite	7
pesca *(f)*	fishing	8
pescador *(m)*	fisherman	8
petróleo *(m)*	oil, petroleum	9
pie *(m)*	foot	3
a pie	on foot	7
piel *(f)*	skin, leather	4
pierna *(f)*	leg	3
pieza *(f)*	piece; room	5
pileta *(f)*	swimming pool (Arg.)	2
pitar	to smoke, puff	6
placer *(m)*	pleasure	6
planchar	to iron	1
plano	flat	7
plazo *(m)*	period, instalment	5
a plazos	in instalments	6
plenitud *(f)*	plenitude, fullness	3
pobreza *(f)*	poverty	7
poder *(m)*	power	3
poderoso	powerful	7
polémica *(f)*	controversy	5
pollito *(m)*	chick	5
polo *(m)*	pole (North or South)	9
pomada *(f)*	ointment, pomade	3
poner la mesa	to lay the table	1
por casualidad	by chance	8
por eso	for that reason	8
por excelencia	par excellence	6
por fin	finally	8
por lo menos	at least	8
por lo visto	seemingly, as far as can be seen	8
por medio de	by (means of)	7
por otro lado	on the other hand	9
por regla general	as a general rule	8
por supuesto	of course, naturally	8
por todas partes	everywhere	8
por último	finally	2
portentoso	superb	3
postre *(m)*	dessert	3
practicar un deporte	to do/play a sport	1
prácticas *(fpl)*	work placement	10
precioso	delightful, beautiful	3
predilecto	favourite	6
preferir (e>ie)	to prefer	8
preocuparse	to worry	1
preso *(m)*	prisoner	4
préstamo *(m)*	loan	6
prestar	to lend, render	4
presupuesto *(m)*	budget	10
previo	subject to	7
primo *(m)*	cousin	3
prodigio *(m)*	prodigy	8
pronto	soon	4
propietario *(m)*	owner	5
propio	of one's own	10
propugnar	to support, propose	9
protagonizar	to take part in, to be the main figure in	9
proteger	to protect	7
proyecto *(m)*	project	6
prueba *(f)* de la alcoholemia	breath test	10
publicitario	advertising	2
puente *(m)*	bridge; long weekend holiday	10
puesta *(f)* en escena	staging (play etc.)	3
puesto *(m)* de trabajo	job, post	6

Q

Spanish	English	Unit
quedar	to stay; to meet	2
quejarse de	to complain about	4
quemadura *(f)*	burn	3
quemar	to burn	3
quizá(s)	perhaps	9

R

Spanish	English	Unit
rama *(f)*	branch	10
ramito *(m)*	little bunch (flowers)	8
ratón *(m)*	mouse	6
raya *(f)*	stripe	4
raza *(f)*	race (people)	2
realizar	to do, perform	6
recado *(m)*	message	4
receta *(f)*	recipe; prescription	3
recetar	to prescribe	3
reciclar	to recycle	5
recién	recently, just	5
reclamar	to claim, require	6
recoger	to collect, take in	3, 5
reconocido	well-known	2
reconstituyente *(m)*	tonic, restorative	3
recordar (o>ue)	to remember	1
recuadro *(m)*	drawn box (table)	2
recuerdo *(m)*	souvenir; memory	6
recursos *(mpl)*	resources	5
red *(f)*	net(work)	7
redactor *(m)*	editor	10
redondo	round	4
reducir	to reduce	5
a contra reembols	cash on delivery	9
reembolsar	to pay back	4
refrán *(m)*	proverb	3
refranero *(m)*	book of proverbs	3
regalar	to give as a gift	5
regalo *(m)*	gift	3
regar (e>ie)	to water (plants etc.)	1
relajarse	to relax	2
relato *(m)*	tale	4
relegar	to relegate	3
rellenar	to fill in (gap, form etc.)	1
reloj *(m)*	watch, clock	10
relucir	to shine	7
remedio *(m)*	remedy, solution, option	1
remitente *(m/f)*	sender	7
remitir	to send	9
renunciar (a)	to resign (from); to give up, to relinquish	10
repartir	to share out	2, 7
repasar	to revise	5
repercutir en	to have an effect on	9
requisito *(m)*	requisite	10
reserva *(f)*	reservation	6
resfriado	having a cold	3
resfriarse	to catch a cold	3
resumen *(m)*	summary	5
resumir	to summarise	3
retrato *(m)*	portrait, portrayal	3
retrete *(m)*	toilet	5
retribución *(f)*	pay	10
reutilizar	to reuse	5
revelar	to develop (photos)	8
revista *(f)*	magazine	2, 7
rincón *(m)*	corner	6
riqueza *(f)*	richness, wealth	2
ritmo *(m)*	rhythm	6
robo *(m)*	robbery, mugging	9
rubio	blond, fair	4

ruido *(m)*	noise	2
rutina *(f)*	routine	2

S

sabio	wise	3
saborear	to savour	6
sacerdote *(m)*	priest	8
salida *(f)*	exit	6
salir de copas	to go out for a drink	2
salón *(m)*	sitting room	5
salón *(m)* de actos	auditorium	6
saludo *(m)*	greeting	4
sandalia *(f)*	sandal	6
sangre *(f)*	blood	6
sano	healthy	3
satisfecho	satisfied	4
secretariado *(m)*	secretarial work	9
seda *(f)*	silk	4
sedante *(m)*	sedative	3
seguidamente	next	2
según	according to	7
selva *(f)*	jungle	9
señal *(f)*	sign	9
señalar	to indicate, show	2
senderismo *(m)*	hiking	6
sepultura *(f)*	tomb	3
serpiente *(f)*	snake	9
servidor *(m)*	server	7
SIDA *(m)* (Síndrome de Inmunodeficiencia Adquirida)	AIDS	4
siempre	always	2
siguiente	next, following	1
sillón *(m)*	armchair	5
sin embargo	however, nevertheless	10
sindicato *(m)*	trade union	10
sitio *(m)*	place	5
sobre todo	especially	9
sobrenombre *(m)*	nickname	3
solar *(m)*	plot of land	5
soler (o>ue)	to tend to, to usually (do something)	2
solicitar	to apply for	10
solicitud *(f)*	application	10
solo	alone	9
soñar (o>ue) con	to dream of/about	5
sonar (o>ue)	to go off, to sound (alarm clock)	9
sonido *(m)*	sound	3
sonrisa *(f)*	smile	8
sopa *(f)* de letras	word search (lit. word soup)	2
sospechoso *(m)*	suspect	9
sostén *(m)*	support	6
subir	to go up	7
subvalorar	to undervalue, underestimate	3
suceder	to happen	7
sucio	dirty	6
sucursal *(f)*	branch (shop, bank etc.)	9
suelo *(m)*	floor, ground	3
sueño *(m)*	dream	5
sufragar	to vote	7
sumar	to add (up)	2
superficie *(f)*	surface	5
supuesto	supposed, alleged	4
sustento *(m)*	support, sustenance	2, 8

T

tacita *(f)*	little cup	7
tacón *(m)*	heel	9
tala *(f)*	felling	5
tamaño *(m)*	size	9
tapar	to cover	2
tarea *(f)*	task	2
tarifa *(f)*	tariff	7
tarima *(f)*	platform, flooring	4
tarjeta *(f)*	card	4
tarjeta *(f)* de crédito	credit card	6
taza *(f)*	drinking cup	2
taza *(f)* del retrete	toilet pan	5
teclado *(m)*	keyboard	6
teclear	to type	2
tela *(f)*	fabric	4
telediario *(m)*	television news programme	2
teleférico *(m)*	cable railway	9
temprano	soon, early	4
tener (e>ie) en cuenta	to bear in mind	6
tener (e>ie) razón	to be correct, to be right	1
tener prisa	to be in a hurry	7
tener sentido	to make sense	2
terapéutico	therapeutic	3
término *(m)*	term	7
ternero *(m)*	calf	6
ternura *(f)*	tenderness, sweet nature	8
terráqueo	earth	9
terreno *(m)*	land	5
terrestre	land, terrestrial	5
tertulia *(f)*	group meeting for informal discussion	4
tesoro *(m)*	treasure	7
testigo *(m)*	witness	9
testimonio *(m)*	testimony, statement	5
tiburón *(m)*	shark	10
a tiempo parcial	part-time	10
tienda *(f)*	shop	6
tienda *(f)* de campaña	tent	4
tierno	tender, sweet-natured	8
tinto *(m)*	red wine (Sp); black coffee (Colombia)	2
titular *(m)*	headline	4
tocadiscos (*m* sing)	record-player	7
tocar	to touch; (music/ instrument = to play)	7
todavía	yet, still	6
tomar el sol	to sunbathe	6
toque *(m)*	touch	8
torre *(f)*	tower	9
tos *(f)*	cough	3
traducción *(f)*	translation	2
traductor *(m)*	translator	2
traer	to bring	2
tragar(se)	to swallow	6
traje *(m)*	suit	2
tranquilidad *(f)*	peace and quiet	9
tranquilo	quiet	7
trasladarse	to move (house/ premises)	8
traspasar	to go beyond	8
trastero *(m)*	storeroom	4
tratamiento *(m)*	treatment	4
a través de	across, through	5
trayecto *(m)*	journey, route	5
trayectoria *(f)*	trajectory, career path	3
tres en raya	toughts and crosses	6
triunfar	to triumph	9
tropezar	to stumble	9
trozo *(m)*	piece	3

U

ubicado	located	9
unirse a	to join	3
urgencias *(fpl)*	hospital accident and emergency	3
usar	to use	6
usuario *(m)*	user	4

V

vaca *(f)*	cow	5
Vademécun	Registered Product Information Database	3
vale	OK	2
valer	to be worth	6
valor *(m)*	value, worth	3
valorar	to value	9
vaqueros *(mpl)*	jeans	9
vaso *(m)*	glass (tumbler)	7
a veces	sometimes	2
vecino *(m)*	neighbour	10
venado *(m)*	deer	8
venia *(f)*	permission, forgiveness	3
ventilador *(m)*	fan (for blowing air)	7
veranear	to spend the summer	8
verbena *(f)*	festival; popular fiesta	7
verdugo *(m)*	hangman, executioner	9
verduras *(fpl)*	vegetables/greens	1
vergüenza *(f)*	shame, embarrassment	3
Vespa *(f)*	Vespa scooter	9
vestido *(m)*	dress	5
vestidor *(m)*	dressing room (in house)	4
viñeta *(f)*	cartoon	2
virtud *(f)*	virtue	7
vitrocerámica	glass-ceramic	4
vivienda *(f)*	home, place to live	5
voluta *(f)*	spiral	6
vuelo *(m)*	flight	5

ENGLISH–SPANISH WORDLIST

A

English	Spanish	Unit
above	arriba	4
academic subject	asignatura *(f)*	2
accident and emergency (hospital)	urgencias *(fpl)*	3
according to	según	7
according to	en función de	9
account	cuenta *(f)*	7
accountant	contable	10
achieve	conseguir (e>i)	1
acid rain	lluvia *(f)* ácida	5
across, through	a través de	5
act (verb)	actuar	7
actress	actriz *(f)*	7
add	añadir	2
add (up)	sumar	2
address (in writing)	dirigirse a	4
addressee	destinatario *(m)*	9
adhere to	cumplir	2
advert	anuncio *(m)*	10
advertise	anunciar	5
advertising	publicitario	2
advice, piece of	consejo *(m)*	5
against: to be against	estar en contra de	6
age	edad *(f)*	3
age	época *(f)*	7
ageing	envejecimiento *(m)*	3
agreed	de acuerdo	2
agreement	acuerdo *(m)*	7
AIDS	SIDA *(m)* (Síndrome de Inmunodeficiencia Adquirida)	4
air conditioning	aire *(m)* acondicionado	5
alarm clock	despertador *(m)*	9
alibi	coartada *(f)*	9
alien	ajeno	2
alleged	supuesto	4
alone	solo	9
alter	alterar	4
aluminium	aluminio *(m)*	4
always	siempre	2
ambassador	embajador *(m)*	4
among	entre	7
Andean	andino	2
angry	enfadado	4
to get angry	enfadarse; enojarse	2
announce	anunciar	5
announcement	anuncio *(m)*	10
answer the phone	coger el teléfono	4
answer (the phone) (Mexico)	atender (e>ie)	2
anti-catarrh medicine	anticatarro *(m)*	3
anti-inflammatory	antiinflamatorio *(m)*	3
antiquity	antigüedad *(f)*	4
antiseptic	antiséptico *(m)*	3
any	cualquier(a)	5
anyway	además	8
apartment	departamento *(m)*	5
apologise	disculparse	4
apology	disculpa *(f)*	4
appearance	apariencia *(f)*	2
applaud	aplaudir	8
applause (round of)	aplauso *(m)*	8
application	solicitud *(f)*	10
apply for	solicitar	10
appreciate	apreciar	4
approach (person/place)	dirigirse a	4
approach	acercarse a	8
approximately	aproximadamente	4
archive	archivo *(m)*	7
argue	discutir	10
arm	brazo *(m)*	3
armchair	sillón *(m)*	5
around	alrededor (de)	5
around	en torno a	3, 10
arrest (verb)	detener (e>ie)	9
as a general rule	por regla general	8
as far as	hasta, tan lejos como…	7
ash	ceniza *(f)*	6
assure	asegurar	9
at least	por lo menos	8
at: @ symbol	arroba *(f)*	7
atmosphere	ambiente *(f)*	3
attach	adjuntar	7, 10
attachment	anexo *(m)*	7
attack	atraco *(m)*	9
attend to	atender *(e>ie)*	2
attitude	actitud *(f)*	2
attraction	atractivo *(m)*	9
auditorium	salón *(m)* de actos	6
author	autor *(m)*	9
availability	disponibilidad *(f)*	4
available	disponible	5
avarice	avaricia *(f)*	7
average	medio	6
away from	fuera de	7

B

English	Spanish	Unit
baby-sitter	canguro	2
back	espalda *(f)*	3
balanced	equilibrado	3
ball (for sport)	pelota *(f)*	2
balloon	globo *(m)*	9
barbecue	barbacoa *(f)*	8
bath	baño *(m)*	5
bathe	bañarse	3
bathroom	cuarto *(m)* de baño	5
bay	bahía *(f)*	8
bay	golfo *(m)*	8

bean	alubia *(f)*	3
bear in mind	tener (e>ie) en cuenta	6
beard	barba *(f)*	9
beat (win) (verb)	ganar	6
beautiful	bello	8
beautiful	precioso	3
because of	a causa de	7
become	convertirse (e>ie) en	8
become overcrowded/ widespread	masificarse	8
bed	cama *(f)*	5
bedroom	alcoba *(f)*; dormitorio *(m)*; habitación *(f)*	5
bedside table	mesita *(f)* de noche	5
bedside table (Mex.)	buró *(m)*	5
behind	detrás de	1
belief	creencia *(f)*	2
besides	además	8
between	entre	7
bill	factura *(f)*	4
bird	ave *(f)*	8
birth	nacimiento *(m)*	10
birthday	cumpleaños *(m)*	1
blank (of mind etc.)	en blanco	2
blond	rubio	4
blood	sangre *(f)*	6
board (verb)	alojarse	3
book of proverbs	refranero *(m)*	3
bookshelves	estantería *(f)*	5
border	frontera *(f)*	5
border	fronterizo	8
bored: to get bored	aburrirse	2
to be born	nacer	3
boss	jefe *(m)*	10
bottle	envase *(m)*	5
box (table)	recuadro *(m)*	2
box	caja *(f)*	4
boxing	boxeo *(m)*	6
boyfriend	novio *(m)*	5
brake (verb)	frenar	10
branch	rama *(f)*	10
branch (of shop, bank, etc.)	sucursal *(f)*	9
brand new	a estrenar	5
break (rest)	descanso *(m)*	8, 9
to have breakfast	desayunar	2
breath test	prueba *(f)* de la alcoholemia	10
bridge	puente *(m)*	10
bring	traer	2
broadband	banda *(f)* ancha	7
brush (verb)	cepillar	3
bucket	cántaro *(m)*	6
budget	presupuesto *(m)*	10
building	edificio *(m)*	6
bunch: little bunch (of flowers)	ramito *(m)*	8
bureau	buró *(m)*	5
burn	quemadura *(f)*	3
burn (verb)	quemar	3
burns remedy	curaquemaduras *(m)*	3
bury	enterrar (e>ie)	8
bus stop	parada *(f)*	10
business	negocio *(m)*	8
busy	concurrido	9
butcher	carnicero *(m)*	10
by (means of)	por medio de	7
by chance	por casualidad	8
by dint of	a fuerza de	7
by means of	mediante	5

C

cable railway	teleférico *(m)*	9
calf	ternero *(m)*	6
camp	campamento *(m)*	10
can	envase *(m)*	5
can (tin)	lata *(f)*	5
capsule	cápsula *(f)*	3
card	tarjeta *(f)*	4
care	cuidado *(m)*	6
career	carrera *(f)*	5
career path	trayectoria *(f)*	3
carpenter	carpintero *(m)*	10
cartoon	viñeta *(f)*	2
cash on delivery	a contra reembolso	9
cashier	cajero *(m)*	10
cashpoint	cajero *(m)* automático	6
casing, framework	carcasa *(f)*	7
casualty	herido *(m)*	10
catch a cold	resfriarse; constiparse	3
CD	disco *(m)* compacto	6
cell (phone)	celular (LA), móvil (Sp)	4
centenarian	centenario *(m)*	3
chain	cadena *(f)*	8
character	personaje *(m)*	2
characteristic (quality)	cualidad *(f)*	3
charge: to be in charge, take charge of	encargarse de	2
chassis	chasis *(m)*	7
chat (verb)	charlar	7
check (verb)	comprobar (o>ue)	1
checked (pattern)	de cuadros	4
checkout	caja *(f)*	4
chick	pollito *(m)*	5
chickpea	garbanzo *(m)*	3
childhood	infancia *(f)*	7
choose	elegir (e>i); escoger	2
choose	optar por	7
chore	faena *(f)*	6
Christmas	Navidad(es) *(f)*	1
cigarette lighter	encendedor *(m)*	6
circulate	divulgar	9
citizen	ciudadano *(m)*	5
claim (verb)	reclamar	6
clap	aplaudir	8
clear	despejado	3
clever (with ser)	listo	3
click (verb)	hacer clic	7
clock	reloj *(m)*	10
closely	estrechamente	9
cloudy	nublado	3
coat	abrigo *(m)*	6
cock	gallo *(m)*	5
code	código *(m)*	4
coffee: black coffee (Colombia)	tinto *(m)*	2
coin	moneda *(f)*	5
what a coincidence!	¡qué casualidad!	2
cold (catarrh)	catarro *(m)*	3
cold: having a cold	resfriado; constipado	3
colic	cólico *(m)*	3
collect	recoger	3, 5
colonist	colono *(m)*	2
coloured	coloreado	6
comb one's hair	peinarse	8
company (firm)	empresa *(f)*	7
comparable	equiparable	7
complain about	quejarse de	4
computer	ordenador *(m)*; computadora *(f)*	2, 9

English	Spanish	Unit
congratulate	felicitar	5
congratulations	felicitación *(f)*	5
constipated	estreñido	3
constipation	estreñimiento *(m)*	3
contribution	aporte *(m)*	9
controversy	polémica *(f)*	5
cook	cocinero *(m)*	10
cooker	cocina *(f)*	5
corner	esquina *(f)*	2, 4
corner	rincón *(m)*	6
to be correct	tener (e>ie) razón	1
correspondent	corresponsal	10
corridor	pasillo *(m)*	5
cotton	algodón *(m)*	4
cough	tos *(f)*	3
count on	contar (o>ue) con	6
country estate	cortijo *(m)*	5
country estate	hacienda *(f)*	5
country-dweller	campesino *(m)*	2
couple	pareja *(f)*	2
cousin	primo *(m)*	3
cover (verb)	tapar	2
coverage	cobertura *(f)*	4
cow	vaca *(f)*	5
cranium	cráneo *(m)*	3
crash (verb)	chocar	10
credit card	tarjeta *(f)* de crédito	6
crossing	cruce *(m)*	5
crossword	crucigrama *(m)*	8
crown (verb)	coronar	9
cruise	crucero *(m)*	8
cry (verb)	llorar	1
cultivation	cultivo *(m)*	2
cup	taza *(f)*	2
cup (little)	tacita *(f)*	7
cupboard	armario *(m)*	5
curative	curativo	3
current account	cuenta *(f)* corriente	6
cute	mono, rico	8
cyber café	cibercafé *(m)*	7

D

English	Spanish	Unit
daily	diario	2
damage	daño *(m)*	3
dance: good to dance to (music)	bailable	6
danger	peligro *(m)*	7
database	base *(f)* de datos	7
date	fecha *(f)*	10
date, appointment	cita *(f)*	10
Dear … (at start of letter)	Estimado …	4
Dear Sir …	Muy señor mío …	4
decrease (verb)	disminuir	1
deep-rooted	arraigado	3
deer	venado *(m)*	8
deforestation	deforestación *(f)*	5
delete	borrar	7
delightful	precioso	3
delivery	entrega *(f)*	9
demand (verb)	exigir	8
department	departamento *(m)*	5
deposit (verb)	depositar	6
deposit (money in bank)	ingreso *(f)*	2, 6
depressed	deprimido	1
deserve	merecer	8
desire	deseo *(m)*	7
despite	a pesar de	7
dessert	postre *(m)*	3
detain	detener (e>ie)	9
develop (photos)	revelar	8
development	desarrollo *(m)*	2
device	aparato *(m)*	7
devil	demonio *(m)*	8
diarrhoea	diarrea *(f)*	3
diet: be on a diet	estar a dieta	3
dining room	comedor *(m)*	5, 9
dirty	sucio	6
disappearance	desaparición *(f)*	4, 10
discuss	discutir	10
dishwasher	lavavajillas *(m)*	2, 5
disk drive	disquetera *(f)*	6
diskette	disquete *(m)*	6
disposal: have at one's disposal	disponer de	6
distance oneself	alejarse	3
distant	lejano	1
distinguished	destacado	6
disturb	alterar	4
divorced: get divorced	divorciarse	4
DIY	bricolaje *(m)*	5
dizzy	mareado	3
do (verb)	realizar	6
domain	dominio *(m)*	7, 10
download	descarga *(f)*	4
download (verb)	descargar	7
dozen	docena *(f)*	5
drawing	dibujo *(m)*	2
dream	sueño *(m)*	5
dream of/about	soñar (o > ue) con	5
dress	vestido *(m)*	5
dress (salad etc.)	aliñar	3
dressing room (in house)	vestidor *(m)*	4
drink	bebida *(f)*	6
driver	conductor *(m)*	10
driving licence (LA)	licencia de manejar	10
driving licence (Sp)	permiso *(m)* de conducir	10

E

English	Spanish	Unit
ear (external)	oreja *(f)*	3
ear (organ; linguistic/ musical skill)	oído *(m)*	3, 10
early	temprano	4
earn one's living	ganar(se) el pan	2
earth	terráqueo	9
easy: make easier	facilitar	7
editor	editor, (redactor) *(m)*	10
effect: have an effect on	repercutir en	9
egg	huevo *(m)*	5
e-mail	correo *(m)* electrónico	2
embarrassment	vergüenza *(f)*	3
engineering	ingeniería *(f)*	5
enjoy	disfrutar (de)	3
enjoy (possess)	gozar de	8
enrol	matricularse	1
enter	ingresar	3
enter key	botón *(m)* de acceso	6
entrance; entrance ticket	entrada *(f)*	2, 6
environment	medio ambiente *(m)*	5
envy	envidia *(f)*	3
equator	ecuador *(m)*	9
equip (something) with	dotar de	4
equipment	equipo *(m)*	7
era	época *(f)*	7
especially	sobre todo	9
essay	ensayo *(m)*	1
estate	finca *(f)*	5
evaporate	esfumarse	6
everywhere	por todas partes	8
executioner	verdugo *(m)*	9

English	Spanish	Unit
excited	emocionado	6
excitement	ilusión *(f)*	5
exercise	ejercer	8
exhaustion of supply	agotamiento *(m)*	8
exit	salida *(f)*	6
expand	expandirse	9
expel	expulsar	3
extend further into	adentrarse en	5
eye	ojo *(m)*	3
eye: out of the corner of one's eye	de reojo	8

F

English	Spanish	Unit
fabric	tela *(f)*	4
face	cara *(f)*	3
face to face	cara a cara	7
facilitate	facilitar	7
fail (mechanically)	averiar	4
fail (of sight)	fallar	9
fair	rubio	4
fall (verb)	caer(se)	9
fall in love (with)	enamorarse (de)	6
fame	fama *(f)*	8
fan (for blowing air)	ventilador *(m)*	7
fancy (feel like)	apetecer: me apetece	2
fancy: take a fancy to	antojarse: me antoja	2
far away	lejano	1
farm	granja *(f)*	5
fast	rápido acelerado	3
fat: get fat	engordar	1, 10
favour: be in favour of	estar a favor de	6
favourite	favorito, predilecto	6
fear	miedo *(m)*	7
feat	hazaña *(f)*	5
fed up	harto	7
feel like	apetecer: me apetece	2
felling	tala *(f)*	5
festival, popular (fiesta)	verbena *(f)*	7
fever	fiebre *(f)*	3
fictitious	ficticio	1
figure (number)	cifra *(f)*	4
file	archivo *(m)*; carpeta *(f)*	7
file (verb)	archivar	7
fill in (gap, form etc.)	rellenar	1
film	película *(f)*	3
film script	guión *(m)*	3
finally	por fin	8
finally	por último	2
finances	finanzas *(fpl)*	6
find out	averiguar	4, 6
finger	dedo *(m)*	3
firefighter	bombero *(m)*	10
firm (company)	empresa *(f)*	7
fisherman	pescador *(m)*	8
fishing	pesca *(f)*	8
fit (verb)	caber	6
fit into place	encajar	9
fixed	fijo	10
flat	plano	7
flee from	huir de	7
flight	vuelo *(m)*	5
floating	flotante	4
floor (of room)	suelo *(m)*	3
flooring	tarima *(f)*	4
flourish	florecer	9
flu	gripe *(f)*	3
folder	carpeta *(f)*	7
following	siguiente	1
following on	a continuación	2
food	alimentación *(f)*	1
foot	pie *(m)*	3
for that reason	por eso	8
foreign	extranjero	1
foreign	ajeno	2
foreign currency	divisas *(fpl)*	9
forest	bosque *(m)*	5
forget	olvidar	2
forgiveness	venia *(f)*	3
fortune (told by palm-reader)	buena ventura *(f)*	7
forum	foro *(m)*	6
forward slash	barra *(f)*	7
found (verb)	fundar	7
fountain	fuente *(f)*	5
frame	chasis *(m)*	7
frank (verb)	franquear	9
free	libre, gratis	2
free (of charge)	gratuito	3
frequently	a menudo	2
fridge	frigorífico *(m)*	5
friendly	amable	8
full	lleno	6
fullness	plenitud *(f)*	3
funny	gracioso	3
furnished	amueblado	5
furniture	muebles *(mpl)*	5

G

English	Spanish	Unit
gap	hueco *(m)*	1
garage	cochera *(f)*	5
garden produce	hortalizas *(fpl)*	3
gardening	jardinería *(f)*	6
gentleman	caballero *(m)*	4
gift	regalo *(m)*	3
gift: give as a gift	regalar	5
give back	devolver	5
give off	desprender	6
give up	renunciar (a)	10
give way to; give rise to	dar lugar *(m)* a	9
glad: be glad about	alegrarse de	7
glass (tumbler)	vaso *(m)*	7
glass (ceramic)	vitrocerámica	4
globe	globo *(m)*	9
go beyond	traspasar	8
go diving	bucear	5
go off (alarm clock)	sonar (o>ue)	9
go out for a drink	salir de copas	2
go to bed	acostarse (o>ue)	2
go up	subir	7
god	dios *(m)*	7
gold mine	mina *(f)* de oro	8
governor	gobernante, gobernador	5
graduate	licenciado *(m)*	10
grass	hierba *(f)*	3
grateful: be grateful (for)	agradecer	4
greater	mayor	1
greenhouse effect	efecto *(m)* invernadero	10
greeting	saludo *(m)*	4
greetings	felicitación *(f)*	5
greetings card	tarjeta de felicitación	5
grey-haired	de pelo cano	8
gross (wage etc.)	bruto	10
ground	suelo *(m)*	3
group meeting (informal discussion)	tertulia *(f)*	4
grow	crecer	7
growth	crecimiento *(m)*	8
guess (verb)	adivinar	7

guide(book)	guía *(f)*	6
gulf	golfo *(m)*	8
gym	gimnasio *(m)*	7

H

hairdresser	peluquero *(m)*	10
hairstyle	peinado *(m)*	10
half	mitad *(f)*	7
half	medio	6
half-time	descanso *(m)*	8, 9
hand	mano *(f)*	3
handbag	bolso *(m)*	9
handyman/woman	manitas	5
hang up the phone	colgar el teléfono	4
hangman	verdugo *(m)*	9
happen	suceder	7
happy	feliz, dichoso	7
hard drive	disco *(m)* duro	6
harm	daño *(m)*	3
head	cabeza *(f)*	3
headline	titular *(m)*	4
healer (traditional)	curandero *(m)*	3
health club	gimnasio *(m)*	7
healthy	sano	3
heating	calefacción *(f)*	4
heel	tacón *(m)*	9
help (verb)	ayudar	9
hemisphere	hemisferio *(m)*	9
hen	gallina *(f)*	5
herb	hierba *(f)*	3
heritage	patrimonio *(m)*	8
hesitate to	dudar en	6
hiking	senderismo *(m)*	6
hire (verb)	alquilar	4
hoax	inocentada *(f)*	7
hobby	afición *(f)*	6
homage	homenaje *(m)*	4
home	hogar *(m)*; vivienda *(f)*	5
homework	deberes *(mpl)*	2
honeymoon	luna *(f)* de miel	5
household electrical goods	electrodomésticos *(mpl)*	5
housework	faena *(f)*	6
hotel: state-run (in historic building)	parador *(m)*	6
however	sin embargo	10
hunger	hambre *(f)*	7
hurry: be in a hurry	tener prisa	7
hurt (be painful)	doler (o>ue)	3
hurt oneself	lastimarse	3

I

ignorant (person)	bruto	10
ill	enfermo	2
illusion	ilusión *(f)*	5
image	imagen *(f)*	7
important person	personaje *(m)*	2
improve	mejorar	1, 6
improvement	mejora *(f)*	5
in advance	de antemano	4
in cash	en efectivo	6, 9
in cash	en metálico	9
in instalments	a plazos	6
in my opinion	a mi juicio, en mi opinión	7
in the care of	a cargo de	5
in the city centre	céntrico	5
in the face of	frente a	2
in the same way as	al igual que	3
in this way	así	4
include: not to include	descontar (o>ue)	6
increase (verb)	aumentar	4
indicate	señalar	2
indicator	marcador *(m)*	4
indigenous	indígena	2
infancy	infancia *(f)*	7
ingenuity	ingenio *(m)*	5
injured person	herido *(m)*	10
injustice	injusticia *(f)*	7
insignificant	insignificante, desdeñable	6
instalment	plazo *(m)*	5
instead of	en lugar de; en vez de	7
interview	entrevista *(f)*	7
invest	invertir (e>ie)	6
invoice	factura *(f)*	4
iron (verb)	planchar	1
island	isla *(f)*	8
isthmus	istmo *(m)*	5
IT	informática *(f)*	10

J

jar	bote *(m)*	3
jealousy	envidia *(f)*	3
jealousy	celos *(mpl)*	7
jeans	vaqueros *(mpl)*	9
jewel	joya *(f)*	5
job	puesto *(m)* de trabajo	6
jogging	footing *(m)*	8
join (verb)	unirse a	3
joke	chiste *(m)*	10
jot down	anotar	4
journalism	periodismo *(m)*	10
journalist	periodista	10
journey	trayecto *(m)*	5
jug	cántaro *(m)*	6
jungle	selva *(f)*	9
just	recién	5

K

keenness	ganas *(fpl)*	3
keep	guardar	7
keep quiet	callarse	2
key	clave; llave *(f)*	4
keyboard	teclado *(m)*	6
kill (verb)	matar	3
kiosk	cabina *(f)*	9
kitchen	cocina *(f)*	5
knowledge	conocimientos *(mpl)*	9

L

lamp	lámpara *(f)*	5
land	terreno *(m)*	5
landlord	arrendador *(m)*	5
landslide	deslizamiento *(m)* de tierra	5
lane	carril *(m)*	6
language	lenguaje *(m)*	10
larger	mayor	1
last night	anoche	5
later	luego	2
launch	lanzamiento *(m)*	10
law degree	derecho *(m)*	7
law firm	bufete *(m)*	9
lawn	césped *(m)*	1
lawn	pasto (L.A.) *(m)*	2
lawyer	abogado *(m)*	1, 10
lawyer's office	bufete *(m)*	9
lay the table	poner la mesa	1
layout	formato *(m)*	4
leader	líder *(m)*	10
leadership	mando *(m)*	10
league	liga *(f)*	6
learning, process of	aprendizaje *(m)*	4
leather	cuero *(m)*	4
leather	piel *(f)*	4
leave out	omitir	2
lecture theatre (main)	aula *(f)* magna	3
leg	pierna *(f)*	3
legacy	legado *(m)*	3
legend	leyenda *(f)*	8

leisure	ocio *(m)*	5
lend (render)	Prestar	4
lentil	lenteja *(f)*	3
level	nivel *(m)*	3
lift (elevator)	ascensor (Sp) *(m)*; elevador (LA) *(m)*	5
liking	afición *(f)*	6
linen	lino *(m)*	4
link	enlace *(m)*	5
listen to	escuchar	6
listening, act of	audición *(f)*	2
loan	préstamo *(m)*	6
local	lugareño	10
located	ubicado	9
lock	esclusa *(f)*	5
look good	lucir	7
Looking forward to (your reply)	En esperas de (sus noticias)	4
lorry	camión *(m)*	7
lorry-driver	camionero *(m)*	10
lover	amante	8
lower	bajar	7
lunch: to have lunch	almorzar (o>ue)	2

M

machine	máquina *(f)*	7
magazine	revista *(f)*	2, 7
mailbox	buzón *(m)*	7
main road	carretera *(f)* nacional	9
make sense	tener sentido	2
management (operation)	manejo *(m)*	3
manager	gerente	8
mangrove swamp	manglar *(m)*	9
marble	mármol *(m)*	4
mariner	navegante	5
maritime	marítimo	4
marker	marcador *(m)*	4
married: get married	casarse	5
mascot	mascota *(f)*	6
mastery	dominio *(m)*	7, 10
match (football etc.)	partido *(m)* (de fútbol etc.)	2
match(stick)	fósforo *(m)*	6
matching	a juego	9
matter: not to matter	dar igual	2
maybe	a lo mejor, quizás	9
measure	medir (e>i)	9
measure: made to measure	a medida	7
medal	medalla *(f)*	6
meet (verb)	quedar	2
melting	derretimiento *(m)*	10
memory	recuerdo *(m)*	6
memory stick	memoria USB	6
message	mensaje *(m)*, recado *(m)*	4
middle-aged	de edad media	9
milk-maid	lechera *(f)*	5
miniskirt	minifalda *(f)*	8
miracle	milagro *(m)*	7
be missed: I miss you	echar de menos: te echo de menos	3
mixing of races	mestizaje *(m)*	2
mixture	mezcla *(f)*	2
mobile (phone)	celular	4
mobile (phone)	móvil *(m)*	3
molar	muela *(f)*	3
mood: bad mood	mal genio *(m)*	8
moon	luna *(f)*	9
moor	páramo *(m)*	9
moral (of story)	moraleja *(f)*	6
more or less	más o menos	4
moreover	además	8
mortgage	hipoteca *(f)*	5
mother tongue	lengua *(f)* materna	1
motto	lema *(m)*	9
mountain climbing	montañismo *(m)*	6
mountain range	cordillera *(f)*	8
mouse	ratón *(m)*	6
moustache	bigote *(m)*	9
mouth	boca *(f)*	3
move (verb)	moverse (o>ue)	7
move (house/premises)	trasladarse, mudarse	8
move house	mudarse	5
mugging	robo *(m)*	9
mule	mula *(f)*	2
muse	musa *(f)*	3

N

nanny	niñera	2
native	indígena	2
native to	originario de	8
naturally	por supuesto	8
nature, the natural world	naturaleza *(f)*	5
navigable	navegable	10
neck	cuello *(m)*	3
neighbour	vecino *(m)*	10
neighbourhood	barrio *(m)*	5
nervous	nervioso	2
net(work)	red *(f)*	7
never	jamás; nunca	2
nevertheless	sin embargo	10
next	seguidamente	2
next	siguiente	1
next	luego	2
next to	al lado de	5
next to	junto a	7
nickname	sobrenombre *(m)*	3
nobody	nadie	1
noise	ruido *(m)*	2
nose	nariz *(f)*	3
note: make a note of	anotar	4
notice, warning	aviso *(m)*	9
noughts and crosses	tres en raya	6
novelty	novedad *(f)*	7

O

obey	cumplir	2
obtain	conseguir (e>i)	1
occasionally	alguna vez	2
of course	por supuesto	8
oil (petroleum)	petróleo *(m)*	9
OK	de acuerdo	2
OK	vale	2
old age	antigüedad *(f)*	4
older	mayor	1
omit	omitir	2
on foot	a pie	7
on horseback	a caballo	7
'on' switch	botón *(m)* de encendiado	6
on the basis of	en función de	9
on the other hand	por otro lado	9
on the way	en el camino	9
on top	arriba	4
Once upon a time	Erase una vez	7
opening	apertura *(f)*	9
operation (use)	manejo *(m)*	3
opposite	frente a	2
orchard	huerta *(f)*	3
orchestra	orquesta *(f)*	7
orchid	orquídea *(f)*	8
origin	origen *(m)*	1

originating in	originario de	8
outside of	fuera de	7
overlook (have a view over)	dar a	5
owing to	debido a	7
owl (& nickname for Madrid's night bus)	búho *(m)*	6
own: of one's own	propio	10
owner	propietario *(m)*	5

P

paddle tennis (Sp tennis game on small court)	padel *(m)*	8
pain	dolor *(m)*	3
painkiller	analgésico *(m)*	3
pair	pareja *(f)*	2
pamphlet	panfleto *(m)*	6
paper	papel *(m)*	2
par excellence	por excelencia	6
paragraph	párrafo *(m)*	5
partner	pareja *(f)*	2
part-time	a tiempo parcial	10
pass (exam) (verb)	aprobar (o>ue)	6
passive	pasivo	6
password	contraseña *(f)*	7
patterned	estampado	4
pay	retribución *(f)*	10
pay back	reembolsar	4
peace and quiet	tranquilidad *(f)*	9
pending	pendiente	5
perform	realizar	6
perhaps	quizá(s)	9
period	plazo *(m)*	5
permission	venia *(f)*	3
perpetrator	autor *(m)*	9
pet	mascota *(f)*	6
petrol station	gasolinera *(f)*	9
petroleum	petróleo *(m)*	9
phone call	llamada *(f)*; conferencia *(f)*	4
pick up the phone	coger el teléfono	4
picture	cuadro *(m)*	1
piece	pedazo *(m)*	3
piece	trozo *(m)*	3
pig	cerdo *(m)*	5
pirate	pirata, corsario *(m)*	8
pitcher	cántaro *(m)*	6
pity	pena *(f)*	3
place	sitio *(m)*	5
place (verb)	colocar	1
plain (adj)	liso	4
plain (prairie)	llanura *(f)*	2
platform	tarima *(f)*	4
play (music/ instrument)	tocar	7
play a role	hacer un papel	8
play a sport	practicar un deporte	1
play a trick	gastar una broma	7
pleasant	amable	8
pleasure	placer *(m)*	6
plenitude	plenitud *(f)*	3
plot of land	solar *(m)*	5
plumber	fontanero *(m)*	5
PO box	apartado *(m)* de correos	10
pocket	bolsillo *(m)*	4
pole (North or South)	polo *(m)*	9
police traffic operation in holiday season	operación *(f)* salida	10
political party	partido *(m)* político	6
pomade	pomada *(f)*	3
portrait, portrayal	retrato *(m)*	3
position (verb)	colocar	1
post (job)	puesto *(m)* de trabajo	6
post office	Correos *(m)*	6
poverty	pobreza *(f)*	7
power	poder *(m)*	3
powerful	poderoso	7
prefer	preferir (e>ie)	8
premises	local *(m)*	9
prescribe	recetar	3
prescription	receta *(f)*	3
pretty	mono	8
previous	anterior	9
pride	orgullo *(m)*	2
priest	sacerdote *(m)*	8
print (verb)	imprimir	7
printer	impresora *(f)*	6
prisoner	preso *(m)*	4
prodigy	prodigio *(m)*	8
project	proyecto *(m)*	6
propose	propuesta, propugnar	9
protect	proteger	7
protection	amparo *(m)*	5
proverb	refrán *(m)*	3
provoke	dar lugar *(m)* a	9
publishing house	editorial *(f)*	10
puff (verb)	pitar	6
purse	monedero *(m)*	9

Q

quality	cualidad *(f)*	3
questionnaire	encuesta *(f)*	6
queue up	hacer cola *(f)*	9
quickly	deprisa	3
quiet	tranquilo	7

R

race	carrera *(f)*	5
race (people)	raza *(f)*	2
railway	ferroviario	10
rain (verb)	llover (o>ue)	6
reading	lectura *(f)*	5
ready (with estar)	listo	3
ready: get ready	arreglarse	2
recently	recién	5
recipe	receta *(f)*	3
record (verb)	grabar	8
recording	grabación *(f)*	1
record-player	tocadiscos *(m)*	7
recount (verb)	contar (o>ue)	3
recycle	reciclar	5
reduce	reducir	5
Registered Product Information Database	Vademécun	3
regret (verb)	lamentar	4
reinforced	blindado	5
relax	relajarse	2
relegate	relegar	3
relief	orografía *(f)*	5
relinquish	renunciar (a)	10
remedy	remedio *(m)*	1
remember	recordar (o>ue)	1
rent	alquiler *(m)*	5
rent (verb)	alquilar	4
require	reclamar	6
requisite	requisito *(m)*	10
reservation	reserva *(f)*	6
resign (from)	renunciar (a); dimitir (de)	10
resources	recursos *(mpl)*	5
rest	descanso *(m)*	8, 9
restorative	reconstituyente *(m)*	3
retirement	jubilación *(f)*	10
reuse	reutilizar	5
revise	repasar	5
rhythm	ritmo *(m)*	6

English	Spanish	Unit
richness	riqueza *(f)*	2
ride a bike	montar en bicicleta	6
right (to do something)	derecho *(m)*	7
right: be right	tener (e>ie) razón	1
ring (finger)	anillo *(m)*	5
robbery	robo *(m)*	9
role	papel *(m)*	2
room	pieza *(f)*	5
room	cuarto *(m)*	5
round	redondo	4
route	trayecto *(m)*	5
routine	rutina *(f)*	2
rubbish	basura *(f)*	1
rucksack	mochila *(f)*	6
rush (something)	apurar	6
rust (verb)	oxidarse	3

S

English	Spanish	Unit
sacking (from job)	despido *(m)*	10
sail (verb)	navegar	6
sample	muestra *(f)*	6
sand	arena *(f)*	6
sand (verb)	lijar	5
sandal	sandalia *(f)*	6
satisfied	satisfecho	4
save (verb)	ahorrar	1
savings account	cuenta *(f)* de ahorro	6
savour	saborear	6
say goodbye	despedirse (e > i)	4
scales (weighing)	balanza *(f)*; báscula *(f)*	9
scarcely, hardly	apenas	3
scene, stage	escenario *(m)*	7
schedule	horario *(m)*	2, 10
scientist	científico *(m)*	10
score a goal	meter un gol	9
screen	pantalla *(f)*	2
sculptor	escultor *(m)*	8
seasick	mareado	3
secretarial work	secretariado *(m)*	9
sedative	sedante *(m)*	3
seemingly, as far as can be seen	por lo visto	8
selfish	egoísta	1
semantic borrowing	calco *(m)*	7
semi-detached (house)	adosado	5
send	enviar, mandar, remitir	7, 9
sender	remitente	7
serious	grave	10
server	servidor *(m)*	7
service charge (e.g. block of flats)	gastos *(mpl)* de comunidad	5
shame	pena *(f)*	3
shame (embarrassment)	vergüenza *(f)*	3
share (verb)	compartir	8
share out	repartir	2, 7
shark	tiburón *(m)*	10
sharply	bruscamente	10
shave (verb)	afeitarse	2
shelter	amparo *(m)*	5
shine (verb)	relucir	7
shop	tienda *(f)*	6
show (verb)	señalar	2
show (verb)	enseñar	5
shrimp	camarón *(m)*	9
shut up	callarse	2
sign	señal *(f)*	9
sign (verb)	firmar	7
sign up	firmar	1
silk	seda *(f)*	4
singer	cantante	8
sink	fregadero *(m)*	5
sitting room	salón *(m)*	5
size	tamaño *(m)*	9
ski (verb)	esquiar	6
skill: good interpersonal skills	don *(m)* de gentes	10
skin	piel *(f)*	4
skirt	falda *(f)*	4
sleep (verb)	dormir (o>ue)	2
slight	leve	10
slim	delgado	7
slim (verb)	adelgazar	4
slow	lento	4
sluice	esclusa *(f)*	5
smile	sonrisa *(f)*	8
smoke	humo *(m)*	5
smoke (verb)	fumar	6
smooth	liso	4
snail	caracol *(m)*	3
snake	serpiente *(f)*	9
sneeze (verb)	estornudar	3
snow (verb)	nevar (e>ie)	3
sock	calcetín *(m)*	9
solution (remedy)	remedio *(m)*	1
somebody	alguien	1
sometimes	a veces	2
soon	pronto	4
soon	temprano	4
sorrow	pena *(f)*	3
sound	sonido *(m)*	3
sound track	banda *(f)* sonora	7
source	fuente *(f)*	5
souvenir	recuerdo *(m)*	6
space	espacio *(m)*	5
speaker	hablante	1
species	especie *(f)*	10
spectacles	gafas *(fpl)*	2
spend	gastar	2
spill (verb)	derramar(se)	7
spiral	voluta *(f)*	6
spoonful	cucharada *(f)*	3
sport	deporte *(m)*	6
spot (in pattern)	lunar *(m)*	4
spread (verb)	divulgar	9
spread (verb)	difundir	1
spreadsheet	hoja *(f)* de cálculo	10
staging (play etc.)	puesta *(f)* en escena	3
stamp (verb)	franquear	9
stand out	destacar	9
start (car) (verb)	arrancar	4
statement	afirmación *(f)*	1
statement	declaración *(f)*	9
statement (e.g. police)	testimonio *(m)*	5
stay (somewhere)	alojarse	3
stay (verb)	quedar	2
stigmatise	estigmatizar	3
still (yet)	aún; todavía	6
stomach	estómago *(m)*	3
stop (verb)	parar	10
storeroom	trastero *(m)*	4
straight away	enseguida	9
stranger	extraño *(m)*	8
street: down the street	calle abajo	9
strike	huelga *(f)*	10
stripe	raya *(f)*	4
striped	de listas; de rayas	4
stroll (verb)	pasear	2
stumble (verb)	tropezar	9
style	estilo *(m)*	10
subject to	previo	7
success	éxito *(m)*	7
suit	traje *(m)*	2

English	Spanish	Unit
suitcase	maleta *(f)*	4
summarise	resumir	3
summary	resumen *(m)*	5
summer: spend the summer	veranear	8
sunbathe	tomar el sol	6
superb	portentoso	3
support	sostén *(m)*	6
support	sustento *(m)*	2, 8
support (verb)	propugnar	9
supposed	supuesto	4
surface	superficie *(f)*	5
surgery	consulta *(f)*	3
survey	encuesta *(f)*	6
suspect	sospechoso *(m)*	9
sustenance	sustento *(m)*	2, 8
swallow (verb)	tragar(se)	6
sweep (verb)	barrer	1
sweet nature	ternura *(f)*	8
sweet-natured	tierno	8
swim (verb)	bañarse	3
swim (verb)	nadar	6
swimming pool	pileta *(f)* (Arg.)	2
swimming pool	alberca *(f)* (Mex.)	2
swimming pool	piscina *(f)*	
syrup	jarabe *(m)*	3

T

English	Spanish	Unit
tablet	comprimido *(m)*	3
take in	recoger	3, 5
take part in	participar, protagonizar	9
take place	celebrarse	6
take root	arraigarse	5
tale	relato *(m)*	4
talent	dote *(f)*	9
tariff	tarifa *(f)*	7
task	faena *(f)*	6
task	tarea *(f)*	2
teach	enseñar	5
teacher	profesor, maestro *(m)*	10
team	equipo *(m)*	7
technical specification	ficha *(f)* técnica	9
television news programme	telediario *(m)*	2
tell	contar (o>ue)	3
tenant	arrendatario *(m)*; inquilino *(m)*	5
tend to (do something)	soler (o>ue)	2
tender	tierno	8
tenderness	ternura *(f)*	8
tent	tienda *(f)* de campaña	4
term	término *(m)*	7
terrestrial	terrestre	5
testimony	testimonio *(m)*	5
thank (verb)	agradecer	4
then	luego	2
therapeutic	terapéutico	3
think up	idear	3
throat	garganta *(f)*	3
throughout	a lo largo de	8
throw out	expulsar	3
tie	corbata *(f)*	9
tile	azulejo *(m)*	5
time: from time to time	de vez en cuando	2
timetable	horario *(m)*	2, 10
tin (can)	lata *(f)*	5
toe	dedo del pie	3
together with	junto a	7
toilet	aseo *(m)*; inodoro *(m)*; retrete *(m)*	5
toilet pan	taza *(f)* del retrete	5
tomb	sepultura *(f)*	3
tomorrow: day after tomorrow	pasado mañana	6
tonic (restorative)	reconstituyente *(m)*	3
tooth	diente *(m)*;	3
touch	toque *(m)*	8
touch (verb)	tocar	7
towards	hacia	7
tower	torre *(f)*	9
trade union	sindicato *(m)*	10
traditional: using traditional methods	artesanal	8
traffic	circulación *(f)*	6
training	formación *(f)*	10
trajectory	trayectoria *(f)*	3
translation	traducción *(f)*	2
translator	traductor *(m)*	2
treasure	tesoro *(m)*	7
treatment	tratamiento *(m)*	4
triumph (verb)	triunfar	9
truck	camión *(m)*	7
trustworthy	confiable	9
try (verb)	intentar	9
turn (verb)	girar	3
type	especie *(f)*	10
type (verb)	teclear	2

U

English	Spanish	Unit
UFO	OVNI *(m)* = objeto no identificado volador/volante	5
ugly	feo	2
umbrella	paraguas *(m)*	4
unachievable	inalcanzable	4
uncertain	inseguro	9
under	bajo	7
underestimate (verb)	subvalorar	3
undervalue	subvalorar	3
undo (an action)	deshacer	7
unemployment, unemployment benefit	paro *(m)*	7
unfinished	inacabado	4
university degree	carrera *(f)*	5
university degree	licenciatura *(f)*	10
unjustified	injustificado	3
unpolluted	impoluto	8
unreachable	inalcanzable	4
untidy	desordenado	6
until	hasta	7
up to	hasta	7
upset	disgustado	10
upwards	arriba	4
use (operation)	manejo *(m)*	3
use (verb)	usar	6
user	usuario *(m)*	4

V

English	Spanish	Unit
vacuum cleaner	aspiradora *(f)*	1
value (verb)	valorar	9
value (worth)	valor *(m)*	3
varnish (verb)	barnizar	5
VAT	IVA *(m)* = Impuesto sobre el Valor Añadido	6
vegetable garden	huerta *(f)*	3
vegetables (garden produce)	hortalizas *(fpl)*	3
vegetables (greens)	verduras *(fpl)*	1
Vespa scooter	Vespa *(f)*	9
virtue	virtud *(f)*	7
vote (verb)	votar, sufragar	7

W

English	Spanish	Unit
wage	paga *(f)*	2
waiter	camarero *(m)*	10

English	Spanish	Unit
walk (verb)	andar	7
wallet	cartera *(f)*	4
wardrobe	armario *(m)*	5
warming	calentamiento *(m)*	10
wash the dishes	fregar (e>ie)	1
washbasin	lavabo *(m)*	5
washing machine	lavadora *(f)*	2, 5
watch (wrist)	reloj *(m)*	10
water (plants etc.)	regar (e>ie)	1
wealth	riqueza *(f)*	2
wedding	boda *(f)*	5
weight: put on weight	engordar	1, 10
well-being	bienestar *(m)*	7
well-known	reconocido	2
wet (verb)	mojar	3
white-haired	de pelo cano	8
wide	amplio	3
wife	esposa *(f)*	4
win (verb)	ganar	6
win: be winning	ir ganando	9
wine, red (Sp)	tinto *(m)*	2
wine cellar	bodega *(f)*	4
wireless	inalámbrico	7
wiring	cableado *(m)*	7
wise	sabio	3
withdrawal (money from bank)	salida *(f)*	6
witness	testigo *(m)*	9
wood (forest)	bosque *(m)*	5
wood (material)	madera *(f)*	3
wool	lana *(f)*	4
word search (lit. word soup)	sopa *(f)* de letras	2
work placement	prácticas *(fpl)*	10
worry (verb)	preocuparse	1
worth (value)	valor *(m)*	3
worth: be worth	valer	6
writer	escritor *(m)*	1
writing desk	escritorio *(m)*	5
wrong: be wrong, dial the wrong number	equivocarse	4

Y

English	Spanish	Unit
yesterday: day before yesterday	anteayer	5
yet	aún; todavía	6
Yours sincerely (etc.)	Atentamente	4